Hans Maaß:
Für ein neues Verhältnis
zwischen Christen und Juden

FORSCHEN - LEHREN - LERNEN

**Beiträge aus dem Fachbereich IV
(Sozialwissenschaften)
der Pädagogischen Hochschule Heidelberg**

Band 10

Hans Maaß

Für ein neues Verhältnis zwischen Christen und Juden

Gesammelte Aufsätze
zu seinem 60. Geburtstag

Herausgegeben von
Gerhard Büttner und Jörg Thierfelder

Idstein 1995

Die Deutsche Bibliothek - CIP-Einheitsaufnahme

Maaß, Hans:
Für ein neues Verhältnis zwischen Christen und Juden :
gesammelte Aufsätze zu seinem 60. Geburtstag / Hans Maaß.
Hrsg. von Gerhard Büttner u. Jörg Thierfelder. -
Idstein : Schulz-Kirchner, 1995
    (Forschen - lehren - lernen ; Bd. 10)
    ISBN 3-8248-0210-4
NE: Büttner, Gerhard [Hrsg.]; Thierfelder, Jörg [Hrsg.]

Wissenschaftlicher Beirat:
Prof. Dr. Uwe Uffelmann, Heidelberg
Prof. Dr. Hans-Peter Henecka, Heidelberg
Prof. Dr. Gerd Hepp, Heidelberg
Prof. Dr. Dagmar Klose, Potsdam
Prof. Dr. Joachim Maier, Dresden
Prof. Dr. Herbert Raisch, Heidelberg
Prof. Dr. Armin Reese, Heidelberg
Prof. Dr. Jörg Thierfelder, Heidelberg

ISBN 3-8248-0210-4
Alle Rechte vorbehalten
©   Schulz-Kirchner Verlag GmbH
    Idstein 1995
Umschlagentwurf: Iris Conradi
Druck und Bindung: Rosch-Buch, Hallstadt
Printed in Germany

Inhalt

Vorwort der Herausgeber	7
Grußwort der Gemeinschaft Evangelischer Erzieher	8
Warum toben die Heiden und murren die Völker so vergeblich?	9
1. Husseins Husarenstreich	9
2. Der „Geist von Camp David"	10
3. Konkrete Absprachen von Camp David	13
4. Die angestrebte endgültige Friedenslösung	16
5. Friedensvision - eine Illusion?	18
6. Wie könnte es weitergehen?	20
Israel und Kirche als Weggefährten?	21
1. Aufgabenstellung	21
2. Wie populär ist der „bisher erreichte Konsens"?	29
3. Auf dem Weg zu neuen Einsichten	38
Heil für Heiden und Juden	40
1. Von Geburt Juden und nicht Sünder	40
2. Durch Christus gerecht werden	42
3. Auferstehung und Wiederkunft - Anfänge der Christologie	46
Ausschließung der Juden vom Heil?	51
1. Die Aufnahme von Ex 19,6 in der christlichen Tradition	51
2. Ex 19,6 in der rabbinischen Tradition	56
3. Verbindungen zwischen Qumran und 1.Petr 2	60
4. Ergebnis	66
Allen Menschen im Wege?	67
1. Ausfälligkeiten eines aufgebrachten Missionars?	67
2. Unwiderlegbarkeit des Tötungsvorwurfs?	69
3. Ihr habt den Heiligen und Gerechten verleugnet	71
4. Die Unhaltbarkeit des Tötungsvorwurfs	77
Die Falle des Pilatus	79
1. Beobachtungen am Markustext (Mk 15,7-15)	79
2. Die Weiterentwicklung der Barabbastradition in den Evangelien	81
3. Folgerungen für eine Rekonstruktion ältester Erinnerungen.	85

4.	Die Falle des Pilatus	87

Gefährlicher Jubel — 88
1. Hermeneutische Vorüberlegungen — 88
2. Protest gegen den Jesus-Jubel — 90

Von Anfang an aber ist's nicht so gewesen — 93
1. Regeln als Zugeständnisse — 93
2. Paulus und die jüdische Tradition — 94
3. „Ich bin so frei" — 95
4. Speisegebote als Ausdruck bewußten Lebens — 95
5. Achtung vor dem Leben — 97
6. Rücksicht auf die Tiere — 98

Wer redet im Traum? — 100
I. TRÄUME IM NEUEN TESTAMENT — 101
1. Der sprachliche Befund — 101
2. Der literarische Ort der Traumaussagen — 102
II. TRÄUME IM ALTEN TESTAMENT — 111
1. Der sprachliche Befund — 111
2. Der literarische Ort der Traumaussagen — 113
III. WER REDET IM TRAUM? — 121

Grausamer Glaubensgehorsam? — 123
1. Isaak in den Vätergeschichten. — 123
2. Umfang, Ursprung und Anstößigkeit der Erzählung von Abrahams Versuchung — 124
3. Die Gottesbezeichnungen in 1.Mos 22,1-14 und ihre Verteilung — 133
4. Einzelzüge der Erzählung — 135
5. Versuch einer Nacherzählung — 139

Gewalt und Krieg in biblischer Zeit — 142
1. Krieg und Gewalt in der Geschichte Israels — 142
2. Probleme unterrichtlicher Behandlung — 153

Weitere Veröffentlichungen — 159

Vorwort der Herausgeber

Lieber Hans!

Du hast uns in den vergangenen Jahren immer wieder hektographierte Vorträge und Aufsätze von Dir geschenkt. Schon lange haben wir gedacht: Eigentlich sollten die zwischen zwei Buchdeckel kommen. Jetzt zu Deinem 60. Geburtstag nehmen wir die Gelegenheit wahr, eine Reihe von Vorträgen und Aufsätzen aus Deiner Feder, die zum großen Teil noch nicht gedruckt sind, herauszubringen. Sie zeigen Dich alle als einen aufmerksamen und einfühlsamen Beobachter des Zeitgeschehens in Gesellschaft und Kirche, vor allem aber als einen großen Liebhaber des Judentums.

Wir möchten Dir auf diesem Weg auch Dank sagen für die vielfältige Weggenossenschaft, die uns mit Dir verbindet. Bei der Lehrplanarbeit, in der entwurf-Redaktion, bei Tagungen der GEE, bei Prüfungen an der PH und der Hochschule für Kirchenmusik und bei vielen andern Terminen sind wir Dir begegnet und haben von Deiner großen Kompetenz profitiert. Wir haben Dich kennen und schätzen gelernt nicht als distanzierten Vertreter der kirchlichen Bürokratie, sondern als lebendigen und humorvollen Mitchristen, der mit uns zusammen auf dem Weg ist. Dafür wollen wir Dir danken.

„Für ein neues Verhältnis zwischen Christen und Juden" steht über diesem Aufsatzband. Einmal möchten wir daran erinnern, daß sich die badische Landessynode als eine der ersten deutschen Landessynoden 1984 zum Thema „Christen und Juden" geäußert hat. Im 3. Abschnitt der Erklärung steht der Satz: „Im Glauben an Jesus Christus und im Gehorsam ihm gegenüber wollen wir unser Verhältnis zu den Juden neu verstehen und festhalten, was uns mit ihnen verbindet." Zum andern hast Du Dich in den letzten Jahren in besonderer Weise darum bemüht, dieser Verpflichtung gerecht zu werden.

Mit herzlichen Grüßen

Gerhard Büttner und *Jörg Thierfelder*

P.S. Ganz besonders danken wollen wir Freunden aus der Gemeinschaft Evangelischer Erzieher (GEE), ohne deren Unterstützung dieses Buch nicht hätte erscheinen können.

Grußwort der Gemeinschaft Evangelischer Erzieher

Die Gemeinschaft Evangelischer Erzieher dankt Hans Maaß anläßlich seines 60. Geburtstags für seinen unermüdlichen Einsatz. Wer an unseren Jubilar denkt, dem fällt bestimmt schnell auch die GEE ein. Und es fällt schwer, sich die GEE ohne Hans Maaß vorzustellen. Irgendwie gehören beide fast untrennbar zusammen. Ohne jede Übertreibung: Hans Maaß ist eine tragende Säule für die Arbeit der GEE!

Sein beruflicher Werdegang führte ihn nach dem Studium in Heidelberg über Weingarten, Freiburg, Weinheim und Malterdingen nach Karlsruhe. Nach vielfältigen Erfahrungen als Gemeindepfarrer, Bezirksjugendpfarrer und Schuldekan, nahm er hier 1977 seine Tätigkeit als Kirchenrat auf.

Seit dieser Zeit ist Hans Maaß aus der Arbeit der Gemeinschaft Evangelischer Erzieher in Baden, deren Leitendem Arbeitskreis er kraft Amtes angehört, nicht mehr wegzudenken. Seine Sachkompetenz, sein Engagement und seine Persönlichkeit haben die Arbeit der GEE entscheidend mitgeprägt. Traditionsbewußte badische Liberalität und ebenso verbindliches wie überzeugendes Eintreten für klare Positionen gehen bei ihm eine glückliche und überaus fruchtbare Verbindung ein. Bei aller gewissenhaften Erfüllung in einem kirchenleitenden Amt hat es sich Hans Maaß nie nehmen lassen, seinen qualifizierten Beitrag zu Forschung und Lehre zu leisten, auch als Lehrbeauftragter an der Pädagogischen Hochschule Karlsruhe. Daß er so vor der Versuchung geistloser Betriebsamkeit und Routine immer bewahrt blieb, kommt der GEE reichlich zugute.

Der außergewöhnliche Einsatz von Hans Maaß, nicht nur bei der Planung und Vorbereitung der Angebote der GEE, sondern auch seine Anwesenheit und Mitwirkung bei Wochenendtagungen, Freizeiten und Begegnungsfahrten lassen diese für viele Teilnehmerinnen und Teilnehmer zum Erleben von Gemeinschaft und über den am jeweiligen Thema orientierten Informationsgewinn hinaus zu einer persönlichen Bereicherung werden.

Diese Schrift versteht sich auch als Anerkennung für die geleistete Arbeit und als kleines Dankeschön seitens der GEE.

Die Gemeinschaft Evangelischer Erzieher wünscht dem Jubilar Gottes Segen für seinen weiteren Lebensweg und - dies nicht ganz uneigennützig - noch ein langes Wirken in der gewohnten inspirierenden Frische.

Für den Leitenden Arbeitskreis der GEE:

Renate Karbaum und *Eugen Engelsberger*

Warum toben die Heiden und murren die Völker so vergeblich?

Gedanken zum Jahrestag der Vereinbarungen von Camp David[1]

1 Husseins Husarenstreich

Am 31. Juli 1988, etwa 6 Wochen vor dem 10. Jahrestag des Abkommens von Camp David hat König Hussein von Jordanien die politische Verantwortung für die „westjordanischen" Gebiete der PLO übertragen. Die politischen Stellungnahmen zu dieser Entscheidung, über deren tieferen Motive sich der jordanische König ausschwieg, fielen unterschiedlich aus.

Viele hielten den Atem an, weil sie darin eine Verschärfung der aktuellen Situation erblickten und diesen Schritt als das definitive Ende aller Hoffnungen auf Friedensverhandlungen mit Jordanien über den Status dieser Gebiete ansahen.

Shimon Peres, der israelische Außenminister, verhält sich auffällig schweigsam. Die Presse hält seine bisherigen Befriedungsbemühungen für gescheitert. Der israelische Ministerpräsident Jitzchak Shamir deutete diesen Schritt Husseins als Eingeständnis, daß die israelische Herrschaft über diese Gebiete endgültig sei, einige israelische Politiker, darunter auch Minister Sharon, der sowohl für die Verschärfung des Libanonfeldzugs 1982 als auch für den Ausbruch der Unruhen im Dezember letzten Jahres ein gehöriges Maß Mitverantwortung zu tragen scheint, sprachen sogar von Annektion.

Ob mit dieser neuen Lage die Chancen Shamirs für die nächsten Parlamentswahlen gestiegen sind, bleibt ebenso offen wie die Frage, ob eine Regierung unter Shimon Peres bereit wäre, angesichts der neuen Situation auch mit der PLO zu verhandeln.

Man konnte sogar die Meinung hören, Hussein, der ja diese Gebiete nicht offiziell aus dem jordanischen Staatsgebiet ausgegliedert, sondern nur die politische Verantwortung der PLO übertragen habe, verbinde damit die

---

[1] Als dieser Beitrag im Sommer 1988 verfaßt wurde, ahnte niemand, daß sich 5 Jahre später die politischen Verhältnisse tatsächlich in der hier aufgezeigte Richtung entwickeln würden. Nur Verwegene wagten es zu hoffen. Der Beitrag, der seinerzeit in vervielfältigter Fassung zu Hunderten verbreitet wurde, wird daher unverändert abgedruckt, auch wenn die Entwicklung mittlerweile weitergegangen ist, einerseits mehr erreichte, andererseits der Friedensprozeß auch immer wieder gefährdet ist.

Aussicht, der PLO endgültig den Todesstoß zu versetzen, indem er sie in ihrer Unfähigkeit zu regieren, bloßstelle.

Wer auch immer mit seinen Vermutungen recht behält, die Frage bleibt: ist 10 Jahre nach jener historischen Vereinbarung zwischen dem ägyptischen Staatspräsidenten Mohammed Anwar as-Sadat und dem israelischen Ministerpräsidenten Menachem Begin unter der Schirmherrschaft des amerikanischen Präsidenten Jimmy Carter alle Hoffnung auf eine friedliche Regelung der Nahostprobleme in sich zusammengebrochen? Hat sich König Hussein, der durch die verstärkten Friedensbemühungen der USA in den letzten Monaten unter moralischen Druck geriet, mit dieser Maßnahme geschickt der Notwendigkeit entzogen, nach Ägypten als zweiter arabischer Staat Israel anerkennen und vereinbarte Grenzen respektieren zu müssen?

2 Der „Geist von Camp David"

In den verschiedenen Krisen der letzten Jahre wurde immer wieder der „Geist von Camp David" ins Bewußtsein gerufen. Worum ging es bei diesem vielbeschworenen „Geist von Camp David", und was waren die konkreten Vereinbarungen, aber auch die vielleicht illusionären Träume jedes Abkommens?

Als Christen sollten wir hierüber genauer bescheid wissen, weil weder das Volk noch der Staat Israel für uns wie alle anderen Völker sein können, sondern immer etwas mit jenen uralten Verheißungen an Abraham zu tun haben, auf die auch wir unseren Glauben an diesen einen und einzigen Gott gründen.

2.1 Von einem, der über seinen Schatten sprang

Das Besondere an jenem „Geist von Camp David" bestand darin, daß erstmals ein arabischer Staatsmann und Kriegsgegner Israels bereit war, Existenzrecht und sichere Grenzen des Staates Israel anzuerkennen.

Wie schwer dies angesichts der allgemeinen arabischen Haltung zu dieser Frage einschließlich eigener Äußerungen des ägyptischen Präsidenten aus früheren Jahren fiel, und wie vorsichtig dabei zu Werke gegangen werden mußte, sieht man daran, daß es sich der Form nach bei dieser Vereinbarung nicht um ein Abkommen über Fragen handelt, die zwischen Israel und Ägypten strittig sind, sondern um eine gemeinsame Rahmenerklärung „für den Frieden im Nahen Osten".[2] Die Unterzeichner „laden die anderen

---

[2] In: Leonard J. Davis, Israels Überlebenskampf, Neuhausen-Stuttgart 1987, S. 318

Republiken im arabisch-israelischen Konflikt ein, diesen (Rahmen) einzuhalten."[3]

Innerhalb dieser groß angelegten Darstellung der Möglichkeiten für einen dauerhaften Frieden im Nahen Osten und unter Bezugnahme auf die UNO-Resolution 242 vom 22. November 1967, wird dann auch „die Respektierung der Souveränität, der territorialen Integrität und der politischen Unabhängigkeit eines jeden Staates in diesem Gebiet sowie auch ihres Rechtes, in Frieden innerhalb sicherer und anerkannter Grenzen frei von Bedrohungen oder Gewaltakten zu leben",[4] gefordert und in den abschließenden Grundsätzen, die auch Friedensverträgen mit den übrigen Nachbarstaaten Israels zugrunde liegen sollten, ausdrücklich „die volle Anerkennung" genannt.[5]

Sadat hat damit als erster arabischer Staatsmann gerade auch diesen Abschnitt der UNO-Resolution auf Israel bezogen, während alle anderen arabischen Staaten bis heute[6] diesen Passus stillschweigend übergehen und sich lediglich auf die Bestimmung berufen, „Rückzug israelischer Streitkräfte aus Gebieten, die im jüngsten Konflikt besetzt wurden"[7] (gemeint ist der 6-Tage-Krieg).

2.2 Der Streit um die Auslegung der UNO-Resolution

Von der arabischen Seite wurde die Resolution 242 nie völlig anerkannt. Gleich im ersten Punkt des 15-Punkte-Programms der PLO von 1977 wird festgestellt: "Die Resolution 242 des Sicherheitsrats ignoriert das palästinensische Volk und dessen unveräußerliche Rechte. Daher bestätigt der Nationalrat, daß er diese Resolution ablehnt und daß er es ebenfalls ablehnt, auf der Grundlage dieser Resolution auf arabischer oder internationaler Ebene zu verhandeln."[8] Dies sind klare Worte, die sich auf den bereits zitierten Passus von der Respektierung der Souveränität und territorialen Integrität aller Staaten des Nahen Ostens beziehen.

Darüber hinaus besteht von Anfang an ein Auslegungsstreit über den Absatz der vom Rückzug israelischer Streitkräfte spricht. Die arabische Seite hat diesen von Anfang an so ausgelegt, als rede die Resolution von **allen** Gebieten, die von Israel besetzt wurden. Der damalige britische und der US-Botschafter bei den Vereinten Nationen wiesen jedoch ausdrücklich darauf hin, daß die unbestimmte Bezeichnung „aus Gebieten" ohne Artikel

---

[3] ebd.
[4] Davis, a.a.O., S. 320; vgl. UNO-Resolution 242 auf S. 316
[5] Davis, a.a.O., S. 325 (II a)
[6] Die Entwicklung seit September 1993 hat diese Feststellung aus dem Sommer 1988 überholt!
[7] 242 1/I; vgl. Davis, a.a.O., S. 316
[8] In: Davis, a.a.O., S. 309

oder sonstige nähere Bezeichnung (1,I der Resolution) in Verbindung mit der Forderung **sicherer** Grenzen (1,II) ebenso wie der Hinweis auf die Notwendigkeit der Schaffung einer entmilitarisierten Zone (2 c) bewußt offenlasse, welche endgültige Grenzziehung zwischen Israel und seinen Nachbarn vereinbart werden sollte.

2.3 Camp David und das palästinensische Nationalabkommen

Trotz der vorsichtigen Formulierungen der Camp David-Vereinbarungen angesichts der problematischen Gesamtlage, stellte der „Geist von Camp David" einen ersten Durchbruch durch die arabische Doktrin dar, derzufolge ein israelischer Staat auf dem Territorium des ehemaligen Palästina kein Existenzrecht besitze. Diese Auffassung ist beispielsweise in dem vom „Palästinensischen Nationalrat" 1968 beschlossenen Nationalabkommen niedergelegt und bildet die Grundlage der PLO-Politik, was um so bedenklicher ist, als überall dort, wo auf staatlicher oder internationaler Ebene offizielle PLO-Vertretungen und Beobachterbüros eingerichtet werden, stillschweigend auch deren Grundvoraussetzung anerkannt wird. „Das palästinesiche Nationalabkommen gegen Israel"[9] umfaßt 33 Artikel. Die ersten geben Aufschluß über die Grundpositionen:

„Artikel 1
Palästina ist das Heimatland des arabisch-palästinensischen Volkes; es ist ein untrennbarer Teil des arabischen Mutterlandes, das palästinensische Volk ist ein integrierender Teil der arabischen Nation.

Artikel 2
Palästina ist innerhalb der Grenzen, die es zur Zeit des britischen Mandats hattte, eine unteilbare territoriale Einheit.

Artikel 3
Das arabische palästinensische Volk hat legales Anrecht auf sein Heimatland sowie das Recht, nach der Befreiung seines Landes sein Schicksal nach seinen Wünschen und ausschließlich nach seinem eigenen Beschluß und Willen zu bestimmen.

Artikel 4
Die palästinensische Identität ist ein angeborenes und fortbestehendes Charakteristikum; sie wird von den Vätern auf die Söhne übertragen. Die zionistische Okkupation und die Zerstreuung des arabischen palästinensischen Volkes aufgrund der Katastrophen, von denen es betroffen wurde,

---

[9] Davis, a.a.O., S. 293 - 304

haben nicht dazu geführt, daß es seine palästinensische Identität und seine Zugehörigkeit zur palästinensischen Gemeinschaft verloren hat; sie haben auch nicht eine Annulierung der Identität und der Zugehörigkeit herbeigeführt.

Artikel 5
Palästinenser sind solche arabische Staatsangehörigen, die bis zum Jahr 1947 in der Regel in Palästina ansässig waren, ohne Rücksicht darauf, ob sie von dort vertrieben wurden oder dort verblieben. Jedes Kind eines palästinensischen Vaters, das nach diesem Zeitpunkt geboren wurde - in Palästina oder außerhalb - ist ebenfalls Palästinenser.

Artikel 6
Juden, die in der Regel in Palästina vor dem Beginn der zionistischen Invasion ständig ansässig waren, werden als Palästinenser angesehen werden."[10]

In einem Beschluß des palästinensischen Volksrats unter dem Titel „Der internationale Kampf der Palästinenser" findet sich folgende Klarstellung: „Ebenfalls bestätigt der Rat, daß der Angriff auf das palästinensische Volk und sein Land mit der zionistischen Invasion Palästinas im Jahre 1917 begann." Daraus wird deutlich, daß nach arabischer Auffassung für die jüdische und arabische Bevölkerung des ehemaligen britischen Mandatsgebiets Palästina unterschiedliche Stichdaten gelten.

3   Konkrete Absprachen von Camp David

Inhaltlich sah die Vereinbarung von Camp David eine Fülle von Maßnahmen vor, die, wenn sie umgesetzt worden wären, der Befriedung des gesamten Gebiets hätten dienen können und zumindest geeignet gewesen wären, die Situation der arabischen Bevölkerung dieses Raumes[11] zu verbessern, wenn auch nicht alle extremen Forderungen zu erfüllen. Sogar die Bildung eines separaten „Palästinenserstaates" wäre auf der Grundlage dieser Vereinbarungen prinzipiell denkbar gewesen, auch wenn sich mit Recht fragen läßt, welchen Sinn die Gründung eines solchen Zwergstaates haben sollte, und auf welcher wirtschaftlichen Grundlage er existieren könnte.

---

[10] Davis, a.a.O., S. 293 f.
[11] Gemeint sind *sowohl* die 1948 geflohenen und seither als Flüchtlinge betrachteten und in Lagern untergebrachten, *als auch* die in den von Jordanien annektierten Gebieten ursprünglich ansässigen Araber.

3.1 Priorität der Regelungen für Gaza und die Westbank vor israelisch-ägyptischen Absprachen

Immerhin beginnen die Vereinbarungen mit einem langen Abschnitt über die „Westbank und Gaza", ehe sie ganz kurz auf die zwischen Ägypten und Israel zu regelnden Fragen eingehen.

Zwischen Ägypten und Israel gab es auch wenig zu regeln, im Grunde nur zwei Dinge: Gewaltverzicht bei eventuellen Streitfragen und Abschluß eines Friedensvertrages innerhalb von 3 Monaten nach Abschluß der Rahmenvereinbarung auf der Grundlage der UNO-Resolution 242.

Damit stand auch die Rückgabe eroberter Gebiete grundsätzlich fest, lediglich die Modalitäten mußten noch vereinbart werden.

3.2 Problematik der Vorschläge für Gaza und die Westbank

Schwieriger gestaltete sich das Problem, sinnvolle Vorschläge für das Verfahren im Blick auf die eroberten jordanischen Gebiete zu machen, und zwar aus mehreren Gründen:

a) Die in Frage kommenden Verhandlungspartner Israels waren an den Gesprächen von Camp David nicht beteiligt.

b) Es stand nicht fest, wer überhaupt für diese Gebiete legitimierter Gesprächsparter Israels war: das Königreich Jordanien, die in dem eroberten Gebiet Lebenden oder nur die dort Gebürtigen, die PLO oder sonstige Partner.

c) Es stand nicht fest, ob überhaupt einer der in Frage kommenden Gesprächspartner das Existenzrecht Israels anzuerkennen und auf dieser Grundlage in Verhandlungen einzutreten bereit war.

d) Es stand nicht fest, ob der von Ägypten und Israel mit den USA erarbeitete Verfahrensvorschlag, selbst wenn alle anderen Schwierigkeiten gelöst wären, von den Betroffenen als Wahrung ihrer Interessen angesehen werden konnte.

Offensichtlich hat man die Friedenssehnsucht der Bevölkerung des Nahen Ostens und den Sieg der Vernunft über irrationale Prinzipien so hoch eingeschätzt, daß man den erarbeiteten Verfahrensvorschlag für (bald) realisierbar hielt, weil er in sich so logisch zwingend schien, daß es zu ihm keine vernünftige Alternative gab, strebte man doch eine „Regelung des palästinensischen Problems in allen seinen Aspekten"[12] an.

3.3 Die Rechte der arabischen Bevölkerung in den betroffenen Gebieten

Um die jeweiligen Sicherheits- und Selbstbestimmungsinteressen aller Betroffenen zu gewährleisten, dachte man an einen 3-Stufen-Plan. Man war sich darüber im klaren, daß eine übergangslose, endgültige Regelung nicht zu erreichen war.

a) Politischer Dreh- und Angelpunkt sollte dabei die mittlere Phase sein. „Um Bewohnern die volle Autonomie zu gewähren", sollten für eine Übergangszeit von höchstens 5 Jahren „die israelische Militärregierung und Zivilverwaltung abgezogen" werden, „sobald sich die Bewohner dieser Gebiete in freien Wahlen eine Selbstverwaltung gegeben haben, die die bestehende Militärregierung ablöst."[13]

b) Leider hat diese 5-jährige Übergangszeit bis heute noch nicht begonnen; denn „um diese Einzelheiten einer Übergangsregelung auszuhandeln",[14] wurde die Regierung von Jordanien für die erste Phase dieses 3-Stufen-Plans eingeladen, an den Verhandlungen auf der Basis dieser Rahmenvereinbarung teilzunehmen. Diese Gespräche hat Jordanien bis heute abgelehnt und sich durch seinen neuesten Schritt auch für unzuständig erklärt.[15]

Dabei hätten die Vereinbarungen von Camp David die verschiedensten Möglichkeiten geboten, wie sich die vorbereitende Kommission in der ersten Phase zusammensetzt, die über „die Modalitäten für die Errichtung der gewählten Selbstverwaltungsbehörden auf der Westbank und in Gaza" verhandeln sollte.

Aus drei Delegationen sollte die Kommission bestehen, je einer ägyptischen, einer israelischen und jordanischen. „Die Delegationen Ägyptens und Jordaniens können Palästinenser von der Westbank und von Gaza oder, im gegenseiten Einvernehmen auch andere Palästinenser einschließen."[16] Dies bedeutet, daß grundsätzlich auch die PLO an diesen Verhandlungen beteiligt werden konnte, allerdings nicht als

---

[12] Davis, a.a.O., S. 321 (A I)
[13] ebd. (A I,a)
[14] ebd.
[15] Am 25. 7. haben sich Israel und Jordanien erstmals geeinigt, den seit 1948 andauernden Kriegszustand zu beenden. Am 17. Oktober wurde ein Friedensvertrag paraphiert, am 26. 10. 1994 feierlich unterzeichnet.
[16] Davis, a.a.O., S. 321 (A I,b)

eine Abordnung, sondern nur innerhalb der jordanischen oder ägyptischen Delegation. So weit war Israel bereit zu gehen!

Diese Möglichkeit wurde allerdings von der PLO und den arabischen Staaten außer Ägypten nie akzeptiert, stellte daher von Anfang an eine unrealistische Rahmenvorgabe dar. Umgekehrt ist es Israel nicht zu verdenken, wenn es in den 10 Jahren, die seither verstrichen sind, von dieser Bedingung nicht zurückwich, stellte doch diese mit Ägypten getroffene Vereinbarung aus israelischer Sicht ein äußerstes Entgegenkommen dar. Man hatte damit der Möglichkeit zugestimmt, mit Verhandlungspartnern an einem Tisch zu sitzen (wenn auch nicht in einer selbständigen Delegation), deren erklärtes Ziel es (mindestens bisher) war, den Staat Israel völlig zu liquidieren und nur „Juden, die in Palästina vor dem Beginn der zionistischen Invasion ständig ansässig waren",[17] als Palästinenser anzusehen und daher auch als Staatsbürger eines palästinensischen Staates anzuerkennen. Daß dabei 1917 als Stichdatum galt, wurde oben dargestellt.

3.4 Arabischer Widerstand zum eigenen Schaden

Mit der Weigerung, auf das von Ägypten und Israel vorgeschlagene Verfahren einzugehen, hat sich die arabische Seite selbst am meisten geschadet, es sei denn, sie erhoffte sich von einer militärischen Lösung die Verwirklichung ihrer Totalforderung; denn die israelisch-ägyptischen Vereinbarungen sahen ja weitgehendes Entgegenkommen gegenüber den Anliegen der arabischen Bevölkerung vor. Israel hatte sich dazu im voraus verpflichtet, noch ehe Verhandlungen über Details mit den arabischen Delegationen begonnen hatten.

Man muß sich bewußt machen, welche günstige Verhandlungsposition die Araber aufgrund dieser israelischen Vorleistungen besaßen! Die Problematik der besetzten Gebiete könnte längst gelöst und auch mancher Fehler, den Israel seither begangen hat, vermieden worden sein, wenn die arabische Seite seinerzeit pragmatisch und nicht dogmatisch gedacht hätte, indem sie auf diesen 3-Stufen-Plan eingegangen wäre.

4 Die angestrebte endgültige Friedenslösung

4.1 Auf dem Weg zur vollen Autonomie

Schon für die 5-jährige Übergangszeit sollte den Bewohnern volle Autonomie gewährt werden. Die israelische Militärregierung und Zivilverwaltung sollte abgezogen werden, „sobald sich die Bewohner dieser Gebiete

---

[17] Nationalabkommen, Art. 6; Davis, a.a.O., S. 294

in freien Wahlen eine Selbstverwalung gegeben haben."[18] Verbleibende israelische Truppen sollten „auf namhaft gemachte Sicherheitsstandorte"[19] festgelegt werden. Für die innere Sicherheit sollte „eine starke örtliche Polizeitruppe aufgestellt werden". Gemeinsame jordanisch-israelische Patrouillen sollten gebildet werden, „um die Sicherheit der Grenzen zu gewährleisten."[20]

Diese Formulierungen beschränken die Funktionen der noch verbleibenden israelischen Truppen eindeutig und ausschließlich auf die Sicherung der Grenzen Israels und die Sicherheit der dafür notwendigen Truppen.

Eine Einflußnahme auf die innere Entwicklung der politischen Verhältnisse und Kräfte dieser Gebiete wäre nicht in die Zuständigkeit dieser Truppen gefallen.

Die Bildung gemeinsamer israelisch-jordanischer Partrouillen hätte eine gleiche Stellung beider Staaten zu diesen Gebieten vorausgesetzt, also auch die Bildung eines separaten „Palästinenserstaates" offen gelassen.

4.2 Endgültiger Status und Grenzen für Gaza und die Westbank

Die wichtigste Aufgabenstgellung dieser 5-jährigen zweiten Phase war jedoch eindeutig auf die dritte und endgültige Stufe bezogen: „Es sollen so rasch wie möglich, aber nicht später als im dritten Jahr nach Beginn des Übergangszeitraums, Verhandlungen stattfinden, um den endgültigen Status der Westbank und Gazas und deren Verhältnis zu ihren Nachbarn festzulegen und einen Friedensvertrag zwischen Israel und Jordanien bis Ende des Übergangszeitraums abzuschließen."[21]

Auch über den Inhalt dieser Verhandlungen gibt es klare Vorstellungen: „Die Verhandlungen werden unter anderem den genauen Verlauf der Grenzen und die Gestaltung der Sicherheitsvorkehrungen festlegen. Die in diesen Verhandlungen zu treffende Regelung muß auch den legitimen Rechten des palästinensischen Volkes und seinen rechtmäßigen Bedürfnissen Rechnung tragen."[22]

Mit der offenen Formulierung vom „endgültigen Status der Westbank und Gazas und deren Verhältnis zu ihren Nachbarn" bleiben grundsätzlich alle

---

[18] Davis, a.a.O., S. 321 (A I,a)
[19] Davis, a.a.O., S. 322 (A I,b)
[20] ebd.
[21] ebd. (A I,c)
[22] Davis, a.a.O., S. 323 (A I,c)

Varianten von einem selbständigen Staat über Konförderation bis zur Rückgliederung dieses Gebietes zu Jordanien im Gespräch, und zwar unter Beteiligung der Betroffenen; denn an diesen Verhandlungen sollten die Bewohner der betroffenen Gebiete nicht mehr wie in der ersten Phase innerhalb der jordanischen oder ägyptischen Verhandlungspartei, sondern durch eine eigene Delegation gewählter Vertreter beteiligt werden. „Auf diese Weise werden die Palästinenser an der Entscheidung über ihre eigene Zukunft beteiligt".[23]

Damit sich diese Vertreter aber nicht einem Diktat fremder Interessen beugen mußten, war von vornherein festgelegt, daß den legitimen Rechten und Bedürfnissen des palästinensichen Volkes Rechnung zu tragen sei. Dies sollte sichergestellt werden durch „das Zugeständnis, sich dem Votum der gewählten Vertreter der Bewohner der Westbank und Gazas zu fügen".

4.3   Israels Vorleistung

Nochmals muß die Frage gestellt werden: konnte Israel im voraus größere Zugeständnisse an die Bevölkerung der besetzten Gebiete machen? War es angesichts dieser Vorgaben für die arabische Seite noch ein unkalkulierbares Risiko, sich auf die Bestimmung einzulassen: „Die Verhandlungen werden unter anderem den genauen Verlauf der Grenzen und die Gestalt der Sicherheitsvorkehrungen festlegen"? Hätte das Elend der Bewohner Gazas und der sogenannten palästinensischen Flüchtlinge, das uns in den letzten Monaten durch drastische Medienberichte erschütterte, nicht längst behoben sein und die umstrittene Siedlungspolitik Israels in den besetzten Gebieten vermieden werden können, wenn die arabische Seite - Jordanien allen voran - in die von Israel und Ägypten angeregten Gespräche eingetreten wäre?

5   Friedensvision - eine Illusion ?

So logisch und sinnvoll dieser Plan für die Schaffung und Sicherstellung „der Souveränität, der territorialen Integrität und der politischen Unabhängigkeit eines jeden Staates in diesem Gebiet sowie auch ihres Rechtes, in Frieden innerhalb sicherer und anerkannter Grenzen, frei von Bedrohungen oder Gewaltakten zu leben",[24] den Unterzeichnern und neutralen Beobachtern auch erscheinen mag, in zwei Punkten gibt er sich einer Illusion hin; und darin besteht seine eigentliche Schwäche.

---

[23] ebd.
[24] Präambel; Davis, a.a.O., S. 320

5.1 Die arabische Nationalidee

Der Plan übersieht, daß die Lösung der Probleme bis zu diesem Zeitpunkt nicht an einem Mangel an guten Ideen und Verfahrensvorschlägen gescheitert war, sondern an dem Grundsatzproblem, daß die arabische Bevölkerung des ehemaligen Palästina sich für die rechtmäßige Bevölkerung dieses Territoriums hält, die Juden hingegen für Eindringlinge, so daß jeder israelische Staat - ganz gleich in welchen Grenzen - in dieser Region kein Existenzrecht besitzt.

Hinzu kommt:
Diese Doktrin steht im Widerspruch zur Bevölkerungsstatistik, die deutlich ausweist, daß dieses Gebiet unter türkischer Herrschaft nur dünn besiedelt war. Erst die jüdische Einwanderungsbewegung hatte einen verstärkten arabischen Zuzug zur Folge.[25] Diese Schwierigkeit umging der palästinensische Nationalrat in seiner Erklärung von 1967, indem er bei der Definition des Begriffs „Palästinenser" für die jüdische und arabische Bevölkerung jeweils unterschiedliche Daten zugrunde legte (jüdisch: 1917, arabisch: 1947).[26] Beide Bevölkerungsgruppen können daher je andere, gleichwertige und gleich gut begründbare Ansprüche auf Gesamtpalästina geltend machen, sofern man sich auf diese Rechnerei einläßt.

Viel eher müßte bei einem solchen Aufrechnen aber noch ein anderer Gesichtspunkt ins Spiel gebracht werden: dem Argument, Israel könne seine Ansprüche auf Wohnrecht und Staatsbildung auf diesem Gebiet nicht damit begründen, daß von etwa 1000 vor bis 70 nach nach unserer Zeitrechnung auf diesem Territorium ein israelischer Staat bestanden habe, kann entgegengehalten werden, daß es auch nach der Zerstörung Jerusalems durch die Römer immer jüdische Bevölkerung in diesem Lande gab, später auch arabische Bevölkerung, aber zu keiner Zeit einen selbständigen arabischen Staat in diesen Grenzen.

Solange die arabische Seite nicht bereit ist, von ihrem Dogma über die rechtmäßigen Ansprüche auf das gesamte ehemalige Palästina abzugehen und sich weder durch geschichtliche Fakten noch durch gegenwärtige politische Verhältnisse davon abbringen läßt, müssen Hoffnungen auf Verhandlungen leider ein illusionärer Wunschtraum bleiben.[27]

---

[25] Vgl. etwa die statistsiche Entwicklung der Bevölkerung Jerusalems; Davis, a.a.O., S. 232
[26] Vgl. oben 2.3, Art des Palästinensischen Nationalabkommens
[27] Die Situation hat sich durch die Entwicklung seit September 1993 glücklicherweise geändert. Dabei hat sich gezeigt, daß die Kreise verhandlungsbereit sind, die dieses Dogma aufgegeben haben; die anderen setzen weiterhin auf Gewalt.

5.2 Verhandlungspsychologie

Zu diesen Argumenten kommt noch das psychologische Moment, daß Konflikt-Parteien generell nicht bereit sind, sich von Dritten Ratschläge und „Rahmenpläne" vorgeben zu lassen, wie sie anstehende Probleme zu lösen hätten. Dies gilt vermehrt,

a) wenn sie an den Verhandlungen, in denen diese Vereinbarungen und Vorschläge erarbeitet wurden, nicht beteiligt waren,

b) wenn sie durch die vorgeschlagenen Lösungen zur Aufgabe ihrer ideologischen Vorgaben gezwungen wären,

c) wenn einer der „Ratgeber" zudem noch der Erzfeind ist, dessen Existenzrecht man bestreitet.

6 Wie könnte es weitergehen?

Es bleibt nur zu hoffen, daß die durch den jordanischen König geschaffene neue Situation und die immer drängender werdenden sozialen, wirtschaftlichen, politischen, rechtlichen und psychologischen Probleme dazu führen, daß

a) die Araber dieser Gebiete sich dazu bereit finden, in den Vereinbarungen von Camp David (ohne außdrücklich darauf einzugehen), zu entdecken, wozu Israel um des Friedens willen bereit wäre, und (mit welcher Prozedur auch immer) Befriedungsverhandlungen zu führen; und

b) Israel auch unter den veränderten Bedingungen und mit den Erfahrungen der letzten 10 Jahre weiterhin zu solchen Verhandlungen und Zugeständnissen bereit bliebe, welche Partei auch immer die Regierungsverantwortung trägt.

Israel und Kirche als Weggefährten?

Gedanken zur EKD-Studie „Christen und Juden II".[1]

1. Aufgabenstellung

Der Beitrag soll einen Einblick in die EKD-Studie „Christen und Juden II"[2] geben, Aufbau, Absicht und wesentliche Aussagen darstellen und kritisch reflektieren, sowie Ansatzpunkte zum Weiterdenken aufzeigen.

Angesichts der jüngsten Ereignisse und der massierten Drohungen, die von der neonazistischen Szene wieder ungeniert an den Tag gelegt werden,[3] erscheint dies nötiger denn je. Da die Kirchen jahrhundertelang zur Verunglimpfung von Juden und Judentum beigetragen und manches Pogrom initiiert haben, müssen sie sich fragen lassen, ob sie genügend ehrlichen Willen und innere Kräfte besitzen, um jegliche Judenfeindschaft nicht nur zu vermeiden und zu verhindern, sondern zu überwinden.

1.1 Eine Studie, keine Denkschrift

Worin besteht der Unterschied? Der Unterschied ergibt sich nicht aus dem unterschiedlichen Grad der *Verbindlichkeit*, sondern aus der *Zielsetzung* und dem *Adressatenkreis*.

a. Zielsetzung

1970 gab der Rat der EKD eine Denkschrift über Denkschriften heraus.[4] Dort ist im Vorwort die Rede von „Denkschriften, die vom Rat der Evangelischen Kirche in Deutschland in den letzten Jahren zu sozialen und politischen Fragen herausgegeben wurden."[5]

Nach einem Hinweis auf die Erfahrungen im Dritten Reich, die gezeigt hatten, „wohin mangelnde oder hinausgeschobene Mitverantwortung für Din-

---

[1] Als Vortrag erstmals gehalten am 7. 12. 1992 in der Gesellschaft für Christlich-Jüdische Zusammenarbeit Karlsruhe.
[2] Christen und Juden II - Zur theologischen Neuorientierung im Verhältnis zum Judentum, [Hrsg.] Kirchenamt der EKD, Gütersloh 1991; künftig zitiert als St II.
[3] Als Beispiel kann die Todesdrohung an Ralph Giordano gelten (vgl. taz Vom 5. 12. 1992, 14. Jg., Nr. 3877, S. 4), die sich unverhohlen auf Hitlers Judenvernichtung bezieht.
[4] Aufgaben und Grenzen kirchlicher Äußerungen zu gesellschaftlichen Fragen, [Hrsg.] Rat der Evangelischen Kirche in Deutschland, 2. Aufl., Gütersloh 1970; künftig als „Aufgaben" zitiert.
[5] Aufgaben, S. 5

ge dieser Welt oder unkritisches Vertrauen auf eine »Obrigkeit« führen",[6] wird festgestellt: „Die demokratische Ordnung ist auf den partnerschaftlichen Dialog zwischen den gesellschaftlichen Kräften angelegt und lebt davon, daß sich auch Kräfte ohne besonderes Eigeninteresse an der Suche nach der besten Entscheidung beteiligen."[7]

Gleichzeitig wird jedoch vor dem Mißverständnis gewarnt, solche Denkschriften als „Hineinreden von außen" zu empfinden. Statt dessen wird die Kirche hinsichtlich der Art, wie sie sich zu öffentlichen Fragen zu Wort meldet, darauf verwiesen, was „der Rolle der Kirche in demokratischen Gemeinwesen entspricht."[8]

Die Zeit kirchlicher Bevormundung ist vorbei. Die Zeit kritischer Beobachtung und verantwortlicher - prophetischer - Mahnung endet nie.

b. Zielrichtung

Bezüglich der Adressaten solcher Denkschriften wird betont: „Zunächst zielen kirchliche Äußerungen auf eine innerkirchliche Klärung und Besinnung."[9] Das Wörtchen „zunächst" macht jedoch deutlich, daß dies nur eine Zwischenstation ist, fast Mittel zum Zweck, das dem eigentlichen Ziel dienen muß: „Die innerkirchliche Zielsetzung darf nicht vernachlässigt werden, weil das Wirksamwerden kirchlicher Äußerungen wesentlich davon abhängt, daß sie von den Gemeinden aufgenommen und entweder in eigener Verantwortung oder durch Einflußnahme auf die in Politik und Wirtschaft Verantwortlichen praktiziert werden."[10]

Damit ist jedoch eine weitere Erwartung verbunden: „Zum anderen leisten kirchliche Stellungnahmen einen Beitrag zur öffentlichen Diskussion bestimmter Fragen; sie versuchen, die Bewußtseins- und Meinungsbildung zu beeinflussen, vergessene oder verdeckte Zusammenhänge zur Sprache zu bringen und vor allem Denkanstöße zu vermitteln."[11]

c. Absicht und Adressaten kirchlicher Studien

Demgegenüber versteht sich die Studie „Christen und Juden II" gemäß ihrem Vorwort als „Beitrag zur theologischen Neuorientierung im Verhältnis

---

[6] These 1, Aufgaben, S. 7
[7] These 6, Aufgaben, S. 9
[8] These 7, Aufgaben, S. 9
[9] These 45, Aufgaben, S. 25
[10] ebd.
[11] These 46, Aufgaben, S. 25

zum Judentum",[12] also als innerkirchliches Diskussionspapier. Die vorausgegangene erste Studie[13] hebt in der Einführung den Zusammenhang mit dem Gespräch zwischen Christen und Juden nach dem Zweiten Weltkrieg hervor und nennt als Ziel der Studie: „Sie will in erster Linie den Christen in der Evangelischen Kirche in Deutschland eine Orientierungshilfe für die Besinnung über ihr Verhältnis zu den Juden geben."[14]

Wir können daher den Unterschied zwischen Denkschriften und Studien etwas präziser fassen:
Während Denkschriften in erster Linie die *öffentliche Diskussion* über *gesellschaftliche Fragen* anstoßen wollen,[15] kommt es den Studien auf einen *innerkirchlichen* Klärungsprozeß in zentralen *theologischen Fragen* an.

Dies muß auch bei der Beschäftigung mit der vorliegenden Studie bedacht werden.

1.2   Das Verhältnis von erster und zweiter Studie

1.2.1   Gründe für eine zweite Studie

- Man kann fragen: Warum nach fünfzehn Jahren *schon wieder* eine Studie zum gleichen Thema: Christen und Juden?
- Man kann aber auch fragen: Warum *erst* nach fünfzehen Jahren wieder eine Studie zum gleichen Thema: Christen und Juden?

Das Nebeneinander dieser beiden, lediglich durch eine zeitliche Qualifizierung voneinander unterschiedenen Fragen macht den Umfang des Problemhorizontes deutlich:

1.2.1.1   „Schon wieder"

Mit dem „schon wieder" könnte sowohl abwehrendes Desinteresse als auch verwunderte Überraschung signalisiert sein.

a.   Abwehrendes Desinteresse könnte bedeuten:

Laßt uns endlich mit diesen ständigen Mahnungen und Gewissensappellen in Ruhe, mit Überprüfungen und Bestandsaufnahmen. Es reicht, daß uns

---

[12] St II, S. 7
[13] Christen und Juden, [Hrsg.] Rat der Evangelischen Kirche in Deutschland, Gütersloh 1975; künftig zitiert als St I
[14] St I, S. 7
[15] Verwiesen sei beispielsweise auf die epochemachende politische Auswirkung der Denkschrift „Die Lage der Vertriebenen und das Verhältnis des deutschen Volkes zu seinen östlichen Nachbarn", [Hrsg.] Kirchenkanzlei der Evangelischen Kirche in Deutschland, Hannover 1965

die einschlägigen Fragen damals aufgelistet wurden. Damit ist das Nötige gesagt, die wunden Punkte benannt, der Fall abgeschlossen. Wir haben heute Wichtigeres zu tun und zu bedenken: Ökokrise, Bürgerkriege, Hungergebiete, Nord-Süd-Problematik, neue Nationalismen und Formen des Imperialismus.

Es gibt solche Stimmen in der Kirche, die die Schuld der Kirche am Antisemitismus weder schmälern noch verschweigen wollen, aber für erledigte Vergangenheit halten.

    b. Verwunderte Überraschung könnte bedeuten:

Gibt es denn zu diesem Fragenkomplex tatsächlich schon wieder etwas wirklich entscheidend Neues zu sagen, oder zerreden wir die Frage nur? Ist denn die erste Studie tatsächlich so bekannt und wirksam geworden, daß man bereits wieder zu neuen Erkenntnissen gelangt ist? Sollte man nicht geduldig und vertrauensvoll handeln und abwarten, bis die erste Studie ihre Wirkung erzielt hat. Setzt dies nicht einen langwierigen Erziehungsprozeß voraus, der eine allgemeine Verbreitung von Erkenntnissen und Veränderung von Einstellungen zum Ziel hat, so daß eine weitere Beschäftigung mit der Frage überflüssig wird?

Aber: Werden wir diesen Zustand jemals erreichen?

1.2.1.2 „Erst wieder"

Hinter dem „erst wieder" könnte die Einsicht stehen:
Das Verhältnis zwischen Christen und Juden war jahrhundertelang so getrübt und gestört, ja, vergiftet, daß es nötig ist,
- viel *öfter* Zwischenbilanz zu ziehen,
- viel *häufiger* Orientierungshilfen zu geben,
- in viel *kürzeren* Abständen die Gemeinden und die einzelnen Christen anzusprechen.

Dies sage ich angesichts einer traurigen Bilanz, die auf der Beobachtung beruht, wie wenig elementare theologische Erkenntnisse im Verhältnis zwischen Christentum und Judentum trotz intensivster Bemühungen in den letzten zehn bis fünfzehn Jahren Eingang in die populäre Frömmigkeitssprache, Verkündigung, Unterricht und Umgangssprache gefunden haben. Ich erinnere nur an offensichtlich unausrottbare Begriffe wie „pharisäisch", „alttestament*arisch*", „Rachegott" oder die mißverstandene Formel „Auge um Auge, Zahn um Zahn".[16]

---

[16] Raschi (Kommentar zum Pentateuch, [Übers.] Rab. Dr. S. Bamberger, 3.Aufl., Basel 1975, S. 346) bemerkt, „unsere Lehrer erklären, nicht wörtlich die Beibringung eines Leibesfehlers, sondern Ersatz durch Geld." - Rab. Dr. Joseph Herman Hertz, Pentateuch und Haftoroth, 3.

So erlebte ich vor kurzem, wie ein Religionspädagoge, der über jeden Verdacht der Judenfeindlichkeit erhaben ist, in einem Gespräch davor warnte, anderen gegenüber „pharisäisch" zu sein. Aus dem Zusammenhang ging eindeutig hervor, was er damit meinte, nämlich Arroganz und Heuchelei, der es an Fähigkeit zur Selbstkritik mangelt. Als ich ihn darauf ansprach, sah er seinen Fehler ein, meinte aber, das sei „so drin", daß man dies gar nicht bemerke. Hier liegt noch ein weites Feld intensiver Bewußtseinsbildung und Einübung vor uns.

1.2.2 Unterschiedliche Ausgangssituationen

1.2.2.1 Vor der ersten Etappe

Die Studie von 1975 läßt noch deutlich den Übergangsprozeß erkennen, der von Abgrenzungs- und Profilierungstendenzen der Kirche gegenüber Israel zur zaghaften Entdeckung von mehr als nur historischen Zusammenhängen führte. Dafür steht etwa die Feststellung in der Einführung des damaligen Ratsvorsitzenden Claß:

„Zwischen Christen und Juden bestehen tiefgreifende Unterschiede und Gegensätze. [...] Diese Gegensätze dürfen nicht verschwiegen werden. Es darf aber ebenso wenig verschwiegen werden, was Juden und Christen verbindet."[17]

Ich könnte diese Sätze so nicht mitsprechen. Unterschiede, ja, aber *tiefgreifende?* Entweder ist das Wort nicht ernstgemeint, oder es besagt: Es stehen Welten zwischen dem christlichen und jüdischen Glauben.

Ich frage: Ist ein Christentum, das *tiefgreifende* Unterschiede zum Judentum empfindet, noch *biblisches, neutestamentliches* Christentum?

Und wo liegen gar die *Gegensätze,* die nicht verschwiegen werden dürfen? Müssen sie, wenn es sie tatsächlich gibt, nicht *überwunden* werden, und zwar nicht um der Juden, sondern um der Christen willen? Denn ein Chri-

---

Bd, Leviticus, Zürich [Nachdruck] 1984, S. 263, fügt dieser Deutung noch die Feststellung hinzu: „Es gibt in der jüdischen Geschichte kein Beispiel dafür, daß das Gesetz der Vergeltung - Auge um Auge, Zahn um Zahn - je *wörtlich* aufgefaßt worden ist. Den Talmudisten bedeuten die biblischen Worte *Auge um Auge* nichts als einen Ausdruck für den Grundsatz der Gleichheit."
Yehuda T. Radday, Ein Stück Tora, Arbeitsmappe 2, Frankfurt/M 1991, Behandelt diesen Abschnitt sehr ausführlich (S. 44 ff.). Er geht davon aus, daß diese Regelung ursprünglich einmal wörtlich verstanden und angewandt wurde und nicht mehr feststellbar ist, wann sich das Verständnis im Sinne einer Ersatzleistung durchsetzte. „Alle Anzeichen sprechen dafür, daß dieser Umschwung lange vor der biblischen Epoche stattgefunden haben muß, da aus dieser Epoche, die immerhin ein Jahrtausend andauerte", kein einziger Fall einer wörtlichen Anwendung bekannt ist, „und bei all der Gewaltsamkeit, die in ihr herrschte." (S. 52).

[17] St I, S. 7

stentum, das sich im *Gegensatz* zum Judentum befindet, hat die Verbindung zu seiner Wurzel verloren, gleicht einem abgeschnittenen Zweig,[18] der vielleicht in einer Vase dekorativ wirkt, aber sehr bald welkt und verdorrt. Und über solche verdorrten Zweige ist uns im Johannesevangelium ein Jesuswort überliefert: „Man sammelt sie und wirft sie ins Feuer, und sie müssen brennen."[19]

1.2.2.2 Rückblick auf die erste Etappe

Die Studie von 1991 anerkennt, was die Studie von 1975 ausgelöst und in Gang gesetzt hat. Sie stellt allerdings auch mit höflicher Kritik die wunden Punkte jener ersten Studie heraus, die bei der Abfassung und Gliederung der neuen Studie bedacht werden mußten:[20]
- „Sollte das Verhältnis zwischen Juden und Christen von vornherein vom christlichen Standpunkt aus betrachtet werden, oder ließ sich ein anderer Ansatz finden, der jede der beiden Gemeinschaften stärker zu ihrem Recht kommen läßt?"
- „Die Verwendung des Bildes von den »gemeinsamen Wurzeln« soll […] nicht verdecken, daß das Judentum selbst die Wurzel des Christentum bildet."
- Es stellt sich „die Frage, warum sie sich trennten und was dies für die Beziehungen von Juden und Christen heute bedeutet."

Die Kommission kommt schließlich zu der Feststellung: Die seit 1975 veröffentlichten Dokumente haben einige der offen gebliebenen Fragen weitergeführt, aber auch neue aufgeworfen. Deshalb bedarf es einer kritischen Bestandsaufnahme des bisher Erreichten."[21]

1.2.3 Der unterschiedliche Aufbau als Zeichen eines unterschiedlichen Erkenntnisstandes.

1.2.3.1 Die erste Studie 1975

Die Studie von 1975 zählt zunächst einmal „gemeinsame Wurzeln" auf, ehe vom „Auseinandergehen der Wege" die Rede ist, und erweckt damit den Eindruck, es handle sich um zwei verwandte Religionen, die zwar in gleicher Weise auf gemeinsamen Wurzeln basieren, sich aber je selbständig entwickelt haben und mittlerweile miteinander konkurrieren, wer von beiden das gemeinsame Erbe besser bewahrt hat.

---

[18] Von abgeschnittenen Zweigen spricht Paulus Röm 11,17 ff.
[19] Joh 15,6
[20] St II, S. 11
[21] St II, S. 14

Nathan läßt grüßen, kann man da nur sagen und auf Lessings Ringparabel verweisen. Es handelt sich also noch immer um einen modifizierten aufklärerischen, religionsgeschichtlichen Vergleich, dessen Kriterien nicht offenliegen.[22]

Zwar versteht auch der amerikanische, jüdische Gelehrte Jacob Neusner das Christentum und das pharisäisch-rabbinische Judentum als zwei selbständige Weiterführungen der Tradition der Hebräischen Bibel. „Jede bot eine allumfassende Interpretation der Schrift an, indem sie erklärte, was die Schrift bedeutete oder nicht bedeutete."[23] Er stellt dabei fest: „Die Hebräische Bibel brachte diese beiden zwar in Beziehung zueinander stehenden doch ganz unterschiedlichen religiösen Gemeinschaften, das Judentum und das Christentum, hervor. Sie haben sich nach Vorstellungen entwickelt, die im späten Altertum entstanden waren".[24]

Dennoch stehen beide in einem unterschiedlichen Verhältnis zur Hebräischen Bibel. Das rabbinische Judentum wurzelt nach seinem eigenen Verständnis viel stärker in der Hebräischen Bibel als das Christentum. Es versteht seine Lehre als die am Sinai mit der schriftlichen Tora verkündigte mündliche Tora, die den Sinn der göttlichen Willensoffenbarung gültig interpretiert. Das Christentum hat dagegen sein Verhältnis zur Hebräischen Bibel immer wieder mit Begriffen wie „Erfüllung", „Vollendung", „Ende" zum Ausdruck gebracht und seine Lehre damit als Ablösung und Überbietung des Judentums verstanden.

1.2.3.2 Die zweite Studie 1991

Die Studie von 1991 setzt bei dem „bisher erreichte(n) Konsens" ein und wendet sich im eigentlichen Hauptteil unter dem Gesichtspunkt *„auf dem Weg zu neuen Einsichten"* nach grundsätzlichen Erwägungen zu exegetischen Methoden und dogmatischen Prämissen als Beitrag zur *„Neuorientierung der theologischen Arbeit"* zwei zentralen Begriffen im Gespräch zwischen Christen und Juden zu, *Messias* und *Volk Gottes*. Das Verhältnis von *„Christen und Juden heute"* wird schließlich an drei Fragestellungen reflektiert,
- an der Frage nach *„Land und Staat Israel"*,
- am Gespräch ohne missionarische Absicht als eine der *„Formen der Begegnung von Christen und Juden"* und
- an grundlegenden Erwägungen zum *„Predigen"* und *„Unterrichten in Israels Gegenwart"*.

---

[22] Es läßt sich die ganze Bandbreite vom indiffernten Positivismus über ethische Maßstäbe bis zu einer philosophischen Gottesidee denken.
[23] Jacob Neusner, Judentum in frühchristlicher Zeit, Stuttgart 1988, S. 32
[24] Neusner, a.a.O., S. 10

1.2.3.3 Bemerkungen zum Stichwort „Konsens"

Ehe wir uns Einzelfragen zuwenden, sei zur Vermeidung von Mißverständnissen darauf hingewiesen, daß „der bisher erreichte Konsens" natürlich nicht einen Konsens zwischen Christen und Juden meint, obwohl vieles von dem, was hier aufgezählt wird, auch zwischen vielen christlichen und jüdischen Gesprächspartnern konsensfähig ist. Dennoch ist dies hier nicht im Blick; denn die Studie zielt auf den innerkirchlichen Dialog. So will sie, nachdem „das theologische Gespräch mit dem Judentum in den letzten Jahren einen wichtigen Schritt vorangekommen" ist, jetzt „auch in der Breite der kirchlichen Arbeit daraus die Kosequenzen" ziehen.[25]

Zwar gibt es, wie die theologische Arbeit der letzten Jahrzehnte gezeigt hat, auch zwischen Juden und Christen einen Konsens. Da die Hebräische Bibel zugleich einen Großteil unserer christlichen Bibel ausmacht, wäre es verwunderlich, wenn in bestimmten religiösen und ethischen Grund- und Einzelfragen nicht immer wieder ein Konsens bestünde oder im Gespräch entstünde.

Dennoch: da Christen und Juden je innnerhalb ihrer eigenen Tradition stehen und im Kontext dieser Tradition biblische Texte lesen, wird es immer auch unterschiedliche Verständnisse gleicher Texte geben.

Nur wer entweder oberflächlich nivellierend und harmonisierend oder rein historisch-kritisch an biblische Texte herangeht, wird dies leugnen.

Den innerkirchlichen Konsens entnimmt die Studienkommission „Kirche und Judentum" der EKD den „seit 1975 erschienenen offiziellen Erklärungen der Synoden und Kirchenleitungen in der EKD".[26]

Meine persönlichen Erfahrungen mit Personen, die selbst am Zustandekommen einstimmig angenommener Erklärungen mitgewirkt haben, lassen allerdings begründete Zweifel daran aufkommen, ob einhellige Wortlaute auch immer einem einhelligen Verständnis entsprechen. Hier zeigt sich, wie sehr tatsächlich „das Wirksamwerden kirchlicher Äußerungen wesentlich davon abhängt, daß sie von den Gemeinden aufgenommen" werden.[27]

Wir wollen uns daher im nächsten Abschnitt diesen von der Studienkommission festgestellten Konsens vergegenwärtigen und fragen, inwieweit er tatsächlich besteht oder nur aus offiziellen Verlautbarungen gefolgert werden kann.

---

[25] St II., S. 8 (Vorwort)
[26] St II, S. 15
[27] Aufgaben, These 6, S. 9; vgl. oben 1.1 b

2 Wie populär ist der „bisher erreichte Konsens"?

2.1 Die Überwindung der Entfremdung vom Judentum[28]

2.1.1 Das Antisemitismussyndrom

Diesen Sachverhalt entnehmen die Autoren nicht erst den offiziellen Verlautbarungen seit 1975, sondern schon einer Erklärung der EKD-Synode von 1950 in Berlin-Weißensee.

Liest man aber genau, was die Studienkommission im ersten Unterabschnitt dieses Kapitels über „die Absage an den Antisemitismus" schreibt, so ist die *Forderung* nach einer solchen Absage zwar konsensfähig, aber als bereits erreichter Schritt noch lange nicht realisiert, ja, nicht einmal klar definiert.

Auch die Autoren bedienen sich leider zunächst dieses Begriffs zur Bezeichnung unterschiedlichster Phänomene, auch wenn dann im Zusammenhang mit der „Neuorientierung der theologischen Arbeit" eine genauere Differenzierung erfolgt.[29] Dies wäre allerdings schon in diesem Kapitel hilfreich gewesen, um genauer prüfen zu können, ob der erreichte Konsens tatsächlich so eindeutig ist, wie er von der Studie unterstellt wird.

Daß die von den Autoren als Durchbruch bezeichnete EKD-Synodalerklärung von Berlin-Weißensee 1950 hier begrifflich genauso unscharf ist, läßt sich angesichts des damals erst allmählich aufbrechenden Problembewußtseins entschuldigen: „Wir bitten alle Christen, sich von jedem Antisemitismus loszusagen und ihm, wo er sich neu regt, mit Ernst zu widerstehen."[30]

Wir können heute nicht mehr so undifferenziert reden, wenn wir den Ursachen tatsächlich auf den Grund gehen und entgegentreten wollen. Antisemitismus ist ein rassistischer Begriff.[31] Es ist zwar zu hoffen, aber es kann uns nicht genügen, daß es in der Kirche keine rassistischen Vorbehalte ge-

---

[28] St II, S. 15 ff.
[29] St II, S. 21 ff.
[30] Zitiert nach St II, S. 15
[31] Die Studie weist darauf hin, daß es sich um einen Begriff des späten 19. Jh. handle, „mit dem der Judenhaß in ein pseudowissenschaftliches Gewand gekleidet und salonfähig gemacht wurde. Der Begriff hat sich eingebürgert, obwohl er eigentlich unangemessen ist, da er sich nicht auf die Gesamtheit der semitischen Völker, sondern allein auf die Juden bezieht." (S. 21). Auch wenn auf die unterschiedlichen Motive hingewiesen wird, die sich im Antisemitismus verbinden, „gesellschaftlich-soziale, ökonomische, rassische, politische und religiöse" (S. 21), begibt man sich mit dem Hinweis, daß damit nicht „die Gesamtheit der *semitischen Völker*" im Blick sei, in gefährliche Nähe zu rassistischen Denkfiguren.

gen Juden gibt, - so wichtig das ist. Ich schlage daher als Oberbegriff *Judenfeindlichkeit* vor. Diese kann sich, wie die Gesprächslage der letzten zwanzig Jahre, aber auch die jüngste Entwicklung zeigt, recht unterschiedlich ausformen.

a. Rassistisches Denken

Nach wie vor wird man *Antisemitismus* im eigentlichen Sinn nicht bagatellisieren dürfen. Er ist immer noch lebendig und schlägt sich ebenso in Politikeräußerungen wie in Stammtischreden nieder, die abwertend von angeblich typisch jüdischen Eigenschaften sprechen. Der Volksmund ist davon ebensowenig frei wie die Volksgesinnung.

Wenn es kirchlich konsensfähig ist, „jedem Antisemitismus [...] mit Ernst zu widerstehen", dann bedeutet dies, daß für Christen eine wichtige Aufgabe darin besteht, ihren eigenen alltäglichen Sprachgebrauch und den ihrer Mitmenschen genau zu beobachten und gegebenenfalls zu korrigieren. Ein Ausdruck wie „jüdischer Geschäftssinn" sollte dann ebenso verpönt sein wie „jüdisches Rachedenken".

Wichtig ist die Feststellung der Studie: „Insgesamt ist Antisemitismus eine Einstellung, die auch unabhängig von eigenen Erfahrungen auftritt."[32] Die daran anschließend erwogene „Deutung im Sinne einer sozial-psychologischen gesellschaftlichen Krankheit" erscheint mir jedoch als erneute Verharmlosung und Relativierung.

Sollten wir nicht doch die theologische Erwägung ernst nehmen, daß
- dieser Judenhaß ohne Juden sich letztlich gegen den prinzipiellen Inhalt des Erwählungsgedankens wendet, nämlich daß Gott nur über *ein* Volk allen Menschen zugänglich wird;
- selbst für eine säkulare Welt die Existenz von Juden eine Option für Gott bedeutet?

Provoziert dies nicht Protest?

b. Antizionismus

Davon zu unterscheiden ist der *Antizionismus* als politische Haltung, die das Bestehen oder Erstreben eines jüdischen Staates Israel als völkerrechtswidrig ansieht und sein Handeln gegenüber Arabern *grundsätzlich* als rassistisch diffamiert - unabhängig von der realen Politik der jeweiligen israelischen Regierung.[33]

---

[32] St II, S. 22
[33] Bezeichnend hierfür scheint mir die sich insgesamt sehr abgewogen und differenziert gebende, um das Einverständnis judenfreundlich gesinnter Christen werbende Schrift von *Naim Stifan Ateek,* Recht, nichts als Recht!, Fribourg/Brig 1990. Dort heißt es u.a.: „Dem Zionismus ist es

Man wird diesem Sachverhalt nicht gerecht durch einen Hinweis auf „die wechselnden Anlässe, die dazu angetan sind, antisemitisches Reden und Denken neu zu beleben, so zum Beispiel die Zionismuserklärung der Vereinten Nationen, der Libanonkrieg oder der Aufstand der Palästinenser in den von Israel besetzten Gebieten (Intifada). Mit der Kritik an der Politik des Staates Israel darf jedoch nicht ein Unterton von Antisemitismus verbunden sein. Kritik kann nur hilfreich sein, wenn sie aus einer christlichen Solidarität und Verbundenheit mit den Juden erwächst."[34]

Der letzte Satz stellt einerseits eine pädagogische Binsenweisheit dar, hat aber andererseits auch selbst noch nicht zu letzter begrifflicher Klarheit gefunden. Nicht „christliche", sondern menschliche Solidarität und Verbundenheit ist Grundvoraussetzung jeder sinnvollen und wirksamen Kritik.

Da der Antizionismus nicht mit rassediskriminierenden Argumenten operiert, sondern sich an der Frage nach dem Recht eines jüdischen Staates auf dem Boden des ehemaligen britischen Mandatsgebiets Palästina entzündet,[35] muß man gegenüber Antizionisten anders argumentieren als gegenüber rassistischen Antisemiten. Dies gilt gerade auch im Blick auf Vorwürfe palästinensischer Christen, der Zionismus falle religiös hinter eine bereits erreichte Höhe auf das Niveau einer Stammesgott-Religion zurück. Man verharmlost dieses Problem, wenn man den Begriff nicht präzise genug vom Antsemitismus unterscheidet.

Es genügt auch nicht, dem Rassismusvorwurf die demokratische Struktur des Staates Israel, in dem nicht nur Juden Staatsbürger sein können, gegen-

---

gelungen, die nationalistische Tradition innerhalb des Judentums wiederzubeleben. Seine Inspiration bezieht er nicht aus den grundlegensten Gedanken der hebräischen Bibel, sondern aus jenen Teilen, die den engen und exklusiven Begriff eines Stammesgottes verraten." (S. 134). „Aus meiner Perspektive als palästinensischer Christ ist der Zionismus ein Schritt zurück in der Entwicklung des Judentums. Was die jüdische Gemeinschaft im 2. Jahrhundert n. Chr. nach der Niederlage der Zeloten endgültig und eindeutig verworfen hatte, haben viele Juden 1800 Jahre später wieder akzeptiert. Dies geschah auf Kosten und sogar zu Lasten der höheren Grundsätze und Forderungen der jüdischen Religion. Das ethische Judentum mit seiner universalistischen Sicht ist durch das Wiedererstehen eines rassisch exklusiven Verständnisses von seinem Volk und dessen Gott zugrunde gerichtet worden." (S. 135).
Dies bewegt sich ganz im Rahmen der Zionismuserklärung der UN vom 10. November 1975, die „in Erinnerung an ihre Entschließung 1904 (XVIII) vom 20. November 1963 [...], daß »jede Lehre rassischer Unterscheidung oder Überlegenheit wissenschaftlich falsch, moralisch verwerflich (und) sozial ungerecht und gefährlich« ist", feststellt, „daß Zionismus eine Form von Rassismus und rassistischer Diskriminierung ist." (Zitiert nach: Die Denkschriften der Evangelischen Kirche in Deutschland, Band 1/2, Gütersloh 1978, S. 179

[34] St II, S. 15
[35] Vgl. St II, S. 22 f.: „Zionismus bezeichnet das Bestreben, im »Land Israel« einen jüdischen Nationalstaat zu gründen und zu erhalten, sowie die dafür bestimmenden Motive und Überzeugungen. Antizionismus ist jedoch nicht nur Widerspruch zum Zionismus, also die Bestreitung der Gründe und Überzeugungen, die für einen jüdischen Nationalstaat im Lande der Bibel vorgebracht werden, sondern faktisch die Bestreitung des Staates Israel. Antizionismus kann in politischer oder religiöser Argumentation auftreten."

überzustellen, wie dies die Studie tut.[36] Gerade die jüngsten Vorgänge in der Bundesrepublik zeigen deutlich, daß auch die Bevölkerung eines demokratischen Staates rassistisch eingestellt und die Politik demokratisch gewählter Parteien fremdenfeindlich sein kann.

Das Recht auf einen *jüdischen Nationalstaat* ist aus den jahrhundertelangen Erfahrungen der Geschichte zu begründen, daß Juden letztlich nur in einem eigenen Staat ihres Lebens sicher sind, in dem sie auch als Diasporajuden jederzeit Bürger- und Wohnrecht genießen. Jüngste Drohungen gegen Juden zeigen dies deutlich.

Die Ansprüche auf das *biblische Land* ergeben sich daraus, daß an keinem anderen Fleck der Erde ein jüdischer Staat rechtlich oder historisch zu legitimieren wäre. Als rassistisch könnten solche Ansprüche nur dann bezeichnet werden, wenn sie mit Vertreibung und Unterdrückung der dort bereits lebenden Bevölkerung verbunden wären.

c. *Judenfeindliche Theologie*

Von Antisemitismus und Antizionismus wiederum zu unterscheiden ist der theologische *Antijudaismus*. Hier geht es um das weite Feld theologischer Distanzierung, nicht nur im Sinne von Unterscheidung oder Abgrenzung, sondern als Abwertung und Verunglimpfung. Die Studie macht bei der Benennung antijudaistischer Elemente traditioneller christlicher Theologie erfreulicherweise auch nicht vor fest eingewurzelten Vorstellungen halt[37] und zeigt damit, daß der angeblich erreichte Konsens zumindest noch vertieft und gefestigt werden muß, um von der Ebene verbaler Zustimmung auf die Ebene gelebter Einstellung zu gelangen.

Der theologische Antijudaismus ist im traditionellen kirchlichen Denken noch so tief eingewurzelt und wird häufig unbewußt transportiert, daß in der Tat die württembergische Landessynode recht hat mit der Feststellung: „Eine gründliche und selbstkritische Arbeit von Generationen wird nötig sein, um den langen Weg zu gehen, der vom Mißtrauen zur Aufgeschlossenheit, von der Abweisung zur Bejahung und zum Bewußtsein des Zusammengehörens führt."[38]
Nur in einem ist dieser Feststellung zu widersprechen: Wir haben nicht mehr Generationen lang Zeit. Und dies ist auch nicht nötig. Es ist bereits theologisch genügend vorgearbeitet, um den Umsetzungsprozeß in die Gemeindefrömmigkeit in Gang zu bringen. Hier gilt in der Tat der Werbeslogan einer Mineralölfirma: „Es ist noch viel zu tun. Packen wir's an!"

---

[36] St II, S. 23
[37] St II, S. 24 f.
[38] St II, S. 16

2.1.2 Die christliche Schuld

Dieses Anpacken beginnt mit dem „*Eingeständnis christlicher Mitverantwortung am Holocaust*". Dazu stellt die Studie fest:

„Es ist [...] deutlich geworden, daß es nicht nur um das Versagen der Kirche und der Christen angesichts der zunehmenden nationalsozialistischen Judenverfolgungen im »Dritten Reich« geht. Vielmehr »werden wir uns bewußt, daß Theologie und Kirche an der langen Geschichte der Entfremdung und Feindschaft gegenüber den Juden beteiligt waren« (EKD/BEK DDR).
So verweist das Schuldbekenntnis nicht nur zurück in die Jahre der nationalsozialistischen Gewaltherrschaft. Es geht vielmehr darum, das theologische Verständnis und die kirchliche Haltung, die das Verhältnis der Christen zu den Juden jahrhundertelang geprägt haben, aufzuarbeiten und zu korrigieren."[39]

2.2 Die unlösbare Verbindung des christlichen Glaubens mit dem Judentum

Mit deutlich spürbarer Erleichterung wird darauf hingewiesen:
„Das Wort der Evangelischen Kirche in Deutschland und des Bundes der Evangelischen Kirchen in der DDR zum 9. November 1988 benennt eine wichtige Entwicklung:»Theologische und historische Forschung hat uns in den vergangenen Jahren den Blick für Verbindendes und Gemeinsames im Glauben von Christen und Juden neu geöffnet.«"[40]

Als Beispiele werden genannt, „das Christen und Juden gemeinsame Gotteszeugnis der Schriften des Alten Testaments und, darin wurzelnd, das gemeinsame Bekenntnis zu Gott als dem Schöpfer des Himmels und der Erde sowie die Verpflichtung auf Gerechtigkeit und Liebe als Weisungen Gottes für das ganze Leben. Auch die Erwartung eines neuen Himmels und einer neuen Erde verbindet Juden und Christen.
Über das Juden und Christen Gemeinsame hinaus stellen die Erklärungen der Kirchen als verbindend heraus, was früher nur als trennend empfunden wurde. So wird die früher oft verdrängte Tatsache betont, daß Jesus ein Jude war. Dies wird in seiner Bedeutung für das christliche Selbstverständnis und für das Verhältnis von Christen und Juden neu gewürdigt."[41]

---

[39] St II, S. 17
[40] St II, S. 17
[41] St II, S. 17 f. Damit sind wesentliche Aussagen der Erklärung der Landessynode der Evangelischen Kirche in Baden vom 3. Mai 1984 fast wörtlich aufgenommen.

Hier muß allerdings vor euphorischer Überschätzung der tatsächlichen Situation gewarnt werden, was den an der Basis von Pfarrern und Gemeinden erreichten Konsens betrifft.

a. Unterschiedlicher Zugang zur gemeinsamen Bibel

Juden weisen uns Christen mit Recht immer wieder darauf hin, daß wir die gemeinsame Bibel bei aller Unvoreingenommenheit und Achtung vor Israel und seiner religiösen Tradition anders lesen als Juden.

Für uns ist sie modellhafte Bezeugung Gottes in Ereignissen der *Vergangenheit* des Volkes Israel.[42] Für Juden ist sie die Geschichte der eigenen *Identität*. Das ist zweierlei. Wir müssen dies zur Kenntnis nehmen, so schmerzlich das ist.

So ist eben die Hebräische Bibel bei völlig gleichem Wortlaut doch nicht die wirklich gemeinsame Bibel, weil wir Christen auch ohne christologische Interpretation eine andere Beziehung zu diesem Buch haben und es in einem anderen geistigen Kontext lesen.[43]

b. Jesus, Jude im Judentum

Daß Jesus Jude war, wird weithin zur Kenntnis genommen, jedoch nur als historisches Faktum ohne Konsequenzen für den Glauben. Dies läßt sich sogar bis in Predigten und amtliche Verlautbarungen wohlgesinnter Theologen hinein feststellen.

Wenn ich bei Vorträgen und Seminaren über die *theologische Verwurzelung* der Botschaft Jesu im jüdischen Denken spreche, werde ich häufig gefragt: „Und wo ist nun das Besondere, durch das Jesus über das Judentum hinausführt?"

Aber wieso muß Jesus *über das Judentum hinausführen?* Besteht seine Bedeutung nicht eher darin, daß er Völker aus aller Welt *zum Judentum hinführt?* Daß wir um Jesu willen die Verheißungen an Israel auf uns beziehen dürfen, genügt offenbar nicht.

Oder: In einer 1992 erschienenen ökumenischen Kirchengeschichte, die sehr judenfreundlich ist und so konsequent, wie ich dies bisher noch nie gelesen habe, die Kirche durch alle Epochen hindurch an ihrem Verhältnis zu den Juden mißt, heißt es - historisch sicher zutreffend -, ohne die Öffnung der ersten Christenheit für die Heiden „wäre die Gemeinschaft der Je-

---

[42] Andernfalls würden wir Israel seine Bibel rauben und uns aneignen!
[43] Der Hinweis der Studie auf den Umgang der neutestamentlichen Verfasser mit der Hebräischen Bibel (S. 26) verkürzt das Problem und ist überdies für Laien nur schwer verständlich.

susanhänger, der ersten an Christus Glaubenden, wohl eine jüdische Sondergemeinschaft geblieben."⁴⁴ Der wertende Unterton ist nicht zu überhören. Auch hier hat sich unbemerkt ein traditionell judenfeindlicher Sprachgebrauch erhalten. Richtiger wäre etwa die Formulierung, „ohne die Öffnung der frühesten Christenheit für die Heiden *wäre die Wirkung der Botschaft Jesu auf Israel beschränkt* geblieben."

Das Beispiel zeigt, welche sprachliche Sensibilität nötig ist, um den theologischen Antijudaismus tatsächlich zu überwinden. Genau an diesem Punkt entscheidet es sich, wie ernst es uns tatsächlich mit dem nächsten von der Kommission als Konsens bezeichneten Sachverhalt ist:

2.3 Die bleibende Erwählung Israels

Die Studie weist darauf hin, daß schon die EKD-Synode von 1950 in Berlin-Weißensee betonte: „Wir glauben, daß Gottes Verheißung über dem von ihm erwählten Volk Israel *auch nach* der Kreuzigung Jesu Christi in Kraft geblieben ist."⁴⁵

2.3.1 Erwählung Israels und Kreuzigung Jesu

Die Studie empfindet dies als wegweisend. Dies war es wohl auch hinsichtlich der Erkenntnis von Israels bleibender Erwählung. Was soll aber die Feststellung „*auch nach* der Kreuzigung Jesu Christi"? Wieso eigentlich nicht? Was hat die Kreuzigung Jesu mit der Erwählung Israels zu tun? Klingt diese positiv gemeinte Formulierung nicht, als wolle man eigentlich sagen „*trotz* der Kreuzigung Jesu"? Damit schiebt man unbemerkt immer noch den Juden (und sei es nur einem Teil von ihnen) die Schuld am Tode Jesu zu. Hier wäre von der Studie II ein kritisches Wort fällig gewesen.

Vielleicht zeigt das Fehlen einer solchen Kritik deutlich an, daß „der bisher erreichte Konsens" an einer entscheidenden Stelle noch ein erhebliches Defizit aufweist: es fehlt die ausdrückliche *Feststellung der Schuldlosigkeit der Juden am Tode Jesu.* Dies ist den Verfassern der Studie nicht gerade anzulasten. Sie weisen wenigstens im Zusammenhang mit der Predigtverantwortung „in Israels Gegenwart" darauf hin: „Auch heute noch wird gerade am Karfreitag bei vielen Hörern das Vorurteil lebendig, die Schuld am Tode Jesu liege bei den Juden."⁴⁶ Aber allgemein konsensfähig scheint die neue Einsicht noch nicht zu sein!⁴⁷

---

⁴⁴ Herbert Gutschera/Joachim Maier/Jörg Thierfelder, Geschichte der Kirchen, München/Stuttgart 1992, S. 16
⁴⁵ St II, S. 18; *Hervorhebung* von mir
⁴⁶ St II, S. 60
⁴⁷ Offensichtlich wirken immer noch die unterschiedlichsten, theologisch bedingten historischen Auffassungen nach. Beispielhaft sei auf einige Arbeiten zu dieser Fragestellung hingewiesen.

Wenn man schon die Kreuzigung Jesu mit der Frage nach Israels Erwählung in Beziehung setzen will, müßte man etwa sagen: *Wir glauben, daß Jesus durch seine Kreuzigung Gottes bleibende Verheißung für sein Volk besiegelt hat.*

Denn Jesus wurde von den Römern gekreuzigt, weil sie die ermutigende Bewegung, die seine Botschaft von der nahe herbeigekommenen Gottesherrschaft auslöste, als Gefahr für ihre eigene Herrschaft ansahen. Jesus ist also Hoffnungszeichen für alle, die allen augenscheinlichen Widersprüchen zum Trotz den Glauben an Gottes Herrschaft und Heilshandeln nicht aufgeben. Jesus hat also *mit* Israel gelitten und ist *in diesem Sinn für sein Volk gestorben.*[48]

2.3.2 Was heißt „bleibende Erwählung Israels"?

Auch unabhängig von der Konsensfähigkeit in der Frage nach der Schuld am Tode Jesu bezweifle ich, daß „die bleibende Erwählung Israels heute zu den allgemein anerkannten christlichen Überzeugungen zählt."[49]

Ich begegne immer wieder Menschen, die sich für Israelfreunde halten und auch an die bleibende Gültigkeit der Verheißungen Gottes für Israel glauben, daraus aber die Folgerung ziehen, also wird *Israel eines Tages Jesus als seinen Messias anerkennen*. Dies wäre der Vorstellung von einem Verhältnis Gottes zu Israel wie zu allen Völkern gleichbedeutend. Davon weiß die Bibel jedoch nichts.

Damit wäre die Gültigkeit der Verheißungen an Israel mit Vorbehalten und Auflagen verknüpft. Ich sehe in einer solchen Erwartung den typischen Ausdruck heidenchristlicher Heils*un*gewißheit. Man kann die eigene Erlö-

---

Nach wie vor von der **Schuld** der Juden überzeugt sind: *August Strobel,* Die Stunde der Wahrheit, WUNT 21, Tübingen 1980. Bei *Hans Weder,* Neutestamentliche Hermeneutik, Zürich 1986, S. 380, findet sich der Satz: „Nun waren es die Helfershelfer des Gesetzes, [...] die Jesus ans Kreuz brachten." **Unentschieden** gibt sich *Joachim Gnilka,* Jesus von Nazaret, Freiburg 1990, der zwar die prozeßkritische Literatur kennt und teilweise verarbeitet, aber dennoch an einer Mitverantwortung des Synhedrions festhält: „Man wird darum die jüdische Verhandlung als eine Voruntersuchung beschreiben können, in der man todeswürdige Anklagepunkte einsammelte, die man als Anklage im römischen Prozeß gegen Jesus vorzubringen vorhatte" (S. 298). Den Beweis für ein Interesse der jüdischen Hierarchie an einer Verurteilung Jesu durch die Römer bleibt er schuldig. Ähnlich lavierend sind die Beiträge in *Karl Kertelge [Hrsg.],* Der Prozeß gegen Jesus, Freiburg 1988. Die **Nichtschuld** betonen: *Paul Winter,* On the trial of Jesus, Studia Judaica 1, Berlin 1961, der Freiburger Jurist *Weddig Fricke,* Standrechtlich gekreuzigt, 3. Aufl., Buchschlag 1986, Hamburg (rororo) 1988, *Hans Maaß,* „Soll ich euren König kreuzigen?" in: G.Büttner/Hans Maaß, Erziehen im Glauben, Karlsruhe 1989; *ders.,* „Durch die Hand der Heiden ans Kreuz geschlagen"; in: Albrecht Lohrbächer [Hrsg.], Was Christen vom Judentum lernen können, Freiburg 1993, S. 138 ff.

[48] Vgl. Joh 11,50-52
[49] St II, S. 19

sung nur glauben, wenn Israel denselben Weg geht. Von solchen Projektionen eigener Ungewißheit auf den Heilsplan Gottes müssen wir uns aber freimachen, wenn wir wirklich anerkennen, daß Israels Erwählung unantastbar gültig ist.

Damit ist auch das Problem der Judenmission berührt, das die Studie unter Vermeidung des Begriffs behutsam aufgreift und der Vergangenheit zuweist, allerdings nicht im Kapitel über den bereits erreichten Konsens, sondern erst bei den heutigen „Formen der Begegnung von Christen und Juden".[50] Hier dürfte die Studie durchaus deutlicher reden, wenn man auch nicht verkennen darf, wie schwierig es wohl war, nicht nur von liebgewordenen Gedanken, sondern von traditionellen theologischen Grundüberzeugungen Abschied zu nehmen

2.4   Die Bedeutung des Staates Israel

„Die biblische Verheißung des Landes ist ein tragendes Element der jüdischen Tradition. Die Erwählung des Volkes und die Zusage des Landes stehen in engem Zusammenhang. Anders als bei Christen, für die sich die Heilsverheißung Gottes nicht mit einem bestimmten Land verbindet, hat das Land Israel für das Judentum religiöse Bedeutung, wobei es im Blick auf die Grenzen des Landes unterschiedliche Auffassungen gibt."[51]

In einer knappen, an Klarheit und Eindeutigkeit kaum zu überbietenden Formulierung wird hier festgestellt, daß
- die Verheißung des Landes ein tragendes Element jüdischer Tradition und damit auch seiner Identität ist,
- Wohnen im verheißenen Land im jüdischen Denken elementare theologische Bedeutung besitzt und sich darin vom christlichen unterscheidet.

Auch in der Einstellung zu diesen Fragen sieht die Studie einen bereits erreichten Konsens.

Die Demonstrationen während des Golfkriegs, die das Gespräch zwischen Christen und Juden erheblich belasteten und teilweise zurückwarfen, und die amtliche Erklärung eines westdeutschen Kirchenführers, der sich ansonsten dem christlich-jüdischen Gespräch verpflichtet fühlt, machen deutlich, wie weit oft feierliche Erklärungen und unbewußte Prägungen auseinanderklaffen.[52]

---

[50] St II, S. 57 f.
[51] St II, S. 19
[52] Vgl. dazu: Edna Brocke, Seit Auschwitz muß jeder wissen, daß Schlimmeres als Krieg möglich ist"; in: Kirche und Israel 1.91, S. 61 ff., sowie die dadurch ausgelöste Diskussion in 2.91

Gerade die Frage nach der Existenz des Staates Israel und der Sicherheit für die dort lebenden Juden, stellt einen ernsthaften Prüfstein dar, was wir tatsächlich meinen, wenn wir von Israel reden oder nach Israel reisen: eine theologisch-folkloristische Spielwiese, ein erbauliches Refugium für unsere religiösen Gefühle, ein eindrucksvolles Freilichtmuseum oder *das Land, das Gott den Stammvätern Israels versprochen hat, es ihren Kindern zu geben*. Hier ist Eindeutigkeit gefragt, nicht taktische Ausgewogenheit.

3   Auf dem Weg zu neuen Einsichten

Vieles wurde bereits im Zusammenhang mit der Frage nach dem Konsens angesprochen, anderes kann hier nicht aufgegriffen werden, weil es eine detaillierte exegetische Auseinandersetzung erfordern würde.

3.1   Jesus - Messias - Christus

Im Blick auf den *Messiastitel* müßte beispielsweise viel genauer der Frage nachgegangen werden, welche Rolle im Judentum zur Zeit Jesu speziell die Erwartung eines „Gesalbten" neben anderen Erlösungsvorstellungen spielte, und in welchen Kreisen sie beheimatet war. Andererseits müßte auch die Frage intensiver bedacht werden, was die sehr früh nachweisbare Verwendung des Titels als Eigenname theologisch bedeutet.[53]

3.2   Juden - Christen - Gottes Volk

Entsprechendes gilt für den breit ausgeführten Abschnitt zum Thema „Volk Gottes". Die begriffsgeschichtlichen Ausführungen zur Verwendung und Bedeutung dieses Ausdrucks im Neuen Testament erscheinen im Blick auf dessen Stellenwert vielleicht zu ausführlich und unnötig; teilweise sind sie auch zu unpräzise. Auch dieser Nachweis würde eine ausführliche Erörterung erfordern, die hier nicht geleistet werden kann.

Richtig ist allerdings die Konsequenz der Studie, die auch ohne diesen langen Exkurs zum Thema „Volk Gottes" gezogen werden könnte: „Es ist deshalb Aufgabe der christlichen Theologie, das Selbstverständnis der Kirche so zu formulieren, daß dasjenige des jüdischen Volkes dadurch nicht herabgesetzt wird."[54]

Ich kann aus dieser richtigen Einsicht nur die Folgerung ziehen, auf den Begriff „Volk Gottes" für die Kirche ganz zu verzichten. Wir wären damit in gut paulinischer Tradition; denn im Blick auf Paulus stellt die Studie mit

---

[53] Vgl. dazu St II, S.31 ff.
[54] St II, S. 54

Recht fest: „Nirgends benutzt er den Begriff »Volk Gottes« als Bezeichnung der gegenwärtigen Kirche."[55]

3.3 Ergebnis

Wesentlich kommt es beiden Abschnitten darauf an, daß sich die Kirche gegenüber den Juden durch das Bekenntnis zu Jesus dem Christus nicht *abgrenzt* und Juden mit der Selbstbezeichnung, „wir sind Gottes Volk", nicht *ausgrenzt*.

Als Konsequenz für Predigt und Unterricht kommt die Studie daher zu dem Ergebnis: „Wer die bleibende Erwählung des jüdischen Volkes ernst nimmt, wird von Israel nicht mehr nur in der Vergangenheit sprechen, sondern es als zeitgenössische Größe wahrnehmen. Dabei sind vor allem die Gemeinsamkeiten zu betonen, die *Israel und die Kirche als Weggefährten* verbinden."[56]

---

[55] St II, S. 47
[56] St II, S. 62

Heil für Heiden und Juden

1 Von Geburt Juden und nicht Sünder

1.1 Komplexes paulinisches Denken

Einige Aussagen des Heidenapostels Paulus scheinen zueinander in Spannung zu stehen.

Wirken unter den Völkern

• Den mit der Christusoffenbarung im „Damaskuserlebnis" empfangenen Auftrag hat er eindeutig als Missionsauftrag an die Völker verstanden. Röm 1,5 spricht er von einem „Apostolat zum Glaubensgehorsam in allen Völkern", Gal 1,16 davon, „ihn (d.h. Christus) in den Völkern zu verkündigen".

• Dazu paßt die kurze Schilderung jenes Aposteltreffens in Jerusalem, bei dem das Verhältnis von Heiden- und Judenchristen in der sich allmählich weltweit etablierenden Kirche geklärt werden mußte, die sich zwar noch immer *ekklesia*, Gemeinde, nannte, aber längst eine Kirche zu werden begann, deren Einzelgemeinden sich über ihre gegenseitige Zusammengehörigkeit und die Gestaltung ihrer Beziehungen zueinander klar werden mußten.

Hier berichtet Paulus nicht ohne Genugtuung, daß die „Angesehenen" in der Jerusalemer Gemeinde erkannten, ihm sei „das Evangelium für die Unbeschnittenen anvertraut, wie Petrus für die Beschneidung; denn derselbe [d.h. Herr, Gott, Geist] wurde durch Petrus zum Apostolat bei der Beschneidung wirksam, durch mich bei den Völkern" (Gal 2,6 ff.).

• Die Apostelgeschichte vermittelt ein davon etwas abweichendes Bild der paulinischen Missionstätigkeit. Die stereotype Schilderung, daß sich Paulus in einer neuen Stadt jeweils erst dann an die Heiden gewandt habe, wenn er in den Synagogen abgelehnt wurde (z.B. Apg 14,44 f.; 14,1 f.; 17,1.5), entspricht sicher nicht dem paulinischen Selbstverständnis und hat wohl mit einem späteren Rechtfertigungsbedürfnis der heidenchristlichen Kirche für ihre Trennung vom Judentum zu tun.

Der Darstellung der Apostelgeschichte ging bereits eine Trennung der Judenchristen vom offiziellen Judentum voraus. Maßgebend für diese Trennung war sicher unter anderem die im Zusammenhang mit nationalistischen Tendenzen unter König Herodes Agrippa I. einsetzende Verfolgung prominenter Christen wie Jakobus und Petrus (Apg 12,1 ff.).

Die Apostelgeschichte läßt die paulinischen Missionsreisen bemerkenswerterweise erst nach diesem Ereignis beginnen, obwohl Paulus nach seinen eigenen Angaben offensichtlich sofort nach seiner Berufung mit seiner Missionstätigkeit begann (Gal 1,15 ff.).

Israels „Ungehorsam"

Daneben stehen Aussagen, die vom „Ungehorsam" Israels sprechen und in der Christenheit traditionell so ausgelegt werden, als gehe es dabei um die Verweigerung des Christusglaubens durch die Juden. Hält diese Deutung einer Überprüfung stand?

• 1.Thess 2,16 beschuldigt Paulus die Juden lediglich, ihn an der Heidenmission hindern zu wollen. Hier spielen sicher Erinnerungen an seine eigene Vergangenheit mit, in der er „im Übermaß die Gemeinde Gottes verfolgte und zu vernichten suchte und im Jüdischsein über viele Gleichaltrige" seines Volkes hinausging, „mit Übereifer die Überlieferungen der Väter zu befolgen" (Gal 1.13 f.).

• Obwohl die Aufgabe des Apostels darin besteht, die Völker zum Glaubensgehorsam zu rufen (Röm 1,5), sieht er in dem augenblicklichen „Ungehorsam" der Juden gegenüber dem Weg Gottes mit den Völkern einen doppelten Sinn:

1. Solange Israel sich gegen Gottes Handeln sperrt, kann die endgültige Erlösungszeit nicht kommen. Den Völkern wird dadurch noch Gelegenheit gegeben, durch die Annahme der Glaubensbotschaft gerettet zu werden (Röm 11,25); denn offenbar ist der frühere Pharisäer Paulus wie Rabbi Eli'ezer (um 90) davon überzeugt, daß erst dann das Ende der Zeit kommt und Israel erlöst wird, wenn es Buße getan hat (Sanh 97 b).

2. Durch Israels Ungehorsam (= Weigerung gegen christliche Heidenmission) wird deutlich, daß alle Menschen, auch die Juden, nur durch Gottes Erbarmen erlöst werden (Röm 11,30 f.). Auch dafür bietet der Talmud Belege. R. Jehoschua, ein Zeitgenosse Eli'ezers, vertrat mit Hinweis auf Jes 52,3; Jer 3,14 und Dan 12,7 die Auffassung, daß Gott Israel auf jeden Fall retten werde, auch wenn es keine Buße tut (Sanh 97 b/98 a). Das paulinische Denken besitzt also bei den fast gleichzeitigen, nur wenig später lebenden Rabbinen durchaus Entsprechungen.

• Dennoch ist die Christusbotschaft für Juden nach Meinung des Paulus nicht belanglos. Andernfalls wäre das Reden vom „Evangelium für die Beschneidung" (Gal 2,7) ohne Sinn und Inhalt. Darüber hinaus argumentiert Paulus gegenüber Kephas: „Wir sind von Geburt Juden und nicht Sünder aus den Heiden. Weil wir aber wissen, daß *der Mensch* nicht aus dem Tun der Tora gerechtfertigt wird, sondern durch den Glauben an Jesus Christus, sind wir an Christus Jesus gläubig geworden, damit wir aus dem

Christusglauben und nicht aus dem Tun der Tora gerechtfertigt werden, weil die ganze Menschheit (alles Fleisch) nicht aus dem Tun der Tora gerechtfertigt wird." (Gal 2,15 f.). Dieser allgemein-menschliche, anthropologische Sachverhalt gilt offensichtlich unabhängig von Erwählung, Verheißungen und sonstigen Gottesbezeugungen gegenüber Israel, die weiterhin voll in Geltung bleiben (Röm 9,4 f.).

1.2 Bissige, konsequente Logik

Paulus läßt sich zwar gelegentlich von seinen Gefühlen hinreißen - zu bitterem *Sarkasmus*, etwa Phil 3,2, wo er das Drängen der gegnerischen Partei auf Beschneidung als „Zerschneidung" bezeichnet, oder 2.Kor 12,1, wo er die Haltung seiner Gegner mit der Wendung, „gerühmt muß werden", aufs Korn nimmt; zu *Ironie*, etwa bei der Bezeichnung der Führer der Jerusalemer Gemeinde als „Angesehene" oder als „Säulen" (Gal 2,2.9); oder zu fast *mystischer Begeisterung*, wenn er etwa bekennt, er habe gelegentlich das Verlangen, sich aufzulösen und bei Christus zu sein (Phil 1,23), weil Christus sein Leben und Sterben sein Gewinn ist (V. 21), so daß ihm die vergänglichen Bedrängnisse als etwas Leichtes erscheinen im Vergleich zu dem übergroßen Gewicht der ewigen Herrlichkeit (2.Kor 12,17).

Dennoch zeichnen sich die paulinischen Argumentationen in aller Regel durch große Rationalität aus. Zumindest versucht er, seine Einsichten durch logische Überlegungen oder biblische Ableitungen zu begründen und damit nachvollziehbar zu machen. Dies bedeutet aber, daß es für ihn auch theologische Argumente und inhaltliche Aussagen geben muß, worin die Bedeutung Jesu Christi für Juden und damit das „Evangelium für die Beschneidung" besteht.

2 Durch Christus gerecht werden

2.1 Zu dienen dem lebendigen und wahren Gott

Will man herausfinden, worin Paulus für Juden die Bedeutung des Glaubens an den Christus Jesus sieht, empfiehlt es sich, einen kleinen Umweg über eine prägnante Kurzfassung des Ziels seiner Mission unter den Völkern zu machen, um so Gemeinsamkeiten und Unterschiede der Sendung an Heiden und Juden erheben zu können. Eine solche Definition liegt 1.Thess 1,9 f. in wünschenswerter Klarheit vor.

Diese Zielbeschreibung der Völkermission gliedert sich in zwei Teile. Zunächst wird das eigentliche Missionsziel genannt, dann Sinn und Auswirkung für die Gläubigen.

Theologischer Kern der Aussage über das Missionsziel ist der Satz, „zu dienen dem lebendigen und wahren Gott." Dies gilt vom Grundsatz her für Juden und Heiden gleichermaßen, allerdings mit dem Unterschied, daß die

Völkerwelt erst zu dem bekehrt werden muß, was für Israel von Anfang an zutrifft.

Schon die Berufung Abrahams hat darin ihren Sinn. So erklärt etwa Raschi die Aufforderung an Abraham, sein Land zu verlassen: „Es ist deiner nicht würdig, in diesem Lande der Götzenverehrung Söhne zum Dienste Gottes aufzuziehen." Mose erhält mehrfach den Auftrag, die Freilassung des Volks vom Pharao mit der Begründung zu erbitten, daß es Gott dienen bzw. ein Fest feiern kann (Ex 5,1; 7,26; 8,16; u.a.). Dem Herrn zu dienen, nicht anderen Göttern, wird von Israel geradezu als Identitätsmerkmal gefordert (Dtn 6,13) und in der Erzählung von der Versuchung Jesu aufgegriffen (Mt 4,10). Und wenn Paulus darauf hinweist, daß Israel „der Gottesdienst" gehört (Röm 9,4), dann ist damit nichts anderes gemeint, als die Verehrung des einen, wahren und lebendigen Gottes, von dem es schon im Sch'ma Jisrael heißt: „Höre, Israel, der Herr ist unser Gott, der Herr allein!" (Dtn 6,4).

Das Missionsziel des Paulus kann daher im Blick auf Gotteserkenntnis und Gottesverehrung so beschrieben werden, daß er die Völker dahin bringen möchte, wo sich Israel bereits befindet, bei dem einzigen wahren und lebendigen Gott. Dazu muß Israel nicht bekehrt werden; dabei muß es erhalten werden. Phil 2,10 sieht in der Anbetung aller sogar das Ziel der Erniedrigung Jesu.

Unter diesem Gesichtspunkt ist es auch verständlich, wenn gelegentlich Vorbehalte geäußert werden, von einer Bekehrung des Paulus zu reden. Der statt dessen gewählte Begriff „Berufung" ist zwar sachlich zutreffend, erfaßt aber nicht das ganze Spektrum des Ereignisses. Man wird daher religionspsychologisch ohne den Begriff „Bekehrung" nicht auskommen, muß sich aber darüber im klaren sein, daß damit nicht die Bekehrung von einer Religion zu einer anderen gemeint ist, sondern die Bekehrung von einer bestimmten Auffassung zu einer anderen.

2.2 *Warten auf den, der uns vor dem zukünftigen Zorn rettet*

Muß die außerisraelitische Menschheit im Unterschied zu Israel erst zu dem einen, wahren und lebendigen Gott bekehrt werden, so besteht kein Unterschied hinsichtlich der Auswirkung des Glaubens für die Glaubenden, ob sie Juden oder Heiden sind.

a. Paulinische Anthropologie

Auffallend ist, daß Paulus immer dann, wenn er auf die Frage nach Wert und Bestand des menschlichen Lebens zu sprechen kommt, den Rahmen des traditionellen jüdischen Denkens überschreitet und von der Menschheit insgesamt spricht, also Juden und andere zusammenfaßt.

Unabhängig von der Zugehörigkeit zum Gottesvolk Israel oder zur Völkerwelt gilt für Paulus: „Wir wissen, daß ein Mensch nicht aus den Taten der Tora gerechtfertigt wird" (Gal 2,16). Dabei wurde hier bewußt für die Übersetzung des griechischen Begriffs *erga nomou* die wörtlich entsprechende jüdische Begrifflichkeit Taten der Tora gewählt, weil Paulus an dieser Stelle über eine Auseinandersetzung mit Gesprächspartnern jüdischer Herkunft berichtet, die wie er selbst auch noch als Christen an ihrer jüdischen Identität festhalten.

Der Satz gilt aber auch im weltweiten Horizont für alle Menschen. Dann bedeutet *nomos* nicht *tora* als göttliche Weisung, die in den Zehn Geboten und anderen Regelungen der Tora ihren Niederschlag und ihre konkrete Gestalt gefunden hat, sondern sittliche Norm, gesellschaftlicher Konsens, oder was sonst einen Menschen gegenüber anderen Menschen seiner Familie oder Gruppe oder staatlichen Gemeinschaft legitimiert bzw. im Falle des Verstoßes diskreditiert. Solche Normen sind unerbittlich und unbarmherzig, ob sie als göttliche Ordnungen oder als contrat social verstanden werden; denn keine Gesellschaft verzeiht ihren Mitgliedern oder Gästen ohne weiteres Verstöße gegen ihre Normen.

In dieser Hinsicht hat Paulus die einheitliche Bedeutungs-Struktur jüdischer religiöser Ordnungen und der Gesetze anderer Kulturen oder Gesellschaften gesehen. Dabei bleibt für ihn unter diesem Gesichtspunkt die heilsgeschichtliche Bedeutung der Tora außerhalb des Blickfeldes, da er von der grundsätzlichen Beschaffenheit jedes Menschen her argumentiert.

Dies wird vor allem daran deutlich, daß er die Aussage über die Unmöglichkeit der Rechtfertigung eines Menschen am Ende desselben Verses nochmals aufnimmt, jetzt aber verstärkt, indem er die Formulierung „ein Mensch" ersetzt durch *pasa sarx* = alles Fleisch. Mit dieser Begrifflichkeit bringt Paulus den theologischen Aspekt in die Debatte anstelle einer nur ethischen oder psychologischen Betrachtungsweise, die der Begriff „Mensch" noch zuläßt.

Mit „*Fleisch*" ist bei Paulus die Geschöpflichkeit angesprochen. Doch besitzt der Begriff bei ihm einen doppelten Aspekt. Einerseits wird damit der *Körper* bezeichnet (z. B. Röm 2,28 = körperliche Beschneidung); manchmal ist die *Abstammung* im Blick (z. B. Röm 1,3 = von der Abstammung her Nachkomme Davids). Andererseits weist dieser Begriff zumindest auf eine *Spannung gegenüber Gott*, wenn nicht gar auf Trennung und Widerspruch hin. Oft ist beides nicht zu trennen und soll auch gar nicht getrennt werden. Wenn Paulus etwa Röm 7,18 das Pronomen „in mir" sofort präzisiert, „das ist in meinem Fleisch" („wohnt nichts Gutes"), dann heißt dies sowohl, „wie ich von Natur aus bin", als auch „ich in meinem Widerspruch zu Gott". Beides kann und soll nicht getrennt werden.

So bedeutet auch Gal 2,16 und wörtlich gleich Röm 3,20, „aus Werken der Rechtschaffenheit (so die neutrale, Juden und Heiden in gleicher Weise betreffende Wiedergabe) wird kein Fleisch gerechtfertigt", daß Menschen nicht nur faktisch, d. h. aufgrund ihrer Willensschwäche oder ihrer körperlichen und seelischen Unzulänglichkeit, sondern grundsätzlich, aufgrund ihres Widerspruchs gegen Gott aus ihrem Tun heraus keine Rechtfertigung vor Gott erlangen können.

b. Israels Heil und Gottes Gericht

Der Vorsprung der Israeliten besteht hinsichtlich der Gerechtigkeit nur darin, daß sie genau wissen, was Gottes Wille ist (Röm 3,2), während die Menschheit insgesamt auf das angewiesen ist, was ihnen von Natur aus sittlich erscheint (Röm 2,14 ff.). Außerdem gehören Israel die Väter und die Verheißungen und die Bundesschlüsse - aus ihnen kommt auch der Christus (Röm 9,4 f.), und „Gott kann seine Gaben und Berufung nicht bereuen" (Röm 11,29). Das alles ist für Paulus viel (Röm 3,2); aber durch Christus wird nach der Auffassung des Paulus auch Juden etwas darüber hinaus zuteil.

Dabei ist zu beachten: Paulus redet unterschiedlich von Israel als Volk Gottes und von den einzelnen Mitgliedern dieses Volkes. Er kann zwar im Blick auf die Rettung der *Einzelnen* durch den Glauben sagen: „Es ist kein Unterschied zwischen Jude und Grieche" (Röm 10,12). Ebenso kann er alle Angehörigen der Gemeinde als Kinder Gottes aufgrund des Glaubens ansprechen und feststellen: „Da ist nicht Jude noch Grieche, da ist nicht Sklave noch Freier, da ist nicht Mann und Frau" (Gal 3,28). Er könnte aber nicht sagen: „Es ist kein Unterschied zwischen Israel und der Völkerwelt", oder, „da ist nicht Israel noch die Völkerwelt". Paulus denkt im Blick auf *Israel heilsgeschichtlich* und erwählungstheologisch, im Blick auf den einzelnen *jüdischen Menschen* jedoch *anthropologisch* und individualistisch. Dies wird in der theologischen Diskussion ebensowenig beachtet wie im Gespräch zwischen Christen und Juden und in der Auseinandersetzung um das christliche Zeugnis gegenüber Juden.

Festzustellen, wovon Paulus überzeugt war, bedeutet noch lange nicht, seine Meinung teilen zu müssen. Aber die Furcht vor unliebsamen Konsequenzen darf nicht den Blick für die Ermittlung von Sachverhalten trüben. Dazu gehört allerdings, daß Paulus offensichtlich auch Juden in den Kreis derer einbezieht, die auf die Rechtfertigung durch den Glauben angewiesen sind, weil vor Gott nicht der gerecht ist, der das Gesetz hört, sondern der es tut (Röm 2,13), und Paulus schon in seiner Bibel die Überzeugung vorfindet, daß vor Gott kein Mensch gerecht ist (Röm 3,10, vgl. Ps 14,1-3).

Dies ist für ihn der Inhalt des „Evangeliums für die Beschneidung". Jedenfalls hält er Kephas dieses Argument vor, als dieser sich in Antiochien von Anhängern der Jakobusgruppe verunsichern läßt und nicht mehr mit Heidenchristen ißt (Gal 2,1 ff.). Wie kommt Paulus zu dieser Auffassung? Welche Christologie steht dahinter?

3 Auferstehung und Wiederkunft - Anfänge der Christologie

In den paulinischen Briefen haben verschiedene christologische Konzeptionen ihren Niederschlag gefunden. Dies muß und kann hier nicht im einzelnen dargelegt werden. Erinnert sei nur an den Unterschied zwischen Röm 1,3 f. und Phil 2,5 ff.; der Begriff „Menschensohn" ist Paulus zwar fremd, der Begriff „Gottes Sohn" dagegen umso vertrauter. Dennoch ist es sinnvoll, bei der Frage nach dem „Evangelium für die Beschneidung" die Menschensohnchristologie heranzuziehen, weil sie offensichtlich zur Vorstellungswelt der judenchristlichen Verkündigung gehört, die von Juden an Juden geschah. Es ist daher nicht verwunderlich, daß diese Terminologie bei Paulus fehlt; denn er war zu den Völkern gesandt. Dies bedeutet aber nicht, daß bei ihm keine gedanklichen Anklänge an diese Christologie zu finden sind, vor allem dort, wo es um die Frage geht, welche Bedeutung Jesus für Juden besitzt.

3.1 Von der Vollmacht des Menschensohns

a. Synoptische Menschensohnworte

Es ist üblich, drei Arten von Menschensohnworten zu unterscheiden: Eschatologische Worte vom kommenden Menschensohn, bei denen zwischen Jesus und dem Menschensohn anscheinend unterschieden wird (z. B. Mk 8,38), Worte vom gekommenen Menschensohn, die das irdische Wirken Jesu zusammenfassend reflektieren (z. B. Mk 10,45), und Worte vom leidenden, sterbenden und auferstehenden Menschensohn (z. B. Mk 8,31).

Dazu kommen noch Worte, bei denen man nicht entscheiden kann, ob sie ursprünglich als Aussage über Jesus oder über den Menschen schlechthin formuliert worden sind. Fest steht nur, daß sie im jetzigen Zusammehang des Evangeliums als Aussage über Jesus gemeint sind. Sie kommen ausnahmslos in Diskussionstexten vor und ergeben auch dann einen Sinn, wenn man sie nicht christologisch, sondern anthropologisch versteht; dies zeigen die nachfolgenden Beispiele. Sprachlich ist dies ohne weiteres möglich, weil in semitischen Sprachen „Menschensohn" soviel wie „Mensch" bedeutet.

So entsteht eine geradezu prickelnde Spannung, wenn man Mk 2,10 die Aussage, „daß des Menschen Sohn Vollmacht hat, Sünden zu vergeben auf Erden", als Entgegnung auf die Frage versteht, „wer kann Sünden vergeben als Gott allein?" (V. 7). Woher wollen wir wissen, daß Jesus nicht nur für sich, sondern für die Menschheit die Vollmacht der Sündenvergebung in Anspruch genommen hat? Immerhin taufte auch Johannes zur Vergebung der Sünden (Mk 1,4) und die Jesusanhänger waren ebenfalls davon überzeugt, daß sie Vollmacht zur Sündenvergebung besaßen (Mt 18,18; Joh 20,23). Göttliches Recht in der Hand der Menschen? Warum nicht!

Noch wahrscheinlicher kann wohl das Wort, daß der Menschensohn Herr über den Sabbat sei (Mk 2,28), auf den Menschen, und nicht auf Jesus allein bezogen werden; denn unmittelbar vorher steht die Aussage, daß der Sabbat um des Menschen gemacht sei, und nicht der Mensch um des Sabbats willen, eine Sentenz, die sinngleich auch in der jüdischen Tradition überliefert ist (R. Jonathan, Joma 85b). Die Beschränkung dieser Freiheit auf Jesus bedeutet dagegen eine Verengung und einen Rückschritt.

Auch das Bildwort von den Füchsen und Vögeln, die im Unterschied zum Menschensohn Gruben und Nester haben (Mt 8,20), könnte auf eine allgemeine Einsicht von der Heimatlosigkeit des Menschen in der Welt zurückgehen, die allerdings im Zusammenhang des Evangeliums eindeutig auf Jesus bezogen wird.

Schon das fast ausschließlich auf die Evangelien beschränkte Vorkommen des Begriffs „Menschensohn" legt die Annahme nahe, daß dieser Begriff in der Verkündigung Jesu eine Rolle gespielt hat, auch wenn gewisse Unsicherheiten bestehen bleiben, in welchem Sinn er davon gesprochen hat.

b. Jüdische Menschensohnvorstellungen

1. Sprachliche Beobachtungen

Zunächst muß auf zwei sprachliche Eigentümlichkeiten aufmerksam gemacht werden.

• In den jüdischen Texten, in denen dieser Begriff vorkommt, sei es als plerophore Form für Mensch, sei es als Bezeichnung für eine endzeitliche Gestalt, fehlt immer der bestimmte Artikel; *der* Menschensohn ist also eine neutestamentliche Eigentümlichkeit.

• In diesen Texten wird der Begriff immer als Vergleich verwendet, nie als feststehender Titel. Dies gilt schon für den ältesten Beleg (Dan 7,13), wo von einem die Rede ist, der mit den Wolken des Himmels kommt und wie der Sohn eines Menschen aussieht, also wie ein Mensch. 4.Esra 13,3 ist von etwas, das einem „Menschen glich" die Rede, im äthiopischen Henochbuch 46,1 von einem, „dessen Antlitz das eines Menschen war".

Die direkte Bezeichnung einer Endzeitgestalt als „Menschensohn" ist eindeutig christlicher Sprachgebrauch, wobei offenbleibt, ob er auf Jesus selbst zurückgeht oder auf die früheste Gemeinde, die Jesus mit dieser Gestalt identifizierte.

2. Inhaltliches

Wichtig für die Ermittlung des christlichen Aussagegehalts dieses Begriffs ist jedoch, welche Vorstellungen sich in den jüdischen Texten mit dieser Gestalt verbinden.

Dan 7 löst diese Gestalt eine Reihe von vier Tieren bzw. Fabelwesen ab, die „Daniel" in einer Traumvision sieht. Nachdem der „Hochbetagte" nach den Aufzeichnungen in den Büchern Gericht gehalten hat, wird dem, der einem Menschen gleicht, die ewige Herrschaft über alle Menschen und Nationen gegeben. Sie wird offensichtlich als Reich des Friedens und der Gerechtigkeit vorgestellt.

In den Bilderreden des Henoch übt der Menschensohn im Namen Gottes das Gericht über die Menschheit aus: Dabei ist die Begrifflichkeit variabel. Auch 4.Esra 13 schildert, wie diese Gestalt das Gericht an den sich nochmals dagegen auflehnenden Gegnern Gottes durchführt.

Die in den synoptischen Evangelien bezeugte Vorstellung, daß der in Zukunft kommende Menschensohn Gericht ausübt, ist hier ebenso bezeugt, wie die Vorstellung, daß er den Frommen und Treuen Heil bringt. Es handelt sich dabei vor allem bei Henoch um die Erlösung der Gerechten, nicht einfach um Heil für ganz Israel.

3.2 Der auferstandene Menschensohn

In jüdischen Texten kommt der „Menschensohn" aus dem Himmel (Daniel) oder aus dem Meer (4.Esra) oder er ist einfach mit auf dem Thron des „Hochbetagten". Von einem getöteten und auferstandenen „Menschensohn" ist nirgends die Rede. Eine solche Vorstellung würde auch nicht in das Gesamtbild dieser Konzeption passen.

Die ältesten Belege für diese Vorstellung sind die sog. Leidensansagen (Mk 8,31; 9,31; 10,33 f.). Hier haben wir es höchstwahrscheinlich mit der ältesten Form christlicher Heilserwartung, bezogen auf die Person Jesu, zu tun. Dafür sprechen mehrere Gründe.

• Für die Evangelien steht fest, daß der kommende „Menschensohn" kein anderer als Jesus ist. Nur so ist zu erklären, daß der Titel „Menschensohn" häufig wie ein Pronomen verwendet wird, vor allem in den Worten vom bereits gekommenen Menschensohn.

• Diese Vorstellung setzt aber einen gedanklichen Zwischenschritt voraus; denn *entweder* ist Jesus der bereits gekommene Menschensohn (ein Denkmodell, das im Judentum nicht nachweisbar ist) *oder* er gilt als der kommende, *es sei denn*, daß als Bindeglied zwischen Vergangenheit und

Zukunft seine Auferweckung steht. Dies könnte die älteste mit der Auferweckungsbotschaft verbundene Auffassung sein.

• Die lukanische Darstellung kann diese Überlegungen durchaus stützen. Wenn die Emmaus-Jünger von einem sprechen, der nach ihrer Hoffnung der sein sollte, der Israel erlöst (Lk 24,21), so muß dies keineswegs Ausdruck einer Messiashoffnung sein. Dieselbe Erwartung richtet sich im Henoch- und 4.Esra-Buch auch auf den Menschsohn. Dazu paßt, daß in der Himmelfahrtsgeschichte den Jüngern gesagt wird, sie werden Jesus so wiederkommen sehen, wie er von ihnen weggenommen wurde (Apg 1,11), also mit den Wolken, d. h. als Menschensohn.

• Wahrscheinlich hat das Reden Jesu vom kommenden Menschensohn und das Ausbleiben dieser Erlösergestalt vor dem Tod Jesu in Verbindung mit den Erscheinungserlebnissen zu der Überzeugung geführt, dieser Jesus werde als Menschensohn wiederkommen und denen, die an ihn glauben, Heil bringen, wie dies in der jüdischen Apokalyptik von entrückten Frommen der Vorzeit erwartet wird.

• Dabei wird die etwa im Henochbuch nachweisbare partikularistische Heilserwartung übernommen. Sie ist vielleicht auch schon für Jesus selbst anzunehmen; denn neben der bedingungslosen Einladung an Sünder aller Art ist doch das Heil daran gebunden, daß man an ihm keinen Anstoß nimmt (Mt 11,6) und sich seiner Botschaft nicht schämt (Mk 8,38). Da dieser Spruch zwischen Jesus und dem kommenden Menschensohn unterscheidet, dürfte er auf Jesus selbst zurückgehen, nicht erst in der Gemeinde entstanden sein. Wie die Weiterentwicklung dieses Wortes in der Gemeinde aussah, machen Mt 10,32 f. bzw. Lk 12,8 f. deutlich.

3.3 Evangelium für die Beschneidung

Paulus konnte wohl bei der Einigung in Jerusalem über die Verkündigung in den unterschiedlichen Bereichen zwischen ihm und Kephas bzw. der Jerusalemer Gemeinde davon ausgehen, daß diese durchaus einen Auftrag an den jüdischen Volks- und Glaubensgenossen hatten, weil die christliche Botschaft das künftige Heil der einzelnen Mitglieder des Volkes Israel nicht mehr an das Tun der Tora band, sondern an das Vertrauen, daß der von den Römern als Verkündiger der Gottesherrschaft hingerichtete Jesus als Menschensohn wiederkommen wird, zum Heil für diejenigen, die von seiner Wiederkunft zum Heil für die Glaubenden überzeugt sind. Dahinter steht ein apokalyptisches Schema, das nicht mehr für das ganze Gottesvolk, sondern nur für den frommen Kern Heil erwartete.

Strukturell ähnlich, wenn auch genau umgekehrt dachte man in Qumran: Dort wurde auch nur für die Frommen Heil erwartet, nicht für ganz Israel. Diese zeichneten sich aber durch strenge Toratreue aus, während für Paulus feststand, daß kein Mensch im Sinne der Tora gerecht sein kann.

Diese Christologie der Hoffnung auf den Retter der Getreuen war auch auf Heiden übertragbar. Sie stand hinter der paulinischen Heidenmission; dies läßt sich an der Kurzfassung seines Missionsziels 1.Thess 1,9 f. deutlich erkennen.

Hier ist vor allem die Formulierung von Bedeutung, „seinen Sohn aus dem Himmel zu erwarten". Wer vom Himmel her erwartet wird, ist Vorstellungen der jüdischen Apokalyptik zufolge der „Menschensohn". Paulus hat diesen jüdisch-apokalyptischen Begriff in seiner Missionspredigt bei den Völkern offensichtlich ersetzt durch den für diese geläufigeren und verständlicheren Begriff „Gottes Sohn". Die Vorstellung als solche aber hat er beibehalten.

So besteht die Heilsbedeutung Jesu sowohl für Heiden als auch für Juden nach Paulus darin, daß er diejenigen vor dem Gericht Gottes bewahrt, die Jesus als dem kommenden Richter vertrauen, weil nach seiner Auffassung *kein Mensch* durch das Tun der Tora gerecht wird (Gal 2,16). Allerdings hat er diese Auffassung im Römerbrief revidiert. Dort bezeichnet er den gegenwärtigen Weg Israels als göttliches Geheimnis mit heilsgeschichtlicher Bedeutung für die Völkerwelt (Röm 11,25) und sieht im „Ungehorsam" Juden und Heiden ebenso zusammengeschlossen wie im göttlichen Erbarmen (Röm 11,30 ff.).

Zu solchen Ausführungen sieht er sich offensichtlich gezwungen, weil es in der christlichen Gemeinde offensichtlich schon damals einzelne oder Gruppen gab, die stolz auf Israel herabblickten. Sie müssen sich das Bildwort von der Wurzel und den Zweigen ebenso sagen lassen (Röm 11,17 ff.) wie die Mahnung, nicht auf sich eingebildet zu sein (Röm 11,25).

Verfaßt im November 1994 in Auseinandersetzung mit unverbesserlichen Verfechtern des Gedankens der Judenbekehrung

Ausschließung der Juden vom Heil?

Eine Untersuchung zu 1.Petr 2,9 und Ex 19,6[1]

1 Die Aufnahme von Ex 19,6 in der christlichen Tradition

1.1 Ein Florilegium im ersten Petrusbrief

Wer in der Bibel einigermaßen beheimatet ist, wird schon bei flüchtigem Lesen des 2. Kapitels erkennen, wie stark es durch Schriftbezüge geprägt ist. Es handelt sich dabei sowohl um ausdrückliche Bezugnahmen als auch um übernommene Begrifflichkeit, die zeigt, wie geläufig die damit verbundenen Vorstellungen bereits sind.

Man kann 1.Petr 2,4-10 unter der Überschrift „Leben in der eschatologischen Gemeinde"[2] zusammenfassen. Ab V. 4 werden mit den Begriffen „Stein", „Haus", „Priestertum" die entscheidenden Stichworte genannt, die in V. 6 f. durch ausdrückliche Schriftzitate belegt und ab V. 9 mit weiteren biblischen Anspielungen auf die Gemeinde bezogen werden.

Obwohl eine gewisse Nähe zum Selbstverständnis der Qumran-Gemeinschaft nicht zu leugnen ist, wird man doch nicht davon ausgehen dürfen, daß in 1.Petr 2 ein „allerdings christlich bereits weitergebildeter Traditionszusammenhang zu vermuten ist",[3] sofern damit die Weiterführung einer bereits bestehenden jüdischen Zitatensammlung gemeint sein soll. Die Tatsache, daß 1 QS VIII,7 sich eindeutig auf Jes 28,16 bezieht, reicht für eine solche Annahme nicht aus, im Gegenteil: Während in Qumran Jes 28,16 auf die Gemeinschaft bezogen wird,[4] bezieht 1.Petr 2,6 dieses Zitat gerade nicht auf die Gemeinde, sondern auf Jesus Christus.[5] Andererseits kommen in 1 QS VIII die anderen Schriftzitate und -anspielungen nicht vor. So handelt es sich gerade bei der Kombination von Jes 28,16 und Jes 8,14, dem wertvollen Stein in Zion und dem Stolperstein, an dem die Ungläubigen zu Fall kommen, um eine typisch christliche, um nicht zu

---

[1] Für den Studienkreis Kirche und Israel der Evang. Landeskirche in Baden fertiggestellt am 3. 10. 1994
[2] Vgl. Leonhard Goppelt, Der erste Petrusbrief, KEK XII/1, 1. neubearb. Aufl., Göttingen 1978, S. 138
[3] Goppelt, a. a. O., S. 140
[4] Vgl. auch 1 QH VI,26, dort wird allerdings das Bild von Mauer und Steinen auf die Erkenntnis der Wahrheit bezogen, die in der Gemeinde herrscht.
[5] So auch Röm 9,33

sagen: christologische Interpretation beider Zitate. Diese Kombination findet sich zwar auch in Röm 9,33, nicht aber in Qumran. Dies gilt auch für die Verbindung beider Stellen mit der christologisch gedeuteten Aussage aus Ps 118,22 vom Stein, den die Bauleute verworfen haben.

Auch die Schriftanspielungen von 1.Petr 2,9 f. zum Thema „Volk" lassen sich so nicht in Qumran nachweisen. Es handelt sich um mehr oder weniger deutliche Anklänge an verschiedene Schriftstellen aus Tora- und Prophetentradition. Aus Ex 19,6 stammt die Vorstellung des erwählten Geschlechts und des königlichen Priestertums, an Jes 43,21 erinnert der Gedanke des für Gott bereiteten Volks; es könnte sich dabei aber auch um eine bestimmte Auslegungstradition von Ex 19,6 handeln, wie später noch zu zeigen ist.[6] Eindeutig ist hingegen die Bezugnahme auf Hos 1, 6.9 und 2,25. Diese Stellen werden aber nicht wie bei Hosea als Wiederannahme des Volkes Israel, d.h. als heilsgeschichtlicher Prozeß *innerhalb* des Gottesvolks verstanden, sondern als Berufung der zunächst nicht Erwählten, d.h. als heilsgeschichtlicher Prozeß der *Völkerwelt*.

1.2 Das königliche Priestertum in der christlichen Exegese

Hans *Windisch* beurteilt glasklar die Tendenz von 1.Petr 2,9: „Durch die Übertragung der Ehrentitel Israels ... auf die Christengemeinde wird die Ausschließung der Juden vom Heil besiegelt."[7] Und mit treffsicherem Instinkt für das, was hier vorgegangen ist, fügt er hinzu: „Ein Jerusalemer Apostel wie Petrus würde das wohl anders angeschaut, jedenfalls anders ausgedrückt haben." Windisch konstatiert also ein Stück judenfeindlicher Theologie im Neuen Testament.

Goppelt umgeht das Problem. Auch er stellt fest: „Hier werden Wendungen, die im AT zentral Israels Erwählung und Sendung aussagen, auf die Kirche übertragen."[8] Aber dann fährt er im Text fort, als handle es sich bei dieser Feststellung um die größte Selbstverständlichkeit. Nur auf Gemeinsamkeiten und Unterschiede zu Qumran kommt es ihm offensichtlich an, die Frage nach dem Verhältnis einer sich so verstehenden christlichen Gemeinde zu Israel bewegt ihn offensichtlich nicht. Für ihn scheint das theologische Problem mit der Feststellung geklärt zu sein: „Die Christen sind, wie die Attribute sagen, Volk nur durch Erwählung und Heiligung im bisher geklärten eschatologischen Sinn."[9] Aber auch Israel ist nur durch Erwählung und Heiligung Gottes Volk. In Dtn 7,6 ff.[10] wird dies ausdrücklich betont und mit der Herausführung aus Ägypten begründet. Bei Goppelt

---

6 Vgl. Mechilta zu Ex 19,6 (s. u. *2. Ex 19,6 in der rabbinischen Tradition*)
7 Hans Windisch, Die katholoischen Briefe, HNT 15, 3. Aufl., Tübingen 1951, S. 61
8 Goppelt, a.a.O., S. 151
9 Goppelt, a.a.O., S. 152
10 Diese Torastelle spielt im Talmud eine wesentlich größere Rolle als Ex 19,6

wird jedoch auf diese Stelle zur Begründung der Erwählung der christlichen Gemeinde verwiesen, ohne auch nur zu erwähnen, daß es hier um Israels Erwählung geht.[11] So bewegt sich Goppelt kongenial in der Linie, die bereits im ersten Petrusbrief aufscheint.

Roloff vermeidet zwar ebenfalls die offene Kritik an diesem Brief, bringt aber die entscheidenden Punkte in 1.Petr 2,9 f. eindeutig zur Sprache: „... weder wird dabei ein heilsgeschichtlicher Zusammenhang der Kirche mit Israel vorausgesetzt, noch wird das Recht dieser Übertragung reflektiert. Weil die Heilige Schrift der Kirche gehört, darum gilt es vielmehr als selbstverständlich und keiner besonderen Begründung mehr bedürftig, daß die Kirche jenes auserwählte Volk ist, von dem die Schrift spricht. Israel spielt im 1.Petrusbrief keine Rolle mehr - weder als Gottesvolk, in dem die Kirche wurzelt und in dessen Geschichte mit Gott sie eingetreten ist, noch auch als das polemische Gegenüber, dessen Nein zum Glauben an Christus zur bedrängenden Herausforderung wird. So werden auch die traditionell in der Auseinandersetzung mit dem Judentum verwurzelten Schriftbeweise über Christus als den anstößigen „Stein" aus diesem Bezug herausgelöst und auf die Ablehnung des Evangeliums in der Völkerwelt übertragen: die Kirche als das von Gott erwählte, ihm geheiligte Volk sieht sich der Menschheit gegenüber, ... Israel ist dabei, aus dem Gesichtskreis der Kirche zu rücken."[12] Man kann hier bereits von „Israelvergessenheit" sprechen.

Roloff hat sicher recht, wenn er feststellt, daß sich der „Gedanke des *allgemeinen Priestertums aller Gläubigen*" nicht unmittelbar aus 1.Petr 2,5.9 ableiten lasse, weil hier „nur allgemein von *den Christen als Priesterschaft,*" die Rede sei.[13] Dennoch kann nicht übersehen werden, daß Luther seine Vorstellung mit 1. Petr 2,9 und Offb. 1,6 begründete, wo Ex 19,6 noch pointierter übernommen wird, indem „Königreich" und „Priester" als zwei gesonderte Verheißungsgüter angesehen werden.

Auch Luther geht - wie schon der 1.Petrusbrief - davon aus, daß die Bibel der Kirche gehört; allerdings hat er es insofern leichter, als ihm der Petrusbrief bereits vorgearbeitet hat. So kann er in seiner Polemik gegen kirchlich-hierarchische Machtansprüche 1.Petr 2,9 und Offb. 1,6 direkt auf die Taufe beziehen und sagen: „Demnach so werden wir allesamt durch die Taufe zu Priestern geweiht, wie Sankt Peter 1.Petr 2 sagt: Ihr seid ein königliches Priestertum und ein priesterliches Königreich. Und Apoc.: Du hast uns gemacht durch dein Blut zu Priestern und Königen."[14]

---

[11] Goppelt, a.a.O., S. 152, Anm 64
[12] Jürgen Roloff, Die Kirche im Neuen Testament, NTD Ergänzungsreihe 10, Göttingen 1993, S. 275
[13] Roloff, a.a.O., S. 274
[14] Martin Luther, An den christlichen Adel deutscher Nation von des christlichen Standes Besserung. 1520; WA VI, 407. Eigene Wiedergabe in lesbarem Deutsch

Hier ist von der Ursprungssituation völlig abgesehen, sowohl vom historisch-theologischen Ort der Zusage in Ex 19,6 als auch von der Adaption im Neuen Testament. Ein unmittelbares Schriftverständnis erhebt sich über solche Zwischenstationen und entnimmt der Bibel unmittelbar Weisungen, als wären die Worte direkt an die jeweiligen Leser gerichtet.[15]

1.3 Der christliche Umgang mit Ex 19,6 im Urteil Leo Baecks

In seinem „Wesen des Judentums" hebt Leo Baeck als ein wichtiges Merkmal des Judentums hervor, daß es trotz der in alter Zeit üblichen „Semicha", der Handauflegung, „durch die der Richter und der Lehrer des Gesetzes mit seinem Amt betraut wurde",[16] keine geistlichen Ämter gibt, die auf besonderen Weihen beruhen; denn diese Semicha „war keine Mitteilung einer Gnadengabe, die einen Besitzenden schafft, sondern nur ein Symbol dessen, daß eine Befugnis übertragen wurde."[17] Als Unterschied zum Katholizismus hebt er dann hervor: „Die Einheit der Glaubensgemeinde ist im Judentum nicht in Frage gestellt worden."[18] Dies führt er darauf zurück, daß im Judentum der göttlichen Weisung die zentrale Bedeutung zukommt. „Im Judentum ist die Religion in ihrem Wesentlichen als Lehre der Tat und der Entscheidung oder, um es mit dem alten biblischen Worte zu benennen, als Thora erkannt worden."[19]

Gegen die Vermutung, daß durch diese Popularisierung des Religiösen im Judentum „seine Höhe beeinträchtigt werde, weil es in der ganzen Breite der Glaubensgemeinde seine Verwirklichung sucht",[20] betont er, gerade aus dem „Bewußtsein der Gottesnähe, wie es jedem Menschen gewährt ist, nicht aus einer Sonderstellung zu Gott, die die Gnade schenkt, will hier das Individuelle, das religiöse Erlebnis erwachsen. Das Wesentliche ist, daß hier nichts zum Ideale wird, was nicht zum sittlichen Gebote, zum Gebote der Entscheidung werden kann, und es gibt kein wahres sittliches Gebot, das nicht um alle seinen Kreis zöge und ziehen müßte."[21] Der Neukantianismus ist bei diesem Verständnis des Judentums mit Händen zu greifen. Die Gefahr der Verflüchtigung ins Triviale hält Leo Baeck jedoch durch Ex 19,6 für gebannt. „»Ihr sollt mir sein ein *Reich von Priestern* und ein *heiliges Volk*«, dieser Satz ist hier ein religiöses Bekenntnis geworden. Keinem wird zugeteilt und zugestanden, was nicht auch auf alle seine Anwendung

---

[15] Vgl. zu diesem Problem Peter Müller, „Verstehst du auch, was du liest?", Darmstadt 1994, S. 147 ff.
[16] Leo Baeck, Das Wesen des Judentums, 6. Aufl., Wien o.J., S. 46 (1.Aufl. 1906; 4.Aufl. 1925)
[17] ebd.
[18] ebd.
[19] ebd.
[20] Baeck, a.a.O., S. 47
[21] ebd.

hätte, und was von einem verlangt wird und verlangt werden muß, das wird von allen gefordert."[22]

Auf einen Zusammenhang, der uns Evangelischen nicht immer bewußt ist, wenn wir das reformatorische Prinzip des Priestertums aller Gläubigen betonen, weist Leo Baeck nicht ohne berechtigte Kritik an den Zerfallserscheinungen hin: „Die alte Lehre des Judentums ist anerkannt, wenn hier wieder das allgemeine Priestertum der Gläubigen verkündet wird, und damit die innere Einheit der Gemeinde hergestellt werden soll. Aber selbst hier, wo so eine gesonderte Priester- und Volksfrömmigkeit nicht mehr bestehen darf, ist es doch wieder zu einem Nebeneinander von Beauftragten und Empfängern der Religion gekommen, zu jener Scheidung, wie sie überall schließlich eintritt, wo die Religion ihre Wundergaben besitzen will."[23]

Leo Baeck geht also nicht auf die Frage ein, inwiefern Christen überhaupt diese Aussage aus Ex 19,6 auf sich beziehen dürfen. Ihn interessiert, ob und inwieweit sie - unterstellt, sie sind dazu legitimiert, - diesem Anspruch gerecht werden. Hier setzt seine religionssoziologische Kritik am Christentum ein, auch an den Kirchen der Reformation: im Unterschied zum Judentum mit seiner dogmatischen Offenheit kennt die Christenheit *legitime Schriftauslegung* und bindet damit Gottes Heil an die Vermittlung *legitimierte Schriftausleger*. Auch die Kirchen der Reformation kennen daher kein Priestertum aller Gläubigen im Vollsinn des Wortes.

1.4 Bezeichnende Übersetzungsdifferenzen

Nicht unerheblich ist die Sprachgestalt, in der Ex 19,6 im Neuen Testament aufgenommen ist. Schon die LXX macht aus dem *Königreich von Priestern* ein *königliches Priestertum*. Diesen Wortlaut hat 1.Petr 2,9 übernommen. Damit wird aber der Akzent verlagert. Das nomen regens, der bestimmende Begriff, ist in Ex 19 das Königreich, die *Gemeinschaft* derer, die dazugehören. Sie wird als priesterlich qualifiziert. In 1.Petr 2 liegt der Ton auf dem Priestertum, das als königlich bezeichnet wird, also auf der *Funktion*. Offb 1,6 werden beide Begriffe getrennt, so daß von einem Königtum und von Priestern für Gott die Rede ist. Der überlieferte Textbestand ist hier allerdings sehr diffus und läßt Spuren einer Angleichung an 1.Petr 2,9 erkennen. Der bestbezeugte Text geht offensichtlich nicht auf die LXX-Version zurück, sondern auf den Urtext, dem er besser gerecht wird als die LXX.[24]

---

[22] ebd.
[23] Baeck, a.a.O., S. 47/48
[24] Heinrich Kraft, Die Offenbarung des Johannes, HNT 16a, Tübingen 1974, S. 33, sieht das Wort *basileían* (Königreich) als eine Abkürzung für *basileíon hieráteuma* (königliches Priestertum) an. Seine Ableitung aus dem Wortlaut von Jes 61,6 ist nicht nachvollziehbar. Er wird zu dieser Annahme wohl durch den LXX-Wortlaut von Ex 19,6 verleitet. Einfacher erklärt sich je-

Eine zweite Veränderung in 1.Petr 2,9 gegenüber Ex 19,6, und zwar gegenüber der hebräischen wie der griechischen Fassung, ist der Wegfall des persönlichen Beziehungswortes *„für mich"*. Auch hier kommt Offb 1,6 dem Original näher, indem das personale, Gott betreffende Beziehungswort *für mich* durch die Substantive *für Gott und unseren Vater* ersetzt ist. Mit dem völligen Wegfall der Beziehungsangabe wird jedoch aus der Bezeichnung *königliches Priestertum* eine absolut geltende Qualifizierung der Christenheit.

Brachte die Bezeichnung *Königreich von Priestern* zum Ausdruck, daß in Gottes Gemeinde *alle den gleichen Rang und die gleiche Unmittelbarkeit zu Gott* haben,[25] so hebt der Begriff *königliches Priestertum* die so Angeredeten den übrigen Menschen gegenüber hervor und stellt sie über jene. Der Gedanke an eine allein seligmachende Kirche, außerhalb deren es kein Heil gibt, ist damit geboren, zumindest gezeugt.

2 Ex 19,6 in der rabbinischen Tradition

2.1 Midrasch und Talmud

Bezugnahmen auf Ex 19,6 sind in der rabbinischen Tradition nicht häufig; es handelte sich offensichtlich nicht um eine zentrale Lehrtradition. Dennoch sind die wenigen Stellen aufschlußreich.

So wird beispielsweise R. Acha (um 320) die Aussage zugeschrieben: „Warum sind die Namen der Stämme auf den Steinen (des hohenpriesterlichen Brustschildes) genannt? Weil sie alle am Sinai Priester genannt waren, wie es heißt: Und ihr sollt mir ein Königreich von Priestern sein [Ex 19,6] sprach Gott: Es ist nicht möglich, daß alle auf dem Altar (die Opfer) darbringen können, darum sollen ihrer aller Namen auf das Herz des Hohenpriesters geschrieben werden: wenn dann der Hohepriester eintritt, um vor mir zu opfern, dann ist es, als ob jeder von ihnen ein Hoherpriester vor mir wäre, bekleidet mit den Priestergewändern."[26] D.h. aus der Beschaffenheit des priesterlichen Brustschilds wird mit Hilfe dieser Stelle auf eine Gleichwertigkeit und Gleichrangigkeit aller Angehörigen der Volksgemeinschaft geschlossen.

---

doch die Textfassung von Offb 1,6, wenn man davon ausgeht, daß hier der hebräische Text im Hintergrund steht. Im übrigen sieht er den Anklang an Ex 19,6 als Zeichen der Verwirklichung der Herrlichkeit des Gottesvolkes an, ein Gedanke, der weder in Ex 19,6 noch in dessen jüdischer Auslegungsgeschichte eine Rolle spielt.

[25] Vgl. Baeck, a.a.O., S. 47: „Keinem wird zugeteilt und zugestanden, was nicht auch auf alle seine Anwendung hätte".

[26] Aggad Beresch 79(53b), zit. nach Str.-Billerbeck, Kommentar zum Neuen Testament aus Talmud und Midrasch, Bd 3, 2. Aufl., München 1954, S. 390

Noch differenzierter interpretiert die Mechilta zu Ex 19,6 (71a): „»Ihr sollt mir sein«; ich setze nicht gleichsam und mache zu Herrschern über euch andere, sondern nur ich (bin euer Herrscher), ... Die Schrift sagt lehrend: du wirst sie zu Fürsten setzen auf der ganzen Erde Ps 45,17. Wenn zu Fürsten, dann vielleicht zu Handelsfürsten? Die Schrift sagt lehrend: »Königsherrschaft« Ex 19,6. Wenn ein König, dann wird er vielleicht wieder unterdrücken? Die Schrift sagt lehrend: »Priester« Ex 19,6 ... »Ein heiliges Volk«, Heilige und Geheiligte, abgesondert von den Völkern der Welt und ihren Greueln."[27]

In dieser Auslegung wird zunächst auf die besondere Gottesbeziehung abgehoben, die auch im letzten Satz wieder ihren Ausdruck findet. Diese Deutung ist wohl unter dem Eindruck der Diasporaerfahrungen mit mancherlei Unterdrückungen und Gefährdungen der Treue zur Überlieferung entstanden.

Diese Erfahrungen spiegeln sich auch in der Interpretation des Begriffs „Könige". Die Gefahr, als Könige selbst zu Unterdrückern zu werden, wird mit dem Hinweis auf die Priesterschaft abgewiesen. Es geht um eine göttliche Auszeichnung und auf Gott bezogene Existenz, nicht um politische Herrschaft.

Als Zeichen für die Achtung Israels durch die Völker und ihre Könige wird Ex 19,6 im Traktat Zebachim verstanden. „R. Aschi sagte: Hona b. Nathan erzählte mir folgendes: Einst stand ich vor dem König Jezdegard, und mein Gürtel saß mir zu hoch, da zog er ihn mir zurecht, indem er zu mir sprach: Von euch heißt es: *ein Königreich von Priestern und ein heiliges Volk*. Als ich vor Amemar kam, sprach er zu mir: An dir ging in Erfüllung: *Es sollen Könige deine Wärter sein* [Jes 49,23]."[28] Beim Stichwort „heiliges Volk" merkt der Herausgeber an: „Dh. ihr müßt auf richtigen Sitz eurer Kleider achten."

Noch wichtiger als diese sachgerechte herausgeberische Anmerkung ist jedoch die im Talmud (von Amemar[29]) vorgenommene Verbindung von Ex 19,6 und Jes 49,23. Sie macht deutlich, daß man die Zusage von Ex 19 im Sinne einer würdigenden Auszeichnung verstand, indem Israel an der Ehre Gottes Anteil hat.

Eine weitere Talmud-Stelle aus Traktat Schabbat trägt für unsere Fragestellung zwar wenig aus. Sie läßt allerdings erkennen, daß die Vorstellung ge-

---

[27] Mech Ex 19,6; zit. nach Str.-Billerbeck, a.a.O., S. 789
[28] Zeb 19a; Lazarus Goldschmidt, Der Babylonische Talmud, Bd X, Berlin 1935, S. 66 f.
[29] Babylonischer Talmudist um 400

läufig war, ein Königreich von Priestern zu sein. Sie bietet ansonsten nur Anlaß zu kalendarischen, nicht zu theologischen Überlegungen.[30]

2.2 Jüdische Deutungen von der Antike bis zum 20. Jahrhundert

Leo *Baeck*s demokratisches Verständnis von Ex 19,6 als Abwehr jeglicher hierarchischen Machtansprüche durch einen privilegierten Priesterstand wurde bereits dargestellt. Er sieht dieses Verständnis im reformatorischen Anliegen eines allgemeinen Priestertums aller Gläubigen gewahrt, in der tatsächlichen Entwicklung des Protestantismus allerdings nicht verwirklicht.[31]

Interessant ist die missionstheologische Deutung des einstigen britischen Oberrabbiners Joseph Herman *Hertz*: „*Königreich von Priestern.* Die ganz in Gottes Dienst aufgehen, und die den Menschen in Gottesnähe bringen. So soll Israel den Völkern gegenüber der Priester sein, der diese Gott und der von Ihm geforderten Rechtlichkeit nahebringt. Dieses geistige Königtum ist Israels größte Aufgabe."[32]

Man merkt dieser Erklärung deutlich das Bemühen um ein rational einsehbares Verständnis der Begriffe „Königreich" und „Priester" an.

Ebenfalls rational, aber eher um historische Verifizierung ist *Raschi* bemüht. Seine lapidare Erklärung zur Stelle lautet: „*Und ihr sollt mir ein Reich von Priestern sein*, Fürsten; wie du sagst (II Sam. 8,18), die Söhne Davids waren Fürsten. *Das sind die Worte*, nicht weniger und nicht mehr."[33] Raschi versteht also die erzählende Bemerkung, mit der Ex 19,6 abschließt, „dies sind die Worte, die er zu den Kindern Israel sagte", als

---

[30] Schab 86b/87a; Goldschmidt, a.a.O., Bd I, S. 690. - In der Diskussion um die Frage, auf welchen Wochentag der Beginn des Monats fiel, in dem die Tora offenbart wurde, erwägt man, ob es der erste oder zweite Tag der Woche gewesen sei. Übereinstimmend mit die Überzeugung, die Tora sei am Sabbat offenbart worden, übereinstimmend setzt man auch voraus, daß Gott den Israeliten bei der Ankunft am Sinai einen Tag Ruhepause gönnte und erst am folgenden Tag verhieß, *ihr sollt mir ein Königreich von Priestern werden.* Für jede Einzelheit im Zusammenhang mit der Gebotsoffenbarung wird ein Tag angenommen. Die Zeitdifferenz entsteht an der Frage, wieviele Tage sich Israel heiligte. Was diese Verheißung jedoch inhaltlich bedeutete, wird an dieser Stelle nicht diskutiert.
Immerhin wird sie so selbstverständlich vorausgesetzt, daß für sie auch bei abweichenden kalendarischen Berechnungen jeweils ein Tag gezählt wird. Man kann daher sogar überlegen, ob ihr nicht eine feste liturgische Bedeutung innerhalb der Festwoche zum Jahresbeginn zukam.

[31] Vgl. Baeck, a.a.O., S. 47/48

[32] Joseph Jerman Hertz, Pentateuch und Haftaroth, Bd II, Exodus, Nachdruck, Zürich 1984, S. 203

[33] Raschis Pentateuchkommentar, [Übers.] Rabbiner Dr. Selig Bamberger, 3. Aufl., Basel 1975, S. 196

eine exklusive Bestimmung, über die hinaus keine weiteren Deutungen zulässig sind.

Diesem Schlußsatz ist deutlich anzumerken, daß Raschi sich gegen zwei Fronten abgrenzt. Denkbar wäre beispielsweise ebenso ein Verständnis, das die Zusage in Vordergründigkeiten verflüchtigt, wie eine Auslegung, die zu unbegründeter Selbstüberschätzung führt.

Aufschlußreich für eine Deutung aus der Zeit des Zweiten Tempels sind zwei Stellen aus dem *Jubiläenbuch*,[34] mit dem wir bereits in den Umkreis von Qumran gelangen; denn hebräische Fragmente des bis dahin „vollständig in einer äthiopischen und zu einem Drittel in einer lateinischen Übersetzung"[35] bekannten Werkes wurden in Qumran in Höhle 1 gefunden.[36]

Im 16. Kapitel erzählt der „Angesichtsengel" Mose, daß Abraham nach Isaak sechs weitere Söhne gehabt habe, die er alle noch vor seinem Tod sah. Ihm sei angekündigt worden, „alle Nachkommen seiner Söhne würden heidnisch werden und zu den Heiden gezählt werden; dagegen werde von Isaaks Söhnen einer ein heiliger Sproß und nicht unter die Heiden gerechnet werden. Denn er werde ein Erbteil des Höchsten sein, und alle seine Nachkommen fallen in Gottes Besitz, so daß sie dem Herrn zu seinem Erbvolke vor allen Nationen werden und ein priesterliches Königtum und ein heiliges Volk seien."[37]

Neu gegenüber dem bisher Erkannten ist die Deutung von Ex 19,6 auf die Unterscheidung zwischen Gottesvolk und Heiden. Da dieser Text älter ist als die rabbinischen Belege, haben wir es demnach hier mit einer Tradition zu tun, die später an Bedeutung verlor.

Bemerkenswert ist die Betonung, dieser Teil der Nachkommenschaft Abrahams sei Gottes Erbteil und Besitz. Dieser Gedanke ist schon Jes 43,20 f. vorgebildet; er begegnet uns außerdem in der Mechilta zu Ex 19,6, wo die

---

[34] Eine Besonderheit dieses Jubiläenbuchs besteht darin, daß die gesamte Geschichte seit Erschaffung der Welt in Perioden, „Jubiläen", eingeteilt wird. Von besonderem Interesse für den Vergleich mit der späteren Entwicklung der rabbinischen Theologie ist darüber hinaus die Tatsache, daß hier bereits in erzählerischer Darstellung der Gedanke begegnet, Mose sei am Sinai nicht nur die sog. schriftliche Tora offenbart worden, sondern bereits eine zusätzliche mündliche Interpretation, hier allerdings nicht in Form halachischer Gebotsauslegung, sondern als apokalyptische Geschichtsinterpreation. Vielleicht handelt es sich hier um ein Indiz für eine ursprünglich gemeinsame Entstehungsgeschichte der Pharisäer und der Qumran-Bewegung. Vgl. dazu auch Hans Maaß, Qumran, Texte kontra Phantasien, Stuttgart/Karlsruhe 1994, S. 168 f.
[35] Leonhard Rost, Jubiläenbuch; in: RGG, 3. Aufl., Bd. III, Tübingen 1959, Sp. 960
[36] Vgl. Maaß, a.a.O., S. 77; Hartmut Stegemann, Die Essener, Qumran, Johannes der Täufer und Jesus, Freiburg 1993, S. 131 f.
[37] Jub 16,17 f.; zitiert nach Paul Rießler, Altjüdisches Schrifttum außerhalb der Bibel, Augsburg 1928, S. 583

Verhältnisbestimmung *li* (mir) als Alleinanspruch Gottes auf sein Volk interpretiert wird.

Eine ethische Interpretation von Ex 19,6 finden wir im 33. Kapitel des Jubiläenbuchs.[38] Da wird zunächst vor „Todsünden" gewarnt, um sich vor dem Strafgericht Gottes zu schützen. Begründet wird diese Warnung: „Denn Unreinheit, Greuel, Befleckung und Entweihung sind alle, die das auf Erden tun, vor unserm Gott. Es gibt ja keine größere Sünde als die Hurerei, die sie auf Erden treiben. Denn Israel ist für den Herrn, seinen Gott, ein heiliges Volk und ein Erbvolk; es ist ein priesterliches und königliches Volk und sein Eigentum; deshalb soll sich nichts Unreines inmitten des heiligen Volkes zeigen."[39]

3 Verbindungen zwischen Qumran und 1.Petr 2

In den Qumran-Texten spielt Ex 19,6 keine Rolle.[40] Statt dessen sind metaphorische Bilder vom Tempel, von bewährten Mauern und Steinen und einem kostbaren Eckstein breit belegt. Dies ist schon von der Herkunft dieser Gruppe her nicht verwunderlich; denn diese Gemeinschaft hat sich in Auseinandersetzung mit der Jerusalemer Tempelpriesterschaft definiert.[41]

3.1 Der kostbare Eckstein und die bewährten Steine

Allerdings sind es nicht die einzelnen Mitglieder dieser Gemeinschaft, die mit dem Tempel verglichen werden, sondern die Gemeinschaft als solche. In 1 QH VI vergleicht sich der Beter mit einem, der dem Tode nahe, in eine befestigte Stadt kommt, und bekennt dann: „Und ich [freute mich über] deine Wahrheit, mein Gott; denn du legst ein Fundament auf Fels und einen Querbalken nach rechtem Maß und re[chter] Setzwaage, [um zu prüfen] die bewährten Steine, zu ba[uen eine] starke Mauer, die nicht erschüttert wird; und alle, die hineintreten, werden nicht wanken".[42]

Der Bezug auf Jes 28,16 ist eindeutig. Fraglich ist jedoch, ob man mit Lohse sagen kann: „Der Bau ist die Gemeinde, die bewährten Steine sind ihre Glieder."[43] Diese Deutung würde voraussetzen, daß man die Bemerkung über „die Hineinkommenden" nur auf neue Mitglieder bezieht, nicht aber

---

[38] Zur Ethik der Qumran-Gemeinschaft, insbesondere dem Vorwurf der Hurerei, vgl. Maaß, a.a.O., S. 152 ff.
[39] Jub 33,20 f.; vgl. Rießler, a.a.O., S. 629
[40] Vgl. auch Goppelt, a.a.O., S. 151
[41] Die von Norman Golb, Qumran. Wer schrieb die Schriftrollen vom Toten Meer?, Hamburg 1994, neuerdings wieder vorgetragene Bestreitung einer Qumran-Gemeinschaft halte ich in ihren Argumenten nicht für überzeugend.
[42] 1 QH VI,25-27; zitiert nach Eduard Lohse, Die Texte aus Qumran, Darmstadt 1964, S. 137
[43] Lohse, a.a.O., S. 289, Anm. 28

auf alle, die dazugehören. Der Fortgang in den folgenden Zeilen, wo von der Festigkeit der Tore und Riegel und ihrer militärischen Unüberwindlichkeit die Rede ist, zeigt, daß an etwas gedacht ist, das den Eintretenden Schutz gewährt: entweder ein befestigtes Territorium - etwa die Anlage von Qumran - oder im übertragenen Sinn die Wahrheit Gottes, die korrekte Toraauslegung. Diese Funktion könnte auch einem Trägerkreis dieser Wahrheit zukommen, nicht jedoch den Mitgliedern der Gemeinschaft insgesamt. Es ist daher anzunehmen, daß mit den Eintretenden *alle* Gemeinschaftsmitglieder gemeint sind, mit dem Bild von der befestigten Stadt die Gemeinschaft als Pflegestätte der Wahrheit oder der leitende Trägerkreis.[44]

Eine solche Vorstellung liegt wohl in der Gemeinderegel vor. Dort ist vom Rat der Gemeinschaft die Rede, bestehend aus zwölf ausgewählten Männern und drei Priestern, „vollkommen in allem, was offenbart ist aus der ganzen Tora, um Treue und Gerechtigkeit und Recht und solidarische Liebe und sorgfältigem Umgang eines jeden mit seinem Nächsten."[45] Im weiteren Verlauf heißt es dann: „Wenn dies in Israel geschieht, dann ist der Rat der Gemeinschaft gefestigt in der Wahrheit, eine ewige Pflanzung, ein Heiligtum[46] für Israel und ein heiliges Bündnis[47] der Heiligen für Aaron ... Dies ist die bewährte Mauer, der kostbare[48] Eckstein ..."[49] Auch hier ist die Aufnahme von Vorstellungen aus Jes 28,16 deutlich; dies gilt vor allem für den Begriff „kostbarer Eckstein", der wörtlich aus Jes 28 übernommen ist, während der „erprobte Stein" aus Jes 28 in der Gemeinderegel zur „bewährten Mauer" geworden ist.[50]

Die Ähnlichkeit zu 1.Petr 2 macht zugleich den gravierenden Unterschied deutlich: In Qumran kommt diese fundamentale Funktion Institutionen zu, die für die Gewährleistung der göttlichen Wahrheit mit all ihren Folgen wie Recht und Gerechtigkeit, Treue, Liebe usw. sorgen. Im 1.Petrusbrief ist all dies personalisiert und gebündelt auf Jesus übertragen: Er ist der Eckstein, auf den alles gegründet ist.

---

[44] Johann Maier, Aktuelle Probleme der Qumranforschung; in: Bulletin der Schweizerischen Gesellschaft für Judaistische Forschung, Nr. 3 (1994), S. 24 ff., weist darauf hin, daß das Verb *darasch* nicht so sehr die Auslegung als die verbindliche Weisung meine (darin verwandt mit *jarah*: „Das Verbum JRH im Hif'il (le-hôrôt) ist ein Synonym für das Verb DRSH, soweit dieses Torah zum Objekt hat" [S. 26]), so daß sich die entsprechenden Regelungen auf den „Torah-Erteiler" *(Dôresh hat-Tôrah)* und den „Rechts-Anweiser" *(Môreh ha-cädäq)* beziehen, also autoritative Lehrweisungsbefugte.
[45] 1 QS VIII,1 f. (eigene Übersetzung); vgl. Lohse, a.a.O., S. 28
[46] Wörtlich: ein heiliges Haus; der Kontext zeigt jedoch eindeutig, daß hier an den Tempel bzw. an eine Einrichtung als Ersatz für den Jerusalemer Tempel gedacht ist.
[47] Das Wort *sod* bedeutet eigentlich Geheimnis. Es wird in den Qumran-Texten oft im Sinn von Geheimbund, Verschwörung, aber auch positiv als heiliges Bündnis der Wahrheit verwendet.
[48] Das hebräische Wort *jaqar* bedeutet eigentlich „selten, rar". Es liegt die Vorstellung zugrunde, daß man nach einer solchen Sache lange suchen muß (=ausgesucht).
[49] 1 QS VIII,4-7 (eigene Übersetzung); vgl. Lohse, a.a.O., S. 28
[50] 1 QH VI,26 ist von erprobten Steinen die Rede.

3.2 Der Jerusalemer Tempel oder die Gemeinde als Heiligtum Gottes?

Mit dem Ausdruck *bet qodäsch lejisrael,* „heiliges Haus für Israel", einem Begriff, der wohl aus der Tempeltradition stammt,[51] wird in 1 QS VIII,5 dem Rat der Gemeinde in Abgrenzung zur Tempelpriesterschaft in Jerusalem die Rolle des Tempels zugesprochen. Damit legen sich mehrere Möglichkeiten für den Vollzug des Kults nahe: *entweder* die in der Tora gebotenen Opfer mit eigenen Priestern am Jerusalemer Tempel darzubringen,[52] *oder* ersatzweise in Qumran, wofür es aber keinerlei archäologische Anhaltspunkte gibt, *oder* eine spirituelle Form des Opfers zu praktizieren - etwa in Form von Lobgesängen.

Für diese letzte Möglichkeit spricht ein Passus in Kolumne IX der Gemeinderegel, der hier ausführlicher zitiert werden soll, weil er hinsichtlich des Begriffs „Haus" fast dasselbe Vokabular wie 1 QS VIII,5 enthält, aber deutlichere Ausführungen macht. „Wenn dieses in Israel entsprechend all diesen Festsetzungen zur Grundlage des heiligen Geistes zur ewigen Wahrheit geworden, wenn die Schuld des Verbrechens und die Übertretung der Sünde gesühnt und das Land versöhnt sein wird, dann werden die *Opfergaben der Lippen* Recht sein wie gerechte Rauchopfer, und *Geradlinigkeit* wird zum freiwilligen *Opfer des Wohlgefallens*, mehr als das Fleisch der Ganzopfer und das Fett der Brandopfer. In jener Zeit sollen die Leute der Gemeinde ein Heiligtum für Aaron aussondern, um als Allerheiligstes vereint zu sein, und ein Haus der Gemeinde für Israel für die, die in Geradheit gehen."[53]

Die Terminologie der Gemeinderegel stimmt zwar nicht mit 1.Petr 2 überein, aber sie ist einem vergleichbaren Bildfeld entnommen. Die „heilige Priesterschaft" und das „geistliche Haus" (1.Petr 2,5) sind durchaus mit dem „heiligen Haus für Israel" (1 QS VIII,5) und dem „Allerheigsten", dem „Haus der Gemeinde für Israel" (1 QS IX,6) vergleichbar. Und die „geistli-

---

[51] Ps 93,5 wird der Tempel als „dein Haus, geziemend heilig" bezeichnet. Zur Bedeutung des Begriffs „Haus" als Tempel vgl. H.A. Hoffner in: G.J. Botterweck/H. Ringgren, Theologisches Wörterbuch zum Alten Testament, Bd I, Stuttgart 1973, Sp. 633 ff.

[52] Dagegen spricht eine Bestimmung der Damaskusschrift: „Und alle, die in den Bund gebracht wurden, sollen nicht in das Heiligtum eintreten, vergeblich auf seinem Altar anzuzünden" (CD VI,11 f.; eigene Übersetzung). Vgl. Maaß, a.a.O., S. 81

[53] 1 QS IX,3-6, Übersetzung: Michael Krupp, Qumran-Texte zum Streit um Jesus und das Urchristentum, Gütersloh 1993, S. 58 (Hervorhebungen von mir). Krupp merkt ebd. (Anm. 87) an: „Gesang und Gebet (Opfergaben der Lippen) sowie Geradlinigkeit werden am Ende der Tage die rituellen Opfer des Tempels übertreffen oder ablösen." Es ist jedoch davon auszugehen, daß dies bereits in der Qumran-Gemeinschaft praktiziert wurde, die sich „am Ende der Tage" fühlte (vgl. z.B. 1QSa I,1; 1 QpHab II,5 f.; IX,6; 4 QFl I,2.12.15.19; CD IV,4; VI,11 u.v.a.m.).

chen Opfer" (1.Petr 2,5) entsprechen den spiritualisierten Opfergaben und Kulthandlungen von 1 QS IX,5.

Dennoch ist ein direkter Zusammenhang im Sinn von literarischer oder traditionsgeschichtlicher Abhängigkeit zu bestreiten, nicht nur wegen der unterschiedlichen Terminologie, sondern auch wegen der je anderen inhaltlichen Füllung. Nach dem 1.Petrusbrief bekleiden alle Gemeindeglieder den Rang königlicher Priester, Qumran ist auf eine strenge Einhaltung der Rangordnung bedacht. Der Rat der Gemeinde ist der kostbare Eckstein, indem er den Bund der Gerechtigkeit aufrichtet.[54] Der Eckstein wird dagegen im 1.Petrusbrief allein durch Christus repräsentiert. Auch das Bild von den Steinen, die sich zu einem Bau zusammenfügen, findet sich nicht in Qumran. So wird deutlich, daß dieselbe Metaphorik unterschiedliche Ausgestaltungen erfahren hat, bedingt durch das unterschiedliche Selbstverständnis der jeweiligen Gemeinschaft. Diese Unterschiede dürfen nicht verwischt werden, wenn es um eine klare Erfassung der Sachverhalte gehen soll.

Vom Tempel in Jerusalem ist in den Qumran-Texten vielfach die Rede. Dafür steht der Begriff *miqdasch*, Heiligtum. Die Texte machen allerdings die Distanz der Gemeinschaft von diesem gegenwärtigen Tempel deutlich. Da ist sowohl in beschreibenden als auch in allegorisch deutenden Texten von ritueller Verunreinigung des Heiligtums die Rede.[55] Mit der „Stadt des Heiligtums" ist offensichtlich Jerusalem gemeint.[56] Sie darf nicht verunreinigt werden.[57] Dies ist aber aus der Sicht der Qumran-Gemeinschaft in der Gegenwart der Fall; deshalb hat man sich von diesem Heiligtum distanziert. „Heiligtum" als Bezeichnung für die Qumran-Gemeinschaft ist nicht nachweisbar. Dies unterstreicht den bereits erhobenen Befund.

3.3 Heilige Pflanzung und Priesterschaft Gottes

Wie unterschiedlich Kombinationen von Traditionselementen aufgegriffen und fortgeführt werden können, zeigt sich am Beispiel von Jes 61,1-7. In einem großartigen Zukunftsbild wird den Gefangenen das Heil angekündigt. Dabei werden sie als „Priester des HERRN" bezeichnet (V. 6) und als „Pflanzung des HERRN" (V. 3).

In der christlichen Tradition wurde der Gedanke der königlichen Priesterschaft der Gemeinde aufgenommen und fortgeführt, und zwar im Sinne einer Enterbung des jüdischen Volkes.

---

[54] 1 QS VIII,7 ff.
[55] Z.B. CD IV,18; V,6; XX,23; 1 QpHab XII,9; vgl. auch Maaß, a.a.O., S. 156 ff.
[56] 11 QT 45,12.17
[57] CD XII,1.2;

Der Gedanke an ein Priestertum der gesamten Gemeinschaft konnte in Qumran nicht aufkommen. Dies lag an der streng hierarchischen Gliederung[58] unter zadoqitisch-priesterlicher Leitung,[59] der sogar der Messias untergeordnet war.[60] Statt dessen erlangte ein anderer Gedanke aus Jes 61 in Qumran Bedeutung, das Stichwort „Pflanzung".

In der Gemeinderegel ist in Bezug auf den Rat der Gemeinde und in Verbindung mit den Begriffen „heiliges Haus für Israel" und „heiliges Bündnis für Aaron" von einer „ewigen Pflanzung" die Rede.[61] In dem großen Lobpreis Gottes am Ende dieser Schrift heißt es im Blick auf die Wohnstätte der Heiligkeit Gottes: „Welche Gott erwählt hat, denen hat er sie zum ewigen Besitz gegeben und Erbrecht am Los der Heiligen, und mit den Söhnen des Himmels hat er ihr Bündnis vereinigt zum Rat ihrer Gemeinschaft und zum Bündnis des heiligen Hauses, zur ewigen Pflanzung bis zum Ende der Geschichte."[62]

Die Damaskusschrift kennt eine „Wurzel der Pflanzung" aus Aaron.[63] Damit scheinen die Anfänge der Gemeinschaft gemeint zu sein, ehe der „Lehrer der Gerechtigkeit" die Führung übernahm.[64]

Gehäuft findet sich der Begriff „Pflanzung" in den Lobliedern (1QH). Wie schon in dem Lobpreis am Ende der Gemeinderegel (1 QS) ist hier von den Männern des Rates die Rede, die am Los der Himmlischen Anteil haben.[65] Diese werden hier mit demselben Ausdruck bezeichnet, wie der Offenbarungsmittler im Jubiläenbuch: *Engel des Angesichts*.[66] Dies ist nicht verwunderlich, da das Jubiläenbuch zu den in Qumran gefundenen Schriften gehört. In dem leider an dieser Stelle nicht sehr gut erhaltenen Text ist von Fürsten und einer ewigen Pflanzung die Rede.[67]

Am Anfang der achten Kolumne bringt ein Mitglied der Gemeinde seinen Lobpreis in der Metaphorik eines üppigen Gartens zum Ausdruck. Er vergleicht sein Befinden mit einem, der im trockenen Land an eine Quelle mit

---

[58] Zur Rangordnung bei den Mahlzeiten vgl. Maaß, a.a.O., S. 115 f.
[59] Z. B. 1 QS II,19; V,2.9; VI,3 f. u.v.a.m
[60] Vgl. 1 QSa II,11-22; vgl. Lohse, a.a.O., S. 50/51. Die häufig geäußerte Auffassung, es handle sich dabei um die Unterordnung des Messias des Volkes unter den Messias Aarons, kann ich nicht teilen. Vgl. Maaß, Qumran, S. 132.
[61] 1 QS VIII,5; vgl. Lohse, a.a.O., S. 28/29
[62] 1 QS XI,7-9; vgl. Lohse, a.a.O., S. 40 (eigene Übersetzung)
[63] CD I,7; vgl. Lohse, a.a.O., S. 66/67
[64] CD I,9 ff. werden sie mit Blinden verglichen, die zwanzig Jahre lang den Weg ertasteten, bis ihnen Gott den Lehrer der Gerechtigkeit erstehen ließ, „um sie auf dem Weg seines Herzens zu führen." Vgl. auch Maaß, a.a.O., S. 80
[65] 1 QH VI,13; vgl. Lohse, a.a.O., S. 134/135
[66] 1 QH VI,13 - Jub 2,1
[67] 1 QH VI,14 f.

Flüssen versetzt wurde.[68] Dort wachsen allerlei Bäume, sogar Bäume des Lebens: Wer die Bibel kennt, wird sofort erkennen, daß es sich nicht um irgendeinen Garten, sondern um den Garten Eden handelt. Diese Bäume treiben Sprosse zu einer „ewigen Pflanzung".[69] Ihre Wurzeln reichen bis zum „Lebenswasser".[70] Allerdings ist in diesem Lobpreis auch von Bäumen die Rede, die „in ihrer Pflanzung wachsen" und ihre Wurzeln nicht zum Wasser strecken.[71] „Aber der hei[li]ge Sproß treibt Blüten zur Pflanzung der Wahrheit, verborgen, nicht geachtet und nicht erkannt, sein geheimnisvolles Siegel."[72] Hier ist eindeutig eine Leidenssituation im Blick, wenn nicht Verfolgung, so doch wenigstens Verachtung oder Diskriminierung. Man könnte sogar erwägen, ob nicht der „Lehrer der Gerechtigkeit" selbst der Verfasser dieses Gebetes ist.

Insgesamt mutet dieser Lobpreis wie eine Paraphrase zu Jes 43 und 61 an, wo einerseits von der Bewässerung der Wüste, andererseits von der Pflanzung des HERRN die Rede ist. Doch würde die Annahme einer bewußten Auslegung sicher zu weit führen. Daß allerdings das Jesajabuch im allgemeinen und apokalyptisch-eschatologische Texte im besonderen im qumranischen Denken präsent waren, ist unbestreitbar. In der Gemeinderegel wird ausdrücklich Jes 40,3 zitiert.[73] In der Kriegsrolle ist sowohl von der Wüste der Völker als auch von der Wüste Jerusalems die Rede.[74] Während der erste Begriff offensichtlich als Chiffre für Gottes Gericht aus Hes 20,34 übernommen ist, scheint der zweite eine qumranische Bildung darzustellen, und zwar als Charakterisierung der Jerusalemer Verhältnisse zur Abfassungszeit der Kriegsrolle. In jedem Fall charakterisiert die Pflanzung im trockenen Land das Selbstverständnis der Qumran-Gemeinschaft im Unterschied zu denen, die sich zur Priesterschaft von Jerusalem halten.

Das Motiv der Pflanzung spielt als Selbstbezeichnung der Gemeinde im Neuen Testament keine Rolle. Nicht einmal das Weinberggleichnis (Mk 12,1 ff.) läßt einen solchen Bezug erkennen. Vielmehr läuft es in der uns

---

[68] Lohse, a.a.O., S. 143 übersetzt das Wort *netattani* (wörtlich: du hast mich gegeben) „du hast mich an einen Quellort von Bächen *versetzt.*" Klaus Berger, Psalmen aus Qumran, Stuttgart 1994, S. 134, übersetzt personalisiert: „du hast mich *bestellt* zum Ursprung vieler Bäche." Damit erhält die redende Person für andere eine soteriologische Funktion! Diese Übersetzung ist jedoch fraglich, da das folgende Wort „Quelle" im Hebräischen mit einem präpositionalen Präfix beginnt, das lokale Bedeutung besitzt und daher „an eine Quelle" übersetzt werden muß, nicht als Prädikativum wiedergegeben werden kann. Leider vermeidet Berger in seiner Übersetzung auch konsequent den offensichtlich geprägten Ausdruck „Pflanzung". Damit erreicht er eine gewisse zeitlose, über Qumran hinausreichende Allgemeingültigkeit, allerdings um den Preis theologischer Genauigkeit.

[69] 1 QH VIII,4-6
[70] Im Hebräischen ist dieser Begriff ein herrliches Wortspiel, *majim chajim*.
[71] 1 QH VIII,7-10
[72] 1 QH VIII,10 f.; Lohse, a.a.O., S. 143
[73] 1 QS VIII,13 f.
[74] 1 QM I,3

überlieferten Fassung auf ein christologisches Verständnis von Ps 118,22 f. hinaus, und berührt sich darin mit 1.Petr 2,7. Auch das Gleichnis vom Senfkorn, das wie 1 QH VIII,9 das Bild von den Zweigen für die Vögel verwendet, könnte allenfalls insofern Ausdruck für das Selbstverständnis der christlichen Gemeinde sein, als es sich auf den Kontrast zwischen gegenwärtiger Unscheinbarkeit und künftiger Bedeutung beziehen läßt. Der Gedanke an die Gemeinde als einer von Gott angelegten und garantierten Pflanzung spielt dabei allerdings keine Rolle.

4 *Ergebnis*

Das Motiv eines Volkes des Priestertums kommt sowohl im 1.Petrusbrief als auch in antiker jüdischer Literatur in Verbindung mit verschiedenen anderen Bildern und Motiven vor, die jeweils von der Trägergruppe auf sich bezogen werden zur Untermauerung ihres Anspruchs, die eigentlichen Träger der Verheißung zu sein.

Im rabbinischen Schrifttum wird die zugrundeliegende Verheißung für das ganze Volk Israel in Anspruch genommen, teilweise sogar als Auftrag an den anderen Völkern verstanden.

Dies gilt auch für das Jubiläenbuch. Ansonsten findet sich in den Qumran-Texten, wie es apokalyptischem Denken entspricht, ein elitäres Denken, und zwar in doppeltem Sinn:
a.   Das priesterliche Motiv ist für die priesterliche Leitung der Gemeinschaft vorbehalten. Deshalb fehlt auch der Begriff „Königreich von Priestern".
b.   Die göttliche Verheißung ist der als Heiligtum, Pflanzung u.ä. verstandenen Gemeinschaft vorbehalten und gilt nicht mehr für das ganze Volk Israel.

Einen Schritt darüber hinaus geht die christliche Gemeinde in der Generation des 1.Petrusbriefs. Sie bezieht die Israel geltenden Bezeichnungen und die an Israel gerichteten Verheißungen ausschließlich auf sich und empfindet noch nicht einmal wie vorangehende Generationen das Bedürfnis zu begründen, warum diese Verheißungen *auch* (oder auf einer weiteren Stufe der Israel-Entfremdung *nur noch*) der christlichen Gemeinde gelten. Diese Selbsteinschätzung ist mittlerweile zur Selbstverständlichkeit geworden. Israel ist in dieser Generation keiner Frage mehr wert.

Allen Menschen im Wege?

Vom Interesse an der Beteiligung von Juden am Tode Jesu[1]

1 Ausfälligkeiten eines aufgebrachten Missionars?

Es läßt sich nicht leugnen: Die älteste christliche Schrift, die uns überhaupt erhalten geblieben ist, enthält den Vorwurf gegenüber den Juden: „Die haben den Herrn Jesus getötet",[2] so jedenfalls die Lutherübersetzung 1984. Diese Wiedergabe ist eigenwillig, um nicht zu sagen: böswillig. Denn im griechischen Text steht das Verb als Partizip in einer Reihe mit anderen Partizipien. Dagegen erhält diese Aussage durch die Wiedergabe des Verbs im Indikativ in einem neu einsetzenden Satz ein Gewicht, das ihr bei Paulus nicht zukommt.[3]

Für die Wertung dieser Aussage ist der Zusammenhang wichtig, in dem sie bei Paulus steht. Paulus tröstet die Gemeinde in Thessaloniki, weil sie wegen ihres Glaubens offensichtlich leiden muß, und zwar von ihren Mitbewohnern. Worin dieses Leiden besteht und vordergründig begründet ist, wird nicht erkennbar. Seinen tieferen Grund hat es für Paulus allerdings in der Tatsache, daß dies ein Kennzeichen der Gemeinden Gottes ist. Vielleicht denkt Paulus dabei an eine Schicksalsgemeinschaft mit Jesus. Jedenfalls handelt es sich um ein Vorgehen der eigenen Stammesverwandten[4] gegen die Gemeinde.[5] Darin erleben sie dasselbe wie die Gemeinden in Judäa „von den Judäern, die auch den Herrn getötet haben, Jesus, und die Propheten und uns verfolgten und Gott nicht gefallen und allen Menschen entgegengesetzt sind und uns hindern, zu den Völkern zu reden, damit diese gerettet werden".[6]

---

[1] Auf Hinweis eines Juristen auf einen Aufsatz von Gerhard Otte, Neues zum Prozeß gegen Jesus?, NJW 16/1992, S. 1019 - 1026, verfaßt im Oktober 1994.
[2] 1.Thess 2,15
[3] Auch Ulrich Wilckens, Das Neue Testament, Hamburg 1970, setzt mit dieser Aussage neu ein und verwendet durchweg Indikative. Dies macht die Sprache gefälliger und lesbarer, verschärft aber die Aussage zugleich.
Willi Marxsen, Der erste Brief an die Thessalonicher, ZBK NT 11.1, Zürich 1979, S. 42, verwendet zwar ebenfalls Verba finita, schließt aber diese Aussage wenigstens als Relativsatz an das Vorherige an und macht damit die Zuordnung deutlich.
[4] Es ist wichtig darauf zu achten, daß Paulus hier anders als die schematisierte Darstellung der Apostelgeschichte nicht von einer Verfolgung durch die jeweiligen Juden der betreffenden Städte spricht, sondern von der Verfolgung durch „Stammesverwandte". Nur unter diesem Gesichtspunkt kommt er auf „Juden" im Zusammenhang mit den Gemeinden in Judäa zu sprechen. Man müßte also „Judäer" übersetzen.
[5] Vgl. auch Marxsen, a.a.O., S. 49
[6] 1.Thess 2,14-16

Daß Paulus hier Gedanken aufnimmt, die schon in späten Teilen der Hebräischen Bibel bekannt sind,[7] ist seit langem bekannt.[8] Auch Motive geläufiger, heidnisch-antiker Judenfeindlichkeit sind zu entdecken. „Wahrscheinlich zitiert Paulus hier eine Parole, die aus dem zeitgenössischen Antisemitismus stammt ... Paulus benutzt diese Parole nun aber gerade nicht antisemitisch, wie der Kontext deutlich zeigt."[9] Ob und inwieweit Paulus selbst diese übernommene Parole umgestaltet hat, ist nicht eindeutig auszumachen. Nicht einmal die Formulierung, „sie verfolgten uns", muß auf ihn selbst zurückgehen. Sie könnte sogar aus dem Erfahrungsbereich der Gemeinden stammen, die er selbst einst verfolgte.[10] Jedenfalls wirkt die Erwähnung des Namens „Jesus" sprachlich als Nachklapp, zumal Jesus mit dem Begriff „Herr" bereits gemeint ist.

Man wird auch die richtige Übersetzung des Adjektivs *'enantíon* bedenken müssen. Üblich ist das misanthropische Verständnis im Sinne von „feind", „feindselig".[11] Selbst Ekkehard Stegemann unterstellt diese Bedeutung.[12] Wilckens geht noch darüber hinaus, indem er die Übersetzung „sind allen Menschen zuwider" bevorzugt.[13] Noch judenfeindlicher klingt die Formulierung der katholischen Einheitsübersetzung von 1979, die von Feinden aller Menschen spricht. Vielleicht hat Pfäfflin etwas Richtiges geahnt, als er sich für die Wendung entschied, „die allen Menschen im Wege stehen".[14] Denn Paulus meint wohl weder eine feindselige Einstellung der Juden gegenüber der übrigen Menschheit noch einen abstoßenden Eindruck auf dieselbe, sondern die Andersartigkeit, den Gegensatz zu allen anderen Menschen aufgrund ihrer Toratreue, ihres Monotheismus, ihrer bildlosen Gottesverehrung und ihrer Ausgrenzung aus der übrigen Gesellschaft durch Sabbat-, Reinheits- und Speisevorschriften.[15] Daß dies auch Spott und Haß erzeugte, ist bekannt, muß aber nicht zwangsläufig als Bedeutung von *'enantíon* angenommen werden. Sie sind darin der Gesellschaft „entgegengesetzt" und oft auch im Wege - als lebendiger Hinweis auf den lebendigen Gott.

---

[7] Z.B. Neh 9,26; 2.Chr 36,14-16

[8] Vgl. Odil Hannes Steck, Israel und das gewaltsame Geschick der Propheten, Neukirchen 1967, S. 274 ff.

[9] Marxsen, a.a.O., S. 49. Zur heidnischen Judenfeindschaft vgl. Hans-Peter Stähli, Judenfeindschaft; in: Wort und Dienst, Bethel 1987, insbes. S. 141 ff

[10] Vgl. Gal 1,23. Überhaupt ist anzunehmen, daß Paulus mit diesem schematisierten Vorwurf ein Stück autobiographische Vergangenheitsbewältigung betreibt, indem er den Juden in Judäa vorwirft, was einst sein eigenes Motiv bei der Verfolgung christlicher Gemeinden war, „zu verhindern daß zu den Völkern geredet wird, um sie retten."

[11] Z.B. Luther, Jerusalemer Bibel, Zürcher Bibel, Revidierte Elberfelder Bibel (1987), Marxsen.

[12] Ekkehard Stegemann, Zur antijüdischen Polemik in 1Thess 2,14-16; in: Kirche und Israel, 5. Jg., Heft 1/1990, S. 61

[13] Wilckens, a.a.O., S. 727

[14] Friedrich Pfäfflin, Das Neue Testament in der Sprache von heute, Heilbronn/Stuttgart 1949, S. 469

[15] Vgl. W. Holsten, Antisemitismus; in: RGG Bd 1, 3. Aufl., Tübingen 1957, Sp. 457, 2 a

2 Unwiderlegbarkeit des Tötungsvorwurfs?

2.1 Paulus als Kronzeuge?

Der Jurist Prof. Dr. Gerhard Otte, Bielefeld, hat sich in seinem bereits erwähnten Artikel mit den Argumenten gegen eine jüdische Beteiligung am Prozeß gegen Jesus auseinandergesetzt und dabei bezüglich der Wirkungsgeschichte des frühchristlichen Vorwurfs gegen die Juden die These aufgestellt: „Ihre Aufarbeitung darf nicht in der Weise erfolgen, daß man an die Stelle der Passionsberichte weniger glaubhafte Hypothesen und Konstrukte setzt."[16]

Er setzt sich dabei vor allem mit seinem Freiburger Kollegen Weddig Fricke auseinander.[17] „*Fricke*, der zum Ergebnis kommt, daß Juden mit dem Tod Jesu überhaupt nichts zu tun gehabt hätten, vermag auch nicht zu erklären, wie die schon bei Paulus und dann in den Evangelien und der Apostelgeschichte zu lesende gegenteilige Version überhaupt entstehen konnte. Sie müßte dann nicht nur als gefärbt und übersteigert, sondern als frei erfunden bezeichnet werden. Wieso wurde sie dann nicht schon vom rabbinischen Judentum als gegenstandslos zurückgewiesen?"[18]

Der paulinischen Behauptung 1.Thess 2,15 kommt also bei den Verfechtern einer (Mit-) Schuld am Tod Jesu eine große Bedeutung zu. Daß derselbe Paulus theologische Aussagen über den Tod Jesu verwendet, die von der Frage nach der menschlichen Beteiligung an seiner Hinrichtung und den damit verbundenen Schuldzuweisungen geflissentlich absehen, wird dabei völlig übersehen.

2.2 Tod zugunsten anderer

Für das Verständnis des Todes Jesu bei Paulus seien nur drei besonders bekannte Aussagen herausgegriffen und erläutert:

1.Kor 15,3 zitiert Paulus ein Bekenntnis, demzufolge „Christus starb für unsere Sünden gemäß der Schrift". Im Zusammenhang dieser Abhandlung kann nicht untersucht werden, was der Sinn dieser Aussage ist. Nur auf *einen* Gesichtspunkt kommt es hier an: Als handelndes oder verursachendes Subjekt kommt bei einer Aussage dieser Struktur niemand in Frage, der persönlich etwas gegen den Getöteten hat, sondern entweder jemand,

---

[16] Otte, a.a.O., S. 1026
[17] Vgl. Weddig Fricke, Standrechtlich gekreuzigt, Buchschlag 1986; überarbeitete Aufl. (rororo Sachbuch 8476), Reinbeck 1988
[18] Otte, a.a.O., S. 1024

der etwas gegen die hat, denen der Tod des Getöteten zugute kommt, oder der Getötete selbst als sich Aufopfernder.

Damit ergibt sich als Todesursache nur *eine historische Möglichkeit*, nämlich ein Denken oder Verhalten der *Nutznießer*, das für die Machtausübenden als Vergehen erscheint, jedoch *nicht* ein Schuldvorwurf gegen den Getöteten selbst. Als entsprechender Tatbestand könnten etwa heilsgeschichtlich-politische Hoffnungen des jüdischen Volkes in Frage kommen, die auf Jesus übertragen und von den Römern als Gefahr angesehen wurden. Ottes Konstruktion, wie die Anklage gegen Jesus zu erklären sei, klingt dagegen gekünstelt und kann sich in der entscheidenden Annahme auf keinerlei Anhaltspunkte berufen: „Unabhängig davon, ob er sich selbst den Titel eines Messias beigelegt hat, ist davon auszugehen, daß Anhänger ihn als Messias verstanden, der Israel befreien würde, und daß Gegner ihm die Anmaßung dieses Titels vorwarfen. Dem Prokurator, der doch wohl kein Aramäisch verstand, mußte der Titel übersetzt werden. Die wörtliche Übersetzung »christós« (»der Gesalbte«) wäre für ihn kaum informativ gewesen; anders die inhaltliche Umschreibung durch »basileús« (»König«)".[19] Richtig ist an dieser Sicht, daß sie von einer *Erwartung der Anhänger* Jesu ausgeht, die Pilatus zum Eingreifen zwingt. Die ominösen Zwischenträger zerstören diese Struktur jedoch und tragen wieder das Moment der Feindschaft jüdischer Instanzen gegen Jesus ein. Nimmt man dagegen ernst, daß Jesus *zugunsten anderer* starb, bleibt nur das Interesse der römischen Militärmacht an seinem Tod als Motiv übrig.[20]

Theologisch könnte Gott als Empfänger eines stellvertretenden Handelns für schuldig Gewordene in Frage kommen;[21] aber es ist höchst zweifelhaft, ob eine solche Vorstellung mit dem sonstigen paulinischen Gottesverständ-

---

[19] Otte, a.a.O., S. 1024

[20] Im übrigen ist der der Titel „König der Juden" alles andere als eine „inhaltliche Umschreibung" des Messiastitels. Es handelt sich vielmehr um eine politisch höchst brisante Bezeichnung mit revolutionärem Charakter, seit der letzte, der diesen Titel trug, der Herodessohn Archelaos, im Jahr 6 unserer Zeitrechnung durch einen römischen Präfekten ersetzt wurde. Allenfalls wäre die Bezeichnung „König Israels" eine vertretene Wiedergabe des Messiastitels.

[21] Die Formulierung „für unsere Sünden entsprechend der Schrift" geht wohl auf Jes 53 zurück. Es empfiehlt sich daher zu fragen, was dort mit Freveln und Verschuldungen gemeint ist. Ein Beispiel jüdischer Auseinandersetzung mit diesem Text bietet Roland Gradwohl, Bibelauslegungen aus jüdischen Quellen, Bd 4, Stuttgart 1989, S. 271. Er kann keine rabbinischen Belege zur Stelle anführen und beruft sich daher auf eine Auslegung zu Ps 69. Daraus folgert er, in Jes 53,4 f. sei von einer *Zufügung* körperlicher Schädigungen durch die sich schuldig Bekennenden die Rede, nicht von einer Übertragung im Sinne einer *Stellvertretung*. „Wir - und nur wir - haben ihn verletzt und unterdrückt und sein Leid verschuldet." Als Ursache dafür sieht er den Irrtum an, der Gottesknecht sei von Gott gestraft, so daß man im Sinne Gottes handle, wenn man ihn mißhandelt.
Daß Jes 53 im Talmud ganz anders als in christlicher Tradition verstanden wird, zeigt Ber 5 a. Dort wird das Leiden in Verbindung mit Prov 3,12 als Zeichen der Liebe Gottes gedeutet.

nis in Einklang zu bringen ist.²² Es muß daher Gott als logisches Subjekt gedacht werden oder Menschen, die das Geschick Jesu verursachten, ohne ihn aber damit Gott als Opfer darzubringen. Wie dies vorzustellen ist, muß an anderen paulinischen Aussagen überprüft werden.

Röm 8,32 wird die schonungslose Hingabe seines Sohnes als Nachweis verstanden, daß Gott für uns ist. Dies ist eine Vorstellung, die Gott als Empfänger einer Sühneleistung ausschließt.²³ Auch hier ist keine menschliche Instanz im Blick, die etwas gegen Jesus hätte, da die Nutznießer die Angeredeten sind. Menschliche Entscheidungsträger kämen also nur insoweit in Betracht, als sie mit dem Tod Jesu die Hoffnung anderer auf Gott zerstören wollten, gerade damit aber seine Treue zu den Menschen, die ihm vertrauen, unter Beweis stellten.

Sowohl historisch als auch theologisch ist eine solche Vorstellung bei jüdischen Instanzen weder belegbar noch vorstellbar. Wohl aber kann eine gezielte römische Maßnahme gegen einen Boten der Herrschaft Gottes in diesem Sinne verstanden werden.

Phil 2,8 wird der Tod Jesu am Kreuz als Ausdruck seiner Bereitschaft zum vorbehaltlosen Menschsein, d.h. als Ausdruck seines Gehorsams gegen Gott verstanden. Hier wird die Frage, wer ein Interesse an seinem Tod gehabt haben könnte, völlig ausgeblendet.

Gegen eine solche Deutung des Todes Jesu brauchte sich das rabbinische Judentum nicht zu verteidigen. Sie enthielt keine Angriffe gegen irgendwelche jüdischen Instanzen oder Personen.

3 *Ihr habt den Heiligen und Gerechten verleugnet*

Diese Formulierung aus Apg 3,14 bringt eine neue Nuance in das Gespräch. Sie muß später noch einmal aufgegriffen und genauer untersucht werden, bringt aber zunächst einmal den Gesichtspunkt der *Schuld durch Verleugnung* ins Spiel.²⁴

---

[22] Diese Überlegung gilt erst recht auf der vorpaulinischen Überlieferungsstufe. Die Vorstellung, daß Gott ein Menschenleben dargebracht werden könnte, ist jüdischem Denken seit Gen 22 unvorstellbar.
[23] Ähnlich argumentiert Paulus auch 2.Kor 5,18 ff.
[24] Daß dieser Vorwurf im Zusammenhang mit dem Tod Jesu von Belang ist, läßt sich auch daran erkennen, daß er sogar gegen Simon Petrus erhoben wird. Diese Verleugnung wird nicht nur berichtet (Mk 14,54.66 ff.), sondern durch Jesus vorausgesagt (V. 26 ff.). Inwieweit die dreimalige Beauftragung (Joh 21,15 ff.) ausdrücklich auf die dreimalige Verleugnung (Joh 18,16-18.25-27) bezogen ist, kann hier offenbleiben.

3.1 Wer nicht mit mir ist, ist gegen mich

Die Jesusüberlieferung hat zwei gegensätzlich klingende Aussagen weitergegeben:

Mk 9,40 vertreten die Jünger eine monopolistische Haltung gegenüber einem Menschen, der Heilungstaten im Namen Jesu vollbringt, ohne zu ihrem Kreis zu gehören. Ihnen wird entgegengehalten: „Wer nicht gegen uns ist, der ist für uns." Das Problem, um das es hier geht, ist ein ausgesprochen gruppenspezifisches:[25] Kann es außerhalb der offiziell konstituierten Jesusgemeinde legitime Jesusanhängerschaft geben? Die Frage wird hier eindeutig bejaht. Die spätere Entwicklung der Kirche ging in eine andere Richtung: „Außerhalb der Kirche gibt es kein Heil", lautete seit Cyprian die Überzeugung.[26]

Mt 12,30 steht hierzu nicht im Widerspruch, wenn man sowohl die Sprachform als auch den überlieferten Kontext ernst nimmt. Hier ist nicht von Leuten die Rede, die sich auf Jesus berufen, sondern im jetzigen Kontext von solchen, die ihm seine Vollmacht bestreiten. Sie gehören nicht wie jener „fremde Exorzist" in Mk 9 zu denen, die mit Jesus sympathisieren, auch wenn sie sich nicht seiner engeren Anhängerschaft anschließen. Die singularische Form zeigt außerdem, daß es hier um die Beziehung zu Jesus geht, nicht um die zu seinen Anhängern. Hier gilt: „Wer nicht für mich ist, der ist gegen mich; und wer nicht mit mir sammelt, der zerstreut."[27]

Fazit: Die Jesustradition vertritt zwar keinen Gruppenzwang für Nachfolger Jesu, setzt aber ein Nichteintreten für Jesus mit faktischer Gegnerschaft gleich.

3.2 Bekennen und schämen

Bedenkt man außerdem, welche Rolle dem Bekennen oder Verleugnen Jesu bzw. seiner Botschaft in den Evangelien zukommt,[28] wird deutlich,

---

[25] Daß nicht das Verhältnis zu Jesus, sondern zur Jüngerschaft zur Debatte steht, geht auch aus dem Plural „uns" hervor.
[26] Vgl. Friedrich Loofs, [Hrsg.] Kurt Aland, Leitfaden zum Studium der Dogmengeschichte, Bd 1, 5. Aufl., Halle 1951, S. 164.
In seiner Schrift, „Über die Einheit der katholischen Kirche", behauptet Cyprian, niemand könne Gott „zum Vater haben, der die Kirche nicht zur Mutter hat." Vgl. [Hrsg.] Kurt Dietrich Schmidt, Quellen zur Konfessionskunde, Lüneburg 1954-1957, S. 286
[27] Dieser Vers läßt sich nur dann im Sinne Cyprians als Beleg für die Zugehörigkeit zur Kirche verwenden, wenn man Christus und die Kirche im Grunde gleichsetzt.
[28] Vgl. z.B. Mt 10,32 f. Par.

wie sehr die frühe Gemeinde darauf achtete, inwieweit sich jemand nach außen für Jesus erklärte.

Mt 10,32 f. stellt mit Sicherheit die formal und inhaltlich am weitesten entwickelte Form dieser Tradition dar, da hier 1. völlige *Parallelität* zwischen den positiven und negativen Aussagen herrscht, d.h. zwischen bekennen bzw. verleugnen vor den Menschen bzw. vor Gott, 2. *Jesus* in der Rolle des Anwalts im Endgericht gesehen wird, und zwar in Form einer direkten Aussage, nicht wie sonst in verhüllender Rede vom Menschensohn.

Am aufschlußreichsten und ursprünglichsten ist wahrscheinlich ein Satz, der nicht vom dezidierten Bekennen, sondern umgekehrt vom Schämen spricht: „Wer sich meiner und meiner Worte schämt in dieser ehebrecherischen und sündigen Gesellschaft,[29] dessen wird sich auch der Menschensohn schämen, wenn er kommen wird in der Herrlichkeit seines Vaters mit den heiligen Engeln."[30]

Auch hier verdient der Kontext Beachtung: Wenige Verse vor diesem Spruch steht im Markusevangelium wohl nicht zufällig die erste Leidensansage. Sie ist hauptsächlich im Blick auf ihre Charakterisierung des Verhaltens der religiösen Führer Israels bemerkenswert.

3.3 *Distanziert - ausgeliefert - getötet?*

Mk 8,31 ist vor allem im Vergleich mit Mt 16,21 aufschlußreich. Mk und Lk verwenden zur Kennzeichnung des Geschickes Jesu vier Verben: leiden, „verworfen" werden, getötet werden, auferstehen bzw. auferweckt werden. Nur bei dem zweiten Verb wird ein Subjekt der Handlung genannt: „von den Ältesten und den Hohepriestern und den Schriftgelehrten". Gerade die fast überladen wirkende Aufzählung, die das religiöse Establishment umreißt, unterstreicht, daß sich deren Verantwortung nur auf diesen Punkt bezieht,[31] dessen Bedeutung noch genauer erfaßt werden muß. Bemerkenswert ist außerdem, daß die Pharisäer bei dieser Aufzählung ebensowenig genannt werden, wie überhaupt in der Passionsgeschichte des Markus.

Mt läßt den Gesichtspunkt der Verwerfung Jesu weg, zählt aber dieselben religiösen Instanzen auf wie Mk und Lk. Durch den Wegfall des zweiten Verbs rücken diese jedoch unmittelbar an das Verb „leiden" heran, so daß

---

[29] Die Bezeichnung der Gesellschaft als ehebrecherisch könnte auf die Verhältnisse in der herodianischen Familie verweisen; die Kritik daran kostete Johannes d. T. das Leben. Zur Bewertung der Mehrfach-Ehe in Qumran vgl. Hans Maaß, Qumran, Texte kontra Phantasien, Stuttgart/Karlsruhe 1994, S. 158 f.
[30] Mk 8,38
[31] Wilckens, a.a.O., S. 160, bezieht allerdings unverständlicherweise die Aussage über das Töten ebenfalls auf die religiösen Führer und verfälscht damit den Text.

der Satz bei ihm lautet: „...(er) muß viel leiden von den Ältesten und Hohenpriestern und Schriftgelehrten und getötet werden ...". Das religiöse Establishment ist jetzt für das „viel leiden" verantwortlich. Dies ist eine deutliche Akzentverschiebung, eigentlich sogar eine veränderte inhaltliche Aussage.

Was bedeutet das Wort *apodokimázein,* das wir mit „verworfen werden" übersetzt haben? Die tragfähigste Grundbedeutung ist „distanzieren", „für unbrauchbar und unnötig erklären". In diesem Sinn wird es im Neuen Testament an verschiedenen Stellen im Anschluß an Ps 118,22 verwendet, wenn dieser Vers zitiert wird.[32] Im außerbiblischen Griechisch wird das Verb für eine Mißbilligung ebenso verwendet wie für eine Zurücksetzung bei der Vergabe von Ämtern und Ehren.[33]

Geht man von dieser Wortbedeutung aus, so kann man in dieser Aussage innerhalb der 1. Leidensansage allenfalls eine Mißbilligung Jesu durch die religiösen Instanzen sehen, vielleicht sogar nur eine Lossagung.[34] Worin der Grund dafür zu suchen sein könnte, muß anschließend bedacht werden. Erst die dritte Leidensansage (Mk 10,33) spricht von einem Todesurteil durch die Hohenpriester und Schriftgelehrten und von der Auslieferung an die Heiden.

3.4 *Die Römer nehmen uns Land und Leute*

Die Antwort auf die Frage, warum sich das religiöse Establishment von Jesus distanzierte, steht noch aus. Das Markusevangelium sieht den Grund in Lehrstreitigkeiten und wirft den Pharisäern bereits in Mk 3,6 vor, daß sie ihn „verderben" wollten, weil er an einem Sabbat einen Mann mit einer steifen Hand geheilt hatte. Wie unpassend dieser Vorwurf gegenüber Pharisäern und ihren Sabbatregelungen ist, habe ich bereits früher nachgewiesen.[35] Eine solche Haltung würde viel eher zu den Sabbatvorschriften von Qumran passen,[36] so daß man durchaus überlegen kann, ob nicht manche Gesprächspartner Jesu, die in den Evangelien „Pharisäer" genannt werden, in Wirklichkeit Qumran-Anhänger waren.[37]

Daß solche Lehrstreitigkeiten nicht der Grund für eine Verurteilung Jesu durch den Hohen Rat waren, weiß Markus allerdings selbst; denn er bezeichnet in seiner Schilderung eines Verhörs Jesu vor dem Hohen Rat alle Zeugenaussagen als uneinheitlich und spitzt alles auf die Gottes-Sohn-Fra-

---

[32] Mt 21,42; Mk 12,10; Lk 20,17; 1.Petr 2,4.7; auch im außerkanonischen Barnabasbrief (6,4).
[33] Franz Passow, Handwörterbuch der griechischen Sprache, Bd. I, Leipzig 1841, unveränderte Neuauflage, Darmstadt 1983, S. 329
[34] Lk 17,25 ist die ganze Gesellschaft logisches Subjekt derselben Aussage.
[35] Hans Maaß, Rabbi, du hast recht geredet! in: entwurf 3/92, S. 26-28
[36] Vgl. Maaß, Qumran, S. 170 ff.
[37] Vgl. Maaß, Qumran, S. 167 ff.

ge zu.³⁸ Wie wenig ein solcher Prozeß sowohl grundsätzlich als auch in Bezug auf die geschilderten Einzelheiten historisch möglich ist, habe ich bereits vor Jahren ausführlich dargelegt.³⁹ Die Darstellung des Markus, der sich Matthäus, aber nicht Lukas angeschlossen hat, geht entweder auf Markus selbst oder eine bereits judenfeindlich-tendenziöse Vorlage zurück.

Das Johannesevangelium bietet für die Distanzierung des Hohen Rats von Jesus eine ganz andere Erklärung, die historisch vorstellbar ist und daher ernsthaft erwogen werden muß. Sie verdient deshalb gegenüber Mk die größere Beachtung; denn sie ist ebenfalls Bibeltext, und kann zudem historisch verifiziert werden.⁴⁰ Sie setzt sich daher nicht dem von Otte erhobenen Verdacht aus, Hypothesen und Konstrukte an die Stelle der Passionsberichte zu setzen.⁴¹ Gemeint ist Joh 11,47-52.⁴²

Eine unvoreingenommene Betrachtung dieses Abschnitts läßt mühelos eine Zweigliederung in Erzählung (V. 47-50) und Kommentierung (V. 51 f.) erkennen.⁴³

Der erzählende Teil setzt voraus, daß aufgrund der Auferweckung des Lazarus viele zum Glauben kamen (V. 45). Darauf bezieht sich die Überlegung des Hohen Rats, welche Konsequenzen daraus zu ziehen seien. Ausschlaggebend ist die Befürchtung, durch die Massenbewegung könnten die Römer zum Einschreiten gegen die Bevölkerung veranlaßt werden. Dabei wird offensichtlich vorausgesetzt, daß die römische Militärverwaltung Massenbewegungen als Gefahr für die eigene Machterhaltung ansieht und dagegen einschreitet.

In einem politisch-emotional angeheizten Klima kann es für verantwortlich handelnde Repräsentanten eines Volkes geboten sein, sich von einem „Volkshelden" zu distanzieren, der von der Besatzung als Gefahr angesehen wird, auch wenn alle Verdächtigungen unberechtigt sind. In diesem

---

[38] Mk 14,53-65
[39] Hans Maaß, Soll ich euren König kreuzigen? in: Gerhard Büttner/Hans Maaß [Hrsg.], Erziehen im Glauben, Festschrift der GEE Baden für Bernhard Maurer, Karlsruhe 1989, bes. S. 32 ff.
Außerdem: Hans Maaß, Durch die Hand der Heiden ans Kreuz geschlagen; in: A. Lohrbächer [Hrsg.], Was Christen vom Judentum lernen können, Freiburg 1993, S. 138
[40] Zur Frage der Gewichtung historischer Argumente gegenüber biblischen Aussagen und der Abwägung unterschiedlicher biblischer Aussagen gegeneinander vgl. Maaß, Durch die Hand ..., a.a.O., S. 139: „Es muß daher nach einer Möglichkeit gesucht werden, die Spannung zwischen historischem und neutestamentlichem Befund zu lösen, indem in den Evangelientexten selbst nach Indizien für die historisch wahrscheinliche Sicht gesucht wird."
[41] Otte, a.a.O., S. 1026
[42] Ausführliche Behandlung vgl. Maaß, Soll ich euren König...?, a.a.O., S. 30 f. sowie ders., Durch die Hand ..., a.a.O., S., 140.
[43] Vielfältige Praxiserprobungen belegen diese Behauptung. Sowohl Erwachsene als auch Jugendliche zeigen sich immer wieder auf Anhieb in der Lage, diese Gliederung zu erkennen.

Sinn ist der Rat des Kaiaphas (V. 50) zu verstehen. Diese Darstellung ist auch - unabhängig von der historisch zuverlässigen Schilderung der Einzelheiten - zeit- und rechtsgeschichtlich nachvollziehbar, vor allem aber auch im Rahmen jüdischen Denkens vorstellbar. Denn hier wird *kein theologisches* Interesse behauptet, sondern eine wie auch immer zu bewertende *staatsmännische* Verantwortung in Rechnung gestellt.[44]

Die Kommentierung ab V. 51 übt keinerlei Kritik an dem dargestellten Verhalten des Kaiaphas, sondern bescheinigt ihm sogar, daß er unwissentlich in seiner Funktion als Hoherpriester geweissagt, d.h. im Namen Gottes die Wahrheit gesagt habe. Das ursprünglich *politisch* begründete Motiv des Todes zugunsten anderer wird hier *theologisch* interpretiert und sogar auf den Teil der Heiden ausgeweitet, die durch die christliche Mission zum Glauben an den einen Gott geführt werden.

Überraschenderweise bestätigt diese Episode aus Joh 11 die Sicht der 1. Leidensansage (3.3), der Aussagen über das Bekennen bzw. Schämen (3.2) und über Haltung gegenüber Jesus (3.1)

3.5   Im Stich lassen bedeutet töten

Die bisherigen Überlegungen haben zu dem Ergebnis geführt, daß die früheste Anhängerschaft Jesu sich vielfältig mit dem Problem beschäftigt hat, warum im entscheidenden Augenblick zu wenige Menschen für Jesus eingetreten sind. Vor allem den religiösen Repräsentanten des Volkes hat man dies vorgeworfen. Ihnen mußte klar sein, daß ihre Distanzierung von Jesus und die Auslieferung an die Römer seinen sicheren Tod bedeuten

---

[44] Otte, a.a.O., S. 1023, bringt eine unnötige methodenkritische Wertung in die Diskussion, wenn er urteilt: „Unterstellt man die Anwendbarkeit des Rechts der Mischna schon zur Zeit Jesu ... muß man natürlich vorsichtig sein mit der Folgerung, es könne unmöglich so zugetragen haben. Ein Jurist wird diesen Schluß vom Sollen auf das (Nicht-)Sein jedenfalls nicht so schnell wagen, wie es Theologen offenbar tun." Dieser Vorwurf nimmt die Argumentation nur teilweise wahr. Auch ein Jurist wird in einem Strafprozeß allein aus der Tatsache, daß jemand als Täter nicht auszuschließen ist, (hoffentlich!) nicht zu einer Verurteilung kommen, ohne daß ein *Tatmotiv* zu erkennen ist. Genau darum geht es aber in der Diskussion um die Historizität der Verhandlung vor dem Hohen Rat in der Mk/Mt-Version. Nicht nur die talmudischen Prozeßvorschriften, nicht nur die Undenkbarkeit, daß ein solcher Prozeß ausgerechnet in der Pessach-Nacht, also am Sederabend stattgefunden haben sollte, sondern die Tatsache, daß es unter den von Mk genannten Beschuldigungen einschließlich dem angeblichen Verurteilungsgrund kein Motiv gibt, das man jüdischen Instanzen glaubhaft unterstellen könnte, führt zu dem *historischen* (nicht theologischen!) Urteil, daß die Darstellung des Mk nicht zutreffen kann. Genau darin unterscheidet sich Johannes grundlegend: 1. Diese Beratschlagung ist *kein Prozeß,* die Frage nach der Geltung des talmudischen Rechts entfällt daher. 2. Die Szene spielt *vor* dem Fest, so daß auch rituelle Bedenken (Verhandlung an einem Feiertag) ausscheiden. 3. Es handelt sich nicht um eine Verurteilung, sondern um eine *Preisgabe,* so daß sich die Frage nach einem Urteilsgrund nicht stellt. 4. Jesus ist bei dieser Beratung nicht zugegen, so kommt der Rat des Kaiaphas auch als Erklärung für eine *jüdische Beteiligung* an der Gefangennahme Jesu in Betracht.

mußten. Kaiaphas spricht diese Konsequenz nach der Darstellung des Johannesevangeliums deutlich aus.

Auch Apg 3,14 f. stellt diesen Zusammenhang her, indem das Verleugnen als Töten interpretiert wird. Wilckens übersetzt, *„ihr habt euch von dem Heiligen und Gerechten losgesagt und die Begnadigung eines Mörders erbeten, den Führer zum Leben hingegen getötet."*

Würde man diese Aussage buchstäblich verstehen, gäbe sie keinen Sinn. Das Verleugnen bzw. Lossagen geschieht immer gegenüber einem Dritten. Dieser Dritte ist auch der, von dem man die Begnadigung eines Mörders erbittet. Dieser Dritte ist auch derjenige, der die Strafe festsetzt, über Leben und Tod entscheidet. Dennoch wird dem Volk die Tötung des Gerechten angelastet. Dies ist nur möglich, wenn das Lossagen von seiner faktischen Auswirkung her als Tötung gewertet wird.

4 Die Unhaltbarkeit des Tötungsvorwurfs

Niemand will bezweifeln, daß sich Gerhard Otte in einem Punkt „mit den von ihm kritisierten Autoren einig weiß: der christlich-jüdischen Verständigung."[45] Er muß sich aber ernsthaft fragen lassen, ob er mit seinen Darlegungen nicht ungewollt diese Verständigung erschwert.

Wenn es um die Wahrheit geht, dürfte dies kein ausschlaggebendes Argument sein; denn Verständigung auf Kosten der Wahrheit ist nicht möglich und wird sich früher oder später als trügerische Hoffnung erweisen. So ist Otte auch in der Auffassung zuzustimmen, daß die Aufarbeitung der belasteten Geschichte zwischen Christen und Juden nicht dadurch erfolgen kann, „daß man an die Stelle der Passionsberichte weniger glaubhafte Hypothesen und Konstrukte setzt."[46] Aber wer tut dies?

Otte unterstellt: „Unabhängig davon, ob er [= Jesus] sich selbst den Titel eines Messias beigelegt hat, ist davon auszugehen, daß Anhänger ihn als Messias verstanden, der Israel befreien würde, und daß Gegner ihm die Anmaßung dieses Titels vorwarfen."[47] Damit bewegt er sich völlig auf dem Boden historisierender Spekulation; denn:
1.   Dieser Titel spielt im Prozeß gegen Jesus keine faßbare Rolle.[48] Die Frage des Hohenpriesters wird von Jesus mit einer Aussage über den Men-

---

[45] Otte, a.a.O., S. 1026
[46] ebd.
[47] Otte, a.a.O., S. 1024
[48] Ottes Annahme einer Übersetzung als „König der Juden" wurde oben bereits angezweifelt (vgl. 2.2). Ottes Folgerung (a.a.O., S. 1025), daß der Hohe Rat Jesu „Verhaftung veranlaßte ... und daß Mitglieder des Hohen Rats vor Pilatus als Ankläger auftraten", sind eben *keine* „Überlieferungen, deren Glaubhaftigkeit sich nicht hat erschüttern lassen." Dies hat die Untersuchung

schensohn beantwortet. Beide Begriffe stammen aus unterschiedlichen theologischen Konzeptionen und erweisen diesen Teil des Verhörs als spätere Konstruktion.
2. Der Messiasanspruch ist nicht strafwürdig. Einer der berühmtesten Gelehrten der Mischna-Zeit, Rabbi Aqiba, erklärte einen Freiheitskämpfer zum messianisch verstandenen „Sternensohn" = Bar Kochba. Er wurde von den Römern zu Tode gefoltert, von den Juden wird er bis heute hoch geehrt.[49]

Typisch jüdisch reagiert dagegen in der Apostelgeschichte Rabbi Gamaliel, der es Gott überläßt, ob sich ein Messiasanspruch als legitim erweist (Apg 5,35-39).
3. Otte bezieht sich auf Aussagen, die so gar nicht im biblischen Text stehen: Lk 24,21 ist vom Erlösen, nicht vom Befreien die Rede.

Darüber hinaus haben unsere Untersuchungen gezeigt, wie bereits in sehr früher Zeit der Vorwurf entstehen konnte, die Juden hätten Jesus getötet, und was damit gemeint ist. So gesehen, bedarf die Diskussion über die historischen Zusammenhänge der Verurteilung Jesu keiner Neuauflage. Sie muß sich vielmehr allen Beteuerungen zum Trotz die Frage gefallen lassen, ob sie nicht doch immer wieder aufgeworfen und geführt wird, weil Juden auch heute noch als Zeugen Gottes „allen Menschen im Wege" sind.

---

gezeigt. So fällt auf Vertreter dieser These der Vorwurf zurück: „Gegenteilige Annahmen beruhen auf unvollständiger Auswertung der Quellen und auf dem methodischen Fehler, für möglich gehaltene, aber durch keine Quelle bezeugte Geschehensabläufe dem Zeugnis der Quellen vorzuziehen, d.h. auf Spekulation." Die Quellen des Neuen Testaments sind uneinheitlich. Wer dies übersieht, wertet sie unvollständig aus. Insofern verdienen diejenigen Quellenaussagen in erster Linie das Vertrauen, die sich auch historisch wahrscheinlich machen lassen.

[49] Vgl. Pinchas Lapide, Auferstehung, ein jüdisches Glaubenserlebnis, 2. Aufl., Stuttgart 1978, S. 47 f.

Die Falle des Pilatus

Die Rolle der Juden in der Barabbasszene

Die Interpretation der Barabbasszene, die J.S.Bach in seiner Matthäus-Passion bietet, geht durch Mark und Bein. Sie erschüttert und rührt gleichermaßen durch ihren Wechsel von schrillen Dissonanzen und einfühlsamen Choralsätzen. J.S.Bach ist es damit meisterhaft gelungen, das traditionelle kirchliche Verständnis dieser Szene in Töne umzusetzen und auf einen unübertrefflichen Höhepunkt zu bringen. Dies wird durch den Vergleich mit anderen Vertonungen, etwa von G.Ph.Telemann besonders deutlich.

Wir sind hier jedoch nicht in einem kirchenmusikalischen Kolleg, sondern in einer neutestamentlichen Lehrveranstaltung.[1] Daher ist es unsere Aufgabe, an den Evangelientexten zu prüfen, *inwieweit sich dieses traditionelle kirchliche Verständnis der Barabbasszene von den biblischen Texten her rechtfertigen läßt*. M.a.W. es geht um einen Beitrag zu der Frage nach der *Beteiligung der Juden an der Verurteilung Jesu.*[2]

1   Beobachtungen am Markustext (Mk 15,7-15)

Blicken wir unvoreingenommen[3] auf die Darstellung des Markus, so können wir dem Text folgende Mitteilungen entnehmen und erste vorsichtige Schlußfolgerungen ziehen:

1. Zum Fest ließ Pilatus einen Gefangenen frei, den das Volk erbat. Diese Amnestie wird weder begründet noch von bestimmten Bedingungen abhängig gemacht (V 6).

2. Es gab zu jener Zeit einen Häftling namens Barabbas, der bei einem Aufruhr einen Mord verübt hatte. Trotz des bestimmten Artikels bei dem Wort „Aufruhr" wissen wir nicht, um welches Vorkommnis es sich dabei handelte (V 7).

---

[1] Der Vortrag wurde am 7. Mai 1990 an der Evang. Fachhochschule für Sozialwesen, Religionspädagogik und Gemeindediakonie Freiburg i. Br. gehalten.

[2] Wir setzen dabei methodisch die sog. Zweiquellentheorie voraus, derzufolge die Evangelisten Mt und Lk das MkEv. als eine ihrer Quellen benutzten, und stellen diese auch innerhalb der Passionsgeschichte nicht grundsätzlich in Frage. Für das JohEv. ist zumindest für diese Szene eine eigenständige Passionstradition vorauszusetzen; dies wird vor allem durch die überraschende Nähe zur Mk-Version bei sonst recht unterschiedlicher Darstellung des Pilatusverhörs deutlich.

[3] D.h. ohne Rücksicht auf das traditionelle kirchliche Verständnis dieser Szene

3. Das Volk zog zum Amtssitz des Pilatus hinauf,[4] um zu bitten, daß Pilatus ihnen, d.h. ihrem Wunsch, entsprechend handle (V 8).

Wen sie freibitten wollen, wird nicht gesagt. Dies muß um der Logik des Textes willen ernstgenommen werden und darf nicht vom Fortgang der Erzählung her erschlossen und bereits in die Exposition eingetragen werden.

4. Pilatus eröffnet den Dialog, indem er gezielt fragt, ob sie gekommen sind, um den „König der Juden" freizubitten (V. 9).

Dies setzt voraus, daß von der jüdischen Abordnung kein Name genannt worden war, es sei denn der Name Jesu! Andernfalls wäre die Frage nicht verständlich.

Andererseits fällt auf, daß Pilatus Jesus nicht beim Namen nennt, sondern mit einem politischen Titel bezeichnet,[5] der für die Römer in mehrfacher Hinsicht belastet und belastend war.[6]

5. Die begründende Feststellung, Pilatus habe gewußt, daß die Priester Jesus „aus Neid ausgeliefert" hätten (V 10), macht im Gefälle des Textes deutlich, daß Pilatus eine Schwäche seiner „Partner" ausnützen und sie in die Enge treiben, wenn nicht gar in eine Falle locken will.

Welchen Sinn man in diesem Vorgehen des Pilatus sieht, hängt allerdings von der Absicht ab, die man ihm dabei unterstellt.

Geht man davon aus, daß Pilatus Jesus retten wollte, müßte man zugleich unterstellen, Pilatus habe eine messianische Bewegung im Volk unterstützt und der jüdischen Abordnung klar zu machen versucht, welche Dummheit sie begehen, wenn sie ihren eigenen König aus Eifersucht von den Römern hinrichten lassen. Ich überlasse das Urteil über die Plausibilität dieser Annahme der normalen menschlichen Logik.

Hält man diese Möglichkeit für unwahrscheinlich, dann kann die Bemerkung über den „Neid" nur bedeuten, daß Pilatus bestehende Rivalitäten innerhalb der damaligen Judenheit geschickt nutzte, indem er eine politisch brisante Frage stellte, die verfänglich ist und die Entscheidungsfreiheit des Gegenübers erheblich einengt.

---

[4] Die Burg Antonia liegt höher als der Tempelplatz.
[5] Dies gilt für die gesamte Markus-Passionserzählung (15,2.9.12.26.). Möglicherweise läßt sich daraus schließen, daß Pilatus an der Person des Angeklagten überhaupt nicht interessiert war, nicht einmal an seinem Namen, sondern nur an der Beschuldigung selbst, (künftiger) König der Juden zu sein - eine Formulierung, die im Unterschied zu „König Israels" (15,32) keine jüdische, sondern offensichtlich eine römische Bezeichnung darstellt.
[6] Darauf wird später noch genauer eingegangen (vgl. 3., Ziff. 2).

6. Die Priester „rütteln das Volk auf",[7] Barabbas freizubitten (V 11). Der Name Barabbas kommt hier erstmals innerhalb des eigentlichen Geschehensablaufs vor, wird also nach der Mk-Version ad hoc ins Spiel gebracht. Daß die Priester diese Aufrüttelung des Volkes für nötig halten, zeigt, daß sie offensichtlich befürchten, das Volk könne in seiner Begeisterung für Jesus auf die verfänglich formulierte Pilatusfrage mit „Ja" antworten und sich damit gefährden.[8]

7. Bei der Frage, „was soll ich mit dem tun, *den ihr* den König der Juden *nennt?*"[9] (V. 12) handelt es sich um eine Kontrollfrage. Dies wird schon daran deutlich, daß der Volksmenge unterstellt wird, sie bekenne sich zu diesem Jesus, indem es ihn als „König der Juden" bezeichnet. Wollen sie den Verdacht gemeinsamer Sache mit einem als Aufrührer Beschuldigten von sich weisen, können sie nur die nach geltendem Besatzungsrecht einzig mögliche Antwort geben: „Kreuzige ihn!" (V. 13).

8. Daß diese Forderung nicht ihrer tatsächlichen Meinung entspricht, beweist die Gegenprobe: Als Pilatus nach Jesu Schuld fragt, können sie darauf keine sachliche Antwort geben, sondern nur noch lauter brüllen, „kreuzige ihn!" (V. 14).

9. Pilatus braucht jedoch zur Verurteilung Jesu offensichtlich keinen Nachweis begangener Straftaten. Er braucht auch Unruhen der Bevölkerung zu fürchten. Er kann behaupten, er habe mit Jesu Hinrichtung dem Volk einen Gefallen getan und dessen Willen erfüllt (V 15).

2 *Die Weiterentwicklung der Barabbastradition in den Evangelien*

Die Christenheit hat sich diese Deutung sehr rasch zu eigen gemacht und sie weiter ausgebaut. Dies lassen bereits die übrigen Evangelien erkennen.

2.1 *Andere Akzente im Matthäusevangelium*

1. Das Volk wird von vornherein sehr viel stärker emotional in die Amnestiefrage eingebunden. Der Gefangene wird *dem Volk* freigegeben; statt des sachlich korrekten Ausdrucks „freibitten" wird der Volkswille viel stärker betont, indem es heißt, *„welchen sie wollten"*. Damit wird der Vorgang

---

[7] Ich entscheide mich für diese neutralere Wiedergabe des Wortes, die im profanen Griechisch eher Anhalt hat als die tendenziöse Übersetzung „aufwiegeln". Sie trifft außerdem den historischen Sachverhalt besser, weil sie den politischen Implikationen eher gerecht wird.

[8] Wie realistisch diese Überlegung einzuschätzen ist, muß später gezeigt werden (vgl. 3., Ziff 4).

[9] Die Bezeugung des Relativsatzes, „den ihr nennt", ist zwar schwankend, aber ausreichend, um sie für ursprünglich zu halten (Sinaiticus, [Vaticanus], Ephraemi, allerdings nicht Alexandrinus). Das Fehlen des Relativsatzes erklärt sich dogmatisch, ist also lectio facilior. Dafür spricht auch das Fehlen im Codex Bezae.

von der Rechts- auf die Beziehungsebene, von der argumentativen auf die Gefühlsebene verlagert.[10]

2. Entscheidender ist jedoch: Pilatus fragt bei Mt nicht, „wollt ihr, daß ich den König der Juden freilasse?", sondern: „Wen wollt ihr, daß ich *euch* freilasse, *Barabbas*[11] *oder Jesus, der Christus genannt wird?"* (Mt 27,17). Damit müssen sich die Anwesenden im Falle einer Entscheidung *für* Jesus nicht mehr als Anhänger eines Aufrührers politisch definieren, sondern sie haben zwischen zwei Personen zu entscheiden, die beide mit ihrem Namen genannt und vom Militärgouverneur Pilatus zur Wahl gestellt werden. Der politische Titel „König der Juden" spielt keine Rolle mehr; er ist durch einen religiösen ersetzt. Damit wird die Entscheidung *gegen* Jesus zu einer freien, nicht erzwungenen Wahl.

3. Nur bei Mt erfahren wir etwas über die Frau des Pilatus und einen Alptraum, aufgrund dessen sie vor einer Verurteilung „dieses Gerechten" warnt (V. 19).[12] Die Plazierung dieser Szene steigert den Eindruck einer Polarisierung zwischen dem wohlwollenden Pilatus und seiner Frau einerseits und den gehässigen Priestern andererseits. Damit gewinnt auch das Motiv des Neids (V. 17) einen anderen Charakter: es bezieht sich nicht mehr auf innerjüdische Rivalitäten, sondern auf das Gegenüber zwischen Jesus und seinen „Gegnern".

4. Auch die Priester verfolgen mit ihrer Einflußnahme auf das Volk eine andere Absicht als bei Mk. Sie rütteln das Volk nicht mehr auf, sondern sie „überreden" das Volk (V. 20). An die Stelle der Güter- bzw. Schadensabwägung tritt jetzt eine bewußte Parteinahme für Barabbas und eine ausdrückliche Entscheidung gegen Jesus, verstärkt durch die erneut gestellte Wahlfrage des Pilatus, „welchen *von den beiden* wollt ihr, daß ich *euch* freilasse?" (V. 21). Diese Frage im Anschluß an die Überredungsbemühungen der Priester wirkt wie eine Lernkontrolle und die Antwort bestätigt den Erfolg: „Den Barabbas!"

---

[10] Vermutlich ist auch die Hervorhebung „besonderer Gefangener" so zu verstehen, daß Barabbas für das Volk besondere Bedeutung besaß, nicht ein besonders gefährlicher Krimineller oder Terrorist war; denn Mt verzichtet auf die Mitteilung, Barabbas sei ein Aufständischer oder Mörder gewesen. Dies ist immerhin auffällig. Unterstützt wird diese Deutung auch durch die Formulierung, „*sie* hatten einen Gefangenen" (V 16).

[11] Die Lesart *Jesus* Barabbas ist in keiner der alten Handschriften bezeugt. In der alten Kirche ist sie lediglich Origenes bekannt, danach taucht sie erst wieder in Handschriften des 9.,11. und 13.Jh auf. Es kann also nicht davon ausgegangen werden, daß der *Evangelist* eine Kontrastierung der beiden „Typen" von Jesus beabsichtigte. (Gegen Pinchas Lapide, Wer war schuld an Jesu Tod? (GTB 1419), Gütersloh 1987, S. 84).

[12] Eduard Schweizer, Das Evangelium nach Matthäus, NTD 2, Göttingen 1973, S. 332, schreibt: „Durch das Zeugnis der Frau des Statthalters wird das Groteske der Entscheidung gegen Jesus Christus und für Jesus Barabbas noch verstärkt. [...] Später nennt man auch den Namen der Frau, Procula Claudia; in der griechischen und äthiopischen Kirche wird sie sogar zur Heiligen. In den sogenannten Pilatusakten wird von langen und vergeblichen Bemühungen des Pilatus erzählt, die Juden von ihrem Plan abzuhalten; schließlich wird Pilatus selbst sogar zum christlichen Heiligen."

5. Die Forderung, Jesus zu kreuzigen, ist damit auch nicht mehr die einzig mögliche Antwort wie bei einem des Aufruhrs Beschuldigten, sondern die willentliche Entscheidung des Volkes bzw. seiner Führer. Dies wird auch sprachlich deutlich. Bei Mk sagt das Volk, *Pilatus* solle tun, was nach dem Besatzungsrecht zu tun ist; in 2.pers. sing. imp. heißt es dort: „kreuzige ihn!" Bei Mt fällt das *Volk selbst das Urteil*. Im Amtsstil eines Urteilsspruchs heißt es in 3.pers. sing. pass.: „Er soll gekreuzigt werden!"

6. Indem das Volk auf die Frage, was Jesus Böses getan hat, sein Urteil wiederholt (V. 23), übernimmt es bei Mt selbst die Verantwortung für Jesu Hinrichtung und macht Pilatus lediglich zum Erfüllungsgehilfen.

7. Entsprechend geht bei Mt die Verhandlung vor Pilatus auch weiter bis hin zu dem verhängnisvollen Satz, der Christen und denen, die sich ihrer Argumente bedienten, scheinbar das Recht zu blutigsten Judenverfolgungen gab: „Sein Blut über uns und unsere Kinder!" (V. 25). Daß Mt damit die alleinige Schuld den Juden zuschiebt, wird dadurch unterstrichen, daß nur in diesem Evangelium Pilatus seine Hände zum Zeichen der Unschuld wäscht (V. 24).

*

Es ist wohl deutlich geworden, wie sehr durch geringfügige Änderungen an einer Textvorlage nicht nur Akzente verschoben, sondern die gesamte Tendenz eines Textes verändert werden kann. Die Fassung des Mt wurde die entscheidende für die kirchliche Bewußtseinsbildung, wie am Beispiel Bachs deutlich zu erkennen ist.

2.2 Die lukanische Fassung:

Lukas arbeitet diese Züge erzählerisch noch wirkungsvoller heraus.

1. Auch bei Lk spielt der politische Titel „König der Juden" in der Barabbasszene keine Rolle.

2. Bei ihm hütet sich Pilatus sogar, in jüdische Kompetenzen einzugreifen, und sendet Jesus zum Verhör zu dessen Landesfürsten Herodes Antipas (Lk 23,6-12).

3. Nachdem Herodes bestätigt hat, daß der Verdacht des Aufruhrs unbegründet ist, fällt Pilatus einen Freispruch (V. 13-16).

4. Erst jetzt folgt die Barabbasszene. Sie erhält dadurch einen völlig anderen Charakter, nämlich den eines infamen, geradezu verbrecherischen Tauschhandels. Priester und Volk erinnern sich plötzlich einer angeblichen *Verpflichtung* des Pilatus, zum Fest einen Häftling freizugeben. Sie schlagen daher vor, Barabbas anstelle des bereits freigesprochenen Jesus freizulassen!

Ungeachtet der Frage, ob eine solche Verpflichtung tatsächlich bestand, ist diese Forderung unlogisch; denn eine Amnestie bedeutet nicht Stellung eines Ersatzmannes. Barabbas, der hier völlig überraschend ins Spiel gebracht wird, hätte aufgrund einer solchen Verpflichtung auch freigelassen werden können, ohne daß an seiner Stelle ein Unschuldiger hingerichtet wird. Man sieht dieser konstruierten Szene deutlich an, daß sie durch Vorgaben bestimmt ist.

5. Pilatus unternimmt nach Lk ausdrücklich drei Rettungsversuche zugunsten Jesu (V. 22), beugt sich aber schließlich dem ungestümen Drängen der Menge.

Pilatus ist zwar als grausamer Willkürherrscher bekannt, der unberechenbare Entscheidungen fällte und mit drakonischen Strafen nicht zimperlich umging. Daß er jedoch aus Schwäche gegenüber dem unterworfenen Volk gegen ein Unrechtsurteil seine eigene Überzeugung gefällt habe, ist außerhalb der Evangelien unbekannt. Selbst Rudolf Pesch, der von der Hauptverantwortung der jüdischen Hierarchie für die Hinrichtung Jesu überzeugt ist, urteilt über Pilatus: „Er wird von Zeitgenossen als wenig judenfreundlich beurteilt:»Er war nicht gewillt, irgend etwas zu tun, was seinen jüdischen Untertanen gefallen hätte« (Philo, Legatio ad Gaium 38 § 303)."[13]

2.3 Auffällige Parallelen zwischen Johannes und Markus

Die Frage, welche Rolle Pilatus im JohEv. spielt, kann hier außer Betracht bleiben. Uns interessiert nur die Barabbasszene; bei ihr fällt auf:

1. Wie bei Mk eröffnet Pilatus bereits das Verhör Jesu mit dem politischen Titel „König der Juden" (Joh 18,33 / Mk 15,2).

2. Wie bei Mk wird die Barabbasszene auch bei Joh mit der direkten Pilatusfrage eingeleitet: „Wollt ihr, daß ich euch den König der Juden freilasse?" (Joh 18,39, vgl. Mk 15,9). Dies ist umso auffälliger, als Joh die Verhandlung im übrigen hinsichtlich Inhalt und Verlauf völlig anders als Mk darstellt. Außerdem besitzt die Barabbasszene bei Joh eine andere Funktion als bei Mk.[14]

3. Wie bei Mk votiert die Volksmenge von sich aus für Barabbas, ohne daß dieser von Pilatus zur Wahl gestellt worden wäre (Joh 18,40/Mk15,11).

---

[13] Rudolf Pesch, Markusevangelium II (HThKzNT Bd 2), Freiburg, 1977, S. 456
[14] Bei Mk steht sie am Beginn eines Neueinsatzes: Pilger (?) kommen mit einem Amnestiewunsch zu Pilatus (Mk 15,8). - Bei Joh wird die Amnestiefrage von Pilatus selbst als Teil seiner Gesprächsstrategie eingebracht (Joh 19,39).

3 Folgerungen für eine Rekonstruktion ältester Erinnerungen.

1. Wenn so unterschiedliche Evangelisten wie Mk und Joh berichten, Pilatus habe die Volksmenge direkt und ohne Alternative gefragt, ob sie den König der Juden freibitten wollen, dann geht dies wohl auf eine sehr alte Tradition der Passionsgeschichte zurück.[15]

2. Der Titel „König der Juden", der innerhalb der Barabbasszene nur in diesen beiden Evangelien eine Rolle spielt, ist politisch belastet.

Josephus schildert im XVII Buch seiner „Jüdischen Altertümer" eine Reihe von Versuchen einzelner „Volksführer", sich zu Königen zu erheben (Judas [10,5], Simon [10,6], Athronges [10,7]). Schließlich urteilt er zusammenfassend über diese Bewegungen: „Von Räuberbanden voll war Judäa, und wann immer seine Mitaufständischen auf jemanden kamen betrieb er, als König an die Spitze gestellt, den Schaden des Gemeinwohls, da sie sich wenig und gegenüber wenigen Römern als lästig erwiesen, aber am weitesten Blutvergießen unter den Landsleuten anrichteten." [10,8][16]

Zu dieser allgemeinen Einschätzung solcher Bewegungen kommt noch die Tatsache, daß Pilatus einen solchen Königsanspruch gegen sich selbst gerichtet empfinden mußte. Denn nachdem das Reich des Herodes unter dreien seiner Söhne aufgeteilt worden war, konnten sich zwar die beiden nördlichen Tetrarchien des Herodes Antipas und Herodes Philippus halten, Archelaos, der über Judäa herrschte, wurde jedoch wegen Unruhen abgesetzt und durch einen römischen Statthalter ersetzt,[17] so daß gerade in diesem Landesteil der Titel „König der Juden" eine besonders revolutionäre antirömische Spitze besaß.

3. Wer unter solchen Umständen auf die unumwundene Frage, „wollt ihr, daß ich euch den König der Juden freigebe?" (Mk 15,9) mit „Ja" antwortet, macht sich als Sympathisant verdächtig und gefährdet damit sich selbst. Dem Volk bleibt also keine andere Wahl, als sich (ungeachtet einer ursprünglich vielleicht anderen Absicht) für jeden beliebigen anderen zu auszusprechen, nur nicht für den als „König der Juden" apostrophierten Jesus. Die Wahl fällt auf Barabbas, der wohl auch zelotischen Kreisen zuzurechnen ist, aber als „gewöhnlicher" Partisan oder Terrorist wesentlich unbedeutender erschien als einer, der im Verdacht stand, als „König der Juden" Anführer und Hoffnungsträger einer solchen Bewegung zu sein.

---

[15] Dieter Lührmann, Markusevangelium, S. 282: „In der Passionsgeschichte des Markusevangeliums begegnet die Bezeichnung Jesu als *basileus toon ioudaioon* in 15,2 und darauf folgend in 15,9.12.18.26.32 völlig unvermittelt, und sie geht, wie der Vergleich mit Joh 18,33.37.39; 19,3.12.14.15.19.21 zeigt, auf die Mk vorgegebene Passionsgeschichte zurück."
[16] Aus sprachlichen Gründen zitiert nach Lührmann, Markus, S. 283
[17] Vgl. Flavius Josephus, Jüdische Altertümer, XVII, 11 f.

4. Daß insbesondere der Hohepriester Kaiphas ein staatspolitisches Interesse hatte, durch eine Auslieferung Jesu an die Römer die Loyalität des Volkes und seiner Führung gegenüber der Besatzungsmacht unter Beweis zu stellen, wird Joh 11,47-50 berichtet. Die Szene mag im Detail konstruiert sein. Da jedoch die dort angestellte Überlegung die einzige plausible Begründung ist, warum jüdische Behörden an der Auslieferung eines Juden an die Römer interessiert sein konnten, muß sie historisch ernst genommen werden.

Auf diese Weise erklärt sich auch ohne Schwierigkeiten, warum die Priester das Volk „aufrütteln", daß es nach Barabbas verlangen solle. Wäre das Volk vielleicht seinen Empfindungen folgend[18] für Jesus eingetreten, wäre das staatspolitisch kluge Taktieren der Priester in sich zusammengebrochen und möglicherweise eine grausame Strafexpedition des Pilatus gegen die Bevölkerung nicht mehr abzuwenden gewesen.

So gesehen, läßt sich sogar das gesamte Verhör Jesu vor Pilatus im JohEv. als zynisches Spiel des Pilatus mit dem Volk verstehen, bei dem es ihm darum ging, in der Rolle des Biedermanns seine eigenen Argumente durch das jüdische Volk aussprechen zu lassen, um seine Loyalität zu beweisen.

Auch die so leicht dahingesagte Gegenüberstellung, „heute Hosianna - morgen kreuzige ihn!" gewinnt unter diesen Gesichtspunkten einen völlig neuen Sinn. Sie ist dann nicht mehr Ausdruck wetterwendischer Unzuverlässigkeit, sondern Ausdruck der inneren Not eines unterdrückten Volkes.[19]

5. In diesem Zusammenhang kann auch die Bemerkung von der Auslieferung Jesu „aus Neid" präziser erfaßt werden.

In den „Jüdischen Altertümern" (XVIII,1) schildert Josephus die verschiedenen religiösen Parteien der Juden als philosophische Schulen, und schließt dieses Kapitel: „Außer diesen drei Schulen nun gründete jener Galiläer Judas eine vierte, deren Anhänger in allen anderen Stücken mit den Pharisäern übereinstimmen, dabei aber mit großer Zähigkeit an der Freiheit hängen und Gott allein als ihren Herrn und König anerkennen. Sie unterziehen sich auch jeder möglichen Todesart und machen sich selbst nichts aus dem Morde ihrer Verwandten und Freunde, wenn sie nur keinen Menschen als Herrn anzuerkennen brauchen. Da ihre Hartnäckigkeit indes allgemein durch Augenschein bekannt ist, glaube ich, von weiteren Bemerkungen über sie absehen zu können."[20] Im „Jüdischen Krieg" (II,17) schildert Josephus außerdem sehr anschaulich, wie dieser Krieg aufgrund einer

---

[18] Vgl. den Einzug in Jerusalem.
[19] Dabei wird in der volkstümlichen Verwendung übersehen, daß das „Hosianna" aus Ps 118,25 stammt und keinen Jubel- sondern einen Rettungsruf darstellt, der durchaus dazu geeignet ist, von den Römern im Sinne messianisch-revolutionärer Hoffnungen verstanden zu werden.
[20] Flavius Josephus, Jüdische Altertümer, übers. v. Dr. Heinrich Clementz, 5. Aufl., Wiesbaden 1983, XVIII,1,6, S. 508

unklugen Scharfmacherei entstand und den Führern des Volks die aufgebrachte, radikalisiert fundamentalistische Menge über den Kopf wuchs (II,17,4). Daran wird deutlich, daß derartige Unruhen und Rivalitäten zwischen verschiedenen jüdischen Gruppierungen insgesamt über sechzig Jahre hin das politisch-religiöse Klima in Judäa bestimmten.[21] Pilatus, dessen Amtszeit etwa in der Mitte dieser Periode lag, konnte also geschickt diese unterschiedlichen Strömungen im Volk und die daraus resultierenden taktischen Verhaltensweisen für seine Zweck ausnützen.

Darüber hinaus macht Joh 11,47 ff. deutlich, daß die zunehmende Popularität Jesu aus solchen politischen Erwägungen heraus auch eine Distanzierung der Priesterschaft zur „Jesusbewegung" zur Folge hatte. Die Priester merkten, daß sie mit ihrem politisch klugen Taktieren beim Volk nichts ausrichteten.[22]

Daß man Jesus auch während seiner galiläischen Wirksamkeit in die tagespolitischen Konflikte und politischen Polarisierungen hineinzuziehen versuchte, wird etwa an den Erzählungen deutlich, in denen Jesus über seine Einstellung zur Steuerfrage oder zur Ehescheidung befragt wird.[23]

4   Die Falle des Pilatus

Nimmt man all diese Hinweise ernst, kann man zu dem Schluß kommen:

Pilatus hatte ein Interesse an der Beseitigung Jesu, weil mit seinem Auftreten eine enthusiastische Bewegung verbunden war, deren politische Auswirkungen sich nicht abschätzen ließen. Im Rahmen ähnlicher Bewegungen legten sich Erwartungen an einen „König der Juden" nahe. Dieser Entwicklung wollte Pilatus vorbeugend entgegentreten und fand dabei die Unterstützung der staatspolitisch klug agierenden Priesterschaft.

In der Verhandlung gegen Jesus ist es Pilatus gelungen, die jüdischen Partner in eine Falle zu locken und sie aussprechen zu lassen, was er dachte.

---

[21] Ausgangspunkt sind die Unruhen des Judas Galiläus anläßlich der Steuerschätzung durch Coponius, der von dem syrischen Legaten Quirinius als Statthalter über die Provinz Judäa eingesetzt worden war, im Jahr 6 n.Chr. (Josephus, Altertümer, XVIII).
[22] Vgl. dazu Joh 12,19.
[23] Die Ehescheidungsfrage darf man nicht als rein ethische Diskussion ansehen, da es dafür keine besonderen Diskussionsanlässe gegeben hat. Wohl aber hat diese Frage bei Johannes d.Täufer und Herodes Antipas eine Rolle gespielt. Johannes wurde wegen seiner Kritik am Verhalten des Königs hingerichtet. Von Jesus will man wissen, ob er ohne politische Rücksichten ähnlich eindeutig denkt, oder sich taktisch klüger aus der Affäre zieht.

Gefährlicher Jubel

Ein Beispiel für eine nicht judenfeindliche Evangelienauslegung[1]

1 Hermeneutische Vorüberlegungen

Unsere Vorstellung vom Verhältnis Jesu zu den damaligen religiösen und politischen Führern Israels beruht auf den Aussagen der Evangelien. Zwar lernen bereits Kinder im Religionsunterricht, daß diese Glaubensaussagen keine historischen Berichte seien;[2] in Ermangelung anderer Nachrichten müssen wir jedoch auf diese zurückgreifen, wenn wir versuchen, uns ein Bild vom Wirken Jesu zu machen.[3]

Das Problem der *Historisierung von Glaubensaussagen* wird uns als synoptische Frage besonders augenfällig. Besäßen wir nur *ein* Evangelium als einzige Quelle für Nachrichten aus dem Leben Jesu, hätten wir zunächst davon auszugehen, daß sich in dieser vom Glauben geprägten Darstellung der geschichtliche Sachverhalt mehr oder weniger gut erhalten hat. Bei *vier* Evangelien stellt sich allerdings die Frage, welche Variante unter historischen Gesichtspunkten den Vorzug verdient. Keineswegs dürfen dabei persönliche Vorlieben zum Auswahlkriterium werden. Was aber dann?

Es kann nicht einfach die älteste greifbare Fassung zur historisch zuverlässigsten erklärt werden,[4] da auch spätere Texte ältere Notizen erhalten haben können. Im synoptischen Vergleich läßt sich zwar nachzeichnen, wie etwa Matthäus die Markusvorlage verändert hat. Damit ist aber noch nichts

---

[1] Gekürzte und überarbeitete Fassung einer Abhandlung von 1988
[2] Rudolf Bultmann, Jesus, Tübingen 1926 (13.-18. Tausend, 1951), erwägt, „wie weit die Gemeinde das Bild von ihm und seiner Verkündigung objektiv treu bewahrt hat, ist eine andere Frage. Für denjenigen, dessen Interesse die Persönlichkeit Jesu ist, ist diese Sachlage bedrückend oder vernichtend; für unseren Zweck ist sie nicht von wesentlicher Bedeutung" (S.15). Er verweist dann darauf, daß die Tradition Jesus als Träger dieser Gedanken nennt. „Sollte es anders gewesen sein, so ändert sich damit das, was in dieser Überlieferung gesagt ist, in keiner Weise" (S. 16). Mit diesem Rückzug auf die Überlieferung wird zwar eine praktikable Arbeitsgrundlage geschaffen, aber das historische Problem ausgeklammert.
Auch Günther Bornkamm, Jesus von Nazareth, Stuttgart 1956 (vgl. 14. Aufl., 1988, S. 12), weist schon im Vorwort zur ersten Auflage darauf hin, das Verhältnis der Synoptiker zur Historie sei „in einer merkwürdig intensiven Verbindung Bericht von Jesus und zugleich Bekenntnis zu ihm, Zeugnis der an ihn glaubenden Gemeinde und Erzählung seiner Geschichte." An dieser Sicht, die etwas über Bultmann hinausgeht, hat sich bis heute nichts grundlegend geändert.
[3] Martin Dibelius, Jesus, 3. Aufl., Berlin 1960, S. 13: „Wir sind also auf die *christlichen Zeugnisse über Jesus* angewiesen."
[4] Dibelius, a.a.O., S. 27, geht davon aus, daß sich eine älteste Traditionsschicht erheben läßt und folgert: „Diese alte Schicht der Tradition dürfen wir geschichtlich für relativ zuverlässig halten".

über die Gründe seiner Bearbeitung oder die Verläßlichkeit möglicher anderer von ihm verwendeter Quellen und Materialien gesagt.[5]

Da sich der christliche Glaube auf eine geschichtliche Persönlichkeit bezieht, lassen sich Glaube und Geschichte nicht trennen.[6] Diese grundlegende Bezogenheit darf aber nicht dazu führen, daß die Evangelien mißverstanden werden als „Geschichtsquellen, die der Historiker, nach Jesus von Nazareth als einer Gestalt der Vergangenheit fragend, unbesehen und unkritisch verwenden könnte."[7] Wer dies nicht beachtet, gerät leicht in Gefahr, daß ihm „Gewißheiten seines Glaubens als wissenschaftliche Ergebnisse erscheinen".[8] Damit würden auch Wertungen, die in den Evangelien enthalten sind, zu historischen Tatsachen umgemünzt und damit eigene, verhärtete Positionen aufgebaut und begründet.

Für alle, die zur Überwindung alter Vorurteile beitragen möchten, ist die historisch wenig eindeutige Quellenlage besonders mißlich, vor allem dann, wenn es um Texte geht, die für die kontroverse Diskussion von besonderer Bedeutung sind. Eine *dialogische Hermeneutik* kann hier weiterhelfen. Sie wird dabei zwar die Ergebnisse sorgfältiger Exegese ernst nehmen, aber um eine Überwindung ihrer Aporien bemüht sein müssen. Wie kann dies mit intellektuell und methodisch redlichen Mitteln geschehen?

Der Talmud überliefert im Traktat Sprüche der Väter den Grundsatz eines Gelehrten namens *Perachja*, der über hundert Jahre vor Jesus lebte: *„Beurteile jeden Menschen nach der guten Seite."* [9]

---

[5] Dibelius, a.a.O., S. 21, relativiert die Bedeutung der Entdeckung ältester Überlieferung durch die Feststellung: „Eine Diskussion darüber, ob ein einzelner Spruch »echt« sei, ist oft müßig, weil die Gründe für oder wider nicht schlagend sind. Im allgemeinen wird der Historiker gut tun, auf die Masse der Überlieferung zu sehen und nicht zuviel auf ein einzelnes Wort zu bauen, falls es von der übrigen Tradition abweicht."
Gerd Theißen, Der Schatten des Galiläers, München 1986, S. 96, formuliert die Fragestellung so: „Die Quellen sind tendenziös, einseitig und enthalten weniger Informationen als [vielmehr] eine religiöse Botschaft. ... Aber wenn Menschen unfähig sind, die historische Wahrheit unverfälscht zu übermitteln, sind sie ebenso unfähig, die Quellen so umzuprägen, daß die historische Wahrheit ganz verlorengeht."

[6] Bornkamm, a.a.O., S. 12, formuliert das Dilemma treffend: „Der Leser will verständlicherweise wissen, wie es denn nun wirklich gewesen ist, was damals und dort geschah und damals und dort gesagt wurde. Keinesfalls werden diese Fragen außer Betracht bleiben dürfen. Und doch müssen wir lernen, sie zurückzuhalten".

[7] Bornkamm, a.a.O., S. 12. Er begründet dies mit der Feststellung, wir würden damit „die Evangelien einer ihnen fremden Betrachtung unterwerfen und ihnen ein Verständnis der Geschichte Jesu aufzwingen, das ihnen gerade nicht eignet."

[8] Dibelius, a.a.O., S. 7

[9] Awot I,6; vgl. Mischnajot, Bd. IV, Ordnung Nesikin, Übersetzt und erklärt von David Hoffmann, 3. Aufl., Basel 1986, S. 329
Es ist anzunehmen, daß dieser Grundsatz auch Jesus bekannt war und von ihm praktiziert wurde. Der in Awot I,3 überlieferte Grundsatz des Antigonos von Socho (3. vorchr. Jahrhundert) lag möglicherweise Gleichnissen Jesu zugrunde: *„Seid nicht wie Knechte, die dem Herrn dienen in der Absicht Lohn zu empfangen, sondern seid wie Knechte, die dem Herrn dienen*

Welche Möglichkeiten eröffnet dieser Grundsatz im Blick auf unsere Fragestellung? Er gestattet, eine Einzelaussage oder einen kleineren Abschnitt ungeachtet literarkritischer und redaktionsgeschichtlicher Erwägungen in sich ernst zu nehmen und *zugunsten der handelnden Personen* auszulegen, sofern die Deutung in sich *schlüssig*, historisch prinzipiell *denkbar* und *ohne Schuldverschiebung* auf andere Personen möglich ist.

Dies soll an der Erzählung von den lobenden Kindern im Tempel erprobt werden (Mt 21,14-16).

2 *Protest gegen den Jesus-Jubel*

2.1 *Der Text und seine Überlieferung*

Mt 21,14-16 schließt unmittelbar an die Erzählung der Tempelreinigung an. Die Verse bilden den Abschluß der matthäischen Fassung dieser Erzählung und haben bei den Synoptikern keine direkte Parallele. Ähnlichkeiten und Unterschiede zu Lk 19,38 ff. zeigen, daß Mt in seiner Tradition zwar einzelne Motive vorfand,[10] diese aber selbständig verarbeitete. Peter Müller geht „deshalb davon aus, daß es sich bei Mt 21,14-16 und Lk 19,39f um inhaltlich vergleichbare, nicht aber um unmittelbar verwandte Parallelen handelt. Mt hat die Tempelreinigung in Anlehnung an die Einzugsperikope eigenständig ausgeführt."[11] Ob Mt von Ps 8,3 her aus den Jüngern, von denen Lk spricht, Kinder gemacht hat, wie Müller dabei annimmt, können wir offenlassen.

Wichtiger ist dagegen die Frage, worin für Mt der Zusammenhang zur Einzugserzählung besteht; denn er übernimmt nicht die gesamte Huldigung aus 21,9, sondern nur den ersten Satz: „Hosianna dem Sohn Davids!"

---

ohne die Absicht, Lohn zu empfangen." (Mischnajot IV, S. 327 f.). Das Wort von den „unnützen Knechten" (Lk 17,7-10) ist dafür ebenso ein Beispiel wie vielleicht die Parabel von den Arbeitern im Weinberg (Mt 20,1-16).

[10] Lk bringt innerhalb der *Einzugserzählung* unmittelbar nach dem Jubel der *Jünger,* die Aufforderung der Pharisäer an Jesus, ihnen dies zu untersagen. Dabei fehlt bei Lk der *Hosianna*-Ruf, der sich für unsere Argumentation noch als wichtig erweisen wird. Außerdem fehlt der Verweis auf Ps 8,3; statt dessen wird möglicherweise im Anklang an Hab 2,11 von den schreienden Steinen gesprochen. Allerdings geht es dort um das anklagende Schreien der Steine eines mit Unrecht und Habgier gebauten Hauses. In 1 QpHab IX,16/X,1 wird der Vers in der leider nicht gut erhaltenen Auslegung wohl auf das Wehklagen der Steine bei der Zerstörung Jerusalems wegen der Herrschaft des Frevelpriesters gedeutet. Ernst Lohmeyer, Das Evangelium des Matthäus, KEK Sonderband, Göttingen 1956, S. 41, Anm. 2, weist in Zusammenhang mit einem Wort Johannes d. Täufers auf ein mögliches Wortspiel in einer aramäischen Vorstufe der Überlieferung hin zwischen Kindern und Steinen. Dieses könnte auch Lk 19,40 nachgewirkt haben.

[11] Peter Müller, In der Mitte der Gemeinde; Kinder im Neuen Testament, Neukirchen 1992, S. 225

Dieser Satz stellt bereits in der Einzugsgeschichte eine entscheidende Änderung gegenüber Mk dar.

Mk läßt in der Einzugsgeschichte[12] die Volksmenge Verse aus Ps 118 zitieren, nämlich aus V. 25 den Ruf *hoschia na* sowie den Anfang von V. 26. Der Ausdruck *hoschia na* ist ein äußerst emphatischer Hilferuf, der in seiner ganzen Eindringlichkeit gar nicht voll wiedergegeben werden kann. Der Ruf, „ach hilf doch", ist im Psalm an Gott gerichtet. Mk nennt keinen Adressaten, sondern preist mit den ersten Worten von Ps 118,26 jeden, der im Namen des Herrn kommt. Mt ersetzt die Anrufung Gottes aus Ps 118,25 durch den Begriff „Sohn Davids" und übernimmt diese Version auch in die Tempelszene. *Er* wird damit der im Namen Gottes Kommende!

Damit erhält der Ruf *hoschia na* eine politisch-messianische Zuspitzung, die er weder im Psalm noch bei Mk hat.[13] Auch die Preisung des „Reichs unseres Vaters" (Mk 11,10) bezieht sich auf Gott, nicht auf den einziehenden Jesus, und kann als völlig normaler Festjubel verstanden werden,[14] der allerdings Hoffnung auf Gottes rettendes Handeln ausdrückt. Für Mt wird die messianische Huldigung Jesu zum tragenden Element der Einzugs- und der Tempelszene.

2.2 *Besorgte Verantwortlichkeit*

Hat man einmal die politische Brisanz dieser Formulierung erkannt, so wird auch verständlich, wieso sich die Priester anläßlich des kindlichen Jubels im Tempel zum Eingreifen genötigt fühlen.

Mt wollte wahrscheinlich eine dogmatische Auseinandersetzung darstellen, bei der es um die Frage ging, ob Jesus der messianische Davidssohn sei. Der Text wäre damit im Sinne des Mt ein Beleg für die Ablehnung der Messiaswürde Jesu durch die religiösen Führer Israels.

Nimmt man diesen kurzen Abschnitt jedoch ungeachtet literarkritischer Erwägungen als historische Notiz, als die ihn Mt ausgibt und theologische Laien ihn verstehen, dann erhält er eine politisch äußerst akute Bedeutung und beweist hohes Verantwortungsbewußtsein der Hohenpriester. Denn

---

[12] Mk 11,1-10
[13] Dies gilt trotz der Tatsache, daß in alten jüdischen Texten mit dem Titel „Davissohn" keine militärischen Vorstellungen verbunden sind. Sanh 97-98 ist er Inbegriff des Friedensreichs, das *nach* der Endzeitkatastrophe kommt. Die politisch brisante Bedeutung entsteht durch die Verbindung mit dem Ruf, „ach hilf doch".
[14] H. Strack/P. Billerbeck, Kommentar zum Neuen Testament aus Talmud und Midrasch, Bd I, 3. Aufl., München 1961, S. 845 meinen: „Der H.ruf war als Bestandteil des Hallel jedermann in Israel geläufig; es hat darum nichts Auffallendes, wenn nach Mt 21,15 auch die Kinder in denselben einfielen." - Diese Feststellung ist grundsätzlich richtig, übersieht allerdings, daß Mt nicht Ps 118 zitiert, sondern den Hilferuf mit dem Begriff „Sohn Davids" kombiniert.

diese befürchten römische Repressalien, wenn Vertreter der Besatzungsmacht aus dem politisch gefärbten Kinderjubel Rückschlüsse darauf ziehen, was in den Häusern gedacht und geredet wird. „Hörst du, was diese sagen?", ist dann die besorgte Frage, ob Jesus derartig leichtfertige politische Parolen nicht unterbinden will, um ein Einschreiten der Römer zu verhindern.

Wie Joh 11,48 zeigt, trauen die Anhänger Jesu den Führern Israels solche Befürchtungen und Überlegungen zu.

Von Anfang an aber ist's nicht so gewesen

Fleischgenuß und Speisegebote in Bibel und Judentum als Ausdruck der Achtung vor dem Leben [1]

1 Regeln als Zugeständnisse

Im Matthäusevangelium (19,8) erklärt Jesus, warum er eine Ehescheidung nicht für gottgewollt hält, obwohl die Tora (5. Mos 24,1ff) sogar eine Verfahrensregelung darüber enthält. Er stellt fest, von Anfang an sei es nicht so gewesen.

Dies ist kein Widerspruch Jesu zur Tora, sondern Ausdruck der Erkenntnis, daß die Tora um der Schwachheit der Menschen willen barmherzigerweise Zugeständnisse macht, wohl wissend, „von Anfang an aber ist's nicht so gewesen".

Vergleichbares ließe sich über die biblische Einstellung zum Fleischgenuß sagen. Paulus wendet sich zwar im Meinungsstreit zwischen einigen Gemeindegliedern, die glauben, alles essen zu dürfen, und solchen, die nur Gartengemüse essen (Röm 14,2) gegen jede räsonierende Rechthaberei; aber er setzt dabei voraus, daß beide Gruppierungen mit ihrer Haltung ihre Verehrung gegenüber Gott zum Ausdruck bringen und nicht Askese als Selbstzweck betreiben oder gedankenlos essen, was ihnen schmeckt oder wonach ihnen gelüstet (Röm 14,6).

Dabei ist es sicher kein Zufall oder gar nachlässiger Sprachgebrauch, wenn Paulus im Blick auf diejenigen, die „alles essen", den für ihn theologisch hochbesetzten Begriff „glauben" verwendet und nicht einfach von „denken" oder „meinen" spricht. Er unterstreicht damit wie auch mit dem Ausdruck, „er ißt dem Herrn", daß die Freiheit, alles zu essen, einer Glaubensüberzeugung, nicht einer gleichgültigen, leichtfertigen Lebenseinstellung entspringt.

Reflektierten Sprachgebrauch verrät auch die Charakterisierung der anderen Position mit dem Ausdruck, „er ißt Gemüse". Hier verwendet Paulus - sicher nicht zufällig - denselben Ausdruck, der in der Septuaginta, der griechischen Übersetzung der Hebräischen Bibel, als Bezeichnung für die pflanzliche Nahrung benutzt wird, und zwar an der Stelle, die erstmals von

---

[1] Betrachtung vom 4. 2. 1989

der Erlaubnis fleischlicher Nahrung spricht.[2] Mit diesem bei Paulus sonst nicht vorkommenden Ausdruck für Gemüse erinnert er also an jene Toraerzählung, in der nach der Sintflut dem Menschen zugestanden wird, unter bestimmten Bedingungen Fleisch zu essen: „Wie das grüne Kraut habe ich es euch gegeben" (1.Mos 9,3). Paulus gibt damit zu erkennen, daß ihm der theologische Hintergrund dieses Verzichts auf fleischliche Nahrung bewußt ist. Es handelt sich offensichtlich um Menschen, die kein Fleisch essen, weil die von der Tora genannten Bedingungen nicht erfüllt sind.

Keine andere Stelle bringt hinsichtlich des Fleischgenusses die Überzeugung deutlicher zum Ausdruck als 1.Mos 9: „Von Anfang an aber ist's nicht so gewesen".

2   *Paulus und die jüdische Tradition*

Weil Paulus in der jüdischen Tradition zu Hause ist, weiß er auch, daß für Juden - eben weil es sich im Grunde um eine Ausnahmeregelung handelt - Fleischgenuß nur unter bestimmten Bedingungen erlaubt ist, die aber in den Großstädten des römischen Weltreichs oft weder garantiert noch nachprüfbar sind.

Was der Talmud-Traktat Avoda Zara (Götzendienst) bereits in der Mischna (II,6), erst recht aber in der Gemara (38, a.b) bis in letzte Einzelheiten an Fallbeispielen diskutiert, dürfte auch zur Zeit des Paulus bereits generelle jüdische Überzeugung gewesen sein, zumal schon das Danielbuch in Kapitel 1 die Problematik ausführlich schildert: Von Heiden Zubereitetes ißt man nicht, weil die Einhaltung der Reinheits-, Schlacht- und Zubereitungsvorschriften nicht garantiert ist.[3]

Wer 1.Mos 9,3 kompromißlos ernst nimmt, kann in einer heidnischen Gesellschaft nur Gemüse essen. Es dürfte sich demnach in Röm 14 ebensowenig um prinzipielle Vegetarier handeln wie bei Daniel und seinen Freunden, sondern um Menschen, die wissen, daß nach biblischer Überzeugung Fleißgenuß eine Ausnahmeregelung darstellt, die nur bei Beachtung der entsprechenden lebensschützenden Maßnahmen gestattet ist. Paulus respektiert diese Haltung, weil er weiß, nur wer nicht aus liberaler Großzügigkeit, sondern aufgrund seines Glaubens an den einen Herrn zu einer anderen Einsicht gekommen ist, kann sich über diese einschränkenden Tora-Bestimmungen bezüglich des Fleischgenusses guten Gewissens hinwegsetzen.

---

[2] *láchana* Röm 14,2 - 1.Mos 9,2
[3] Es lohnt sich, die in Daniel 1 erzählerisch ausgeführte Problematik einmal mit Röm 14,1 ff oder 1.Kor 10,25 ff zu vergleichen, zumal bei Daniel die Speisefrage sehr stark als Zeichen der Treue gegenüber Gott herausgestellt wird.

3 „Ich bin so frei"

Ich esse Fleisch, und mir schmeckt's, solange mir Hormon- und andere Chemieskandale, lebensverachtende Tierhaltung und unhygienische Tiefkühlmethoden nicht den Appetit verderben.

Ich esse Fleisch, weil ich's von Kind auf so gewöhnt bin, aber nicht, weil ich im Glauben die Freiheit dazu gewonnen habe; und das ist bedenklich. Die Glaubensentscheidung hat mir die christliche Kirche bereits vor vielen Jahrhunderten pauschal abgenommen, indem sie alles für erlaubt erklärte, auch Schweinefleisch, sogar Blutgenuß. Sie hat mich aber nicht zugleich in eine Glaubenserziehung hineingenommen, die mir bewußt gemacht hätte, daß Fleischverzehr in der Bibel eine nachträgliche Erlaubnis unter ganz bestimmten Voraussetzungen ist, und wieso durch den christlichen Glauben diese göttlichen Einschränkungen aufgehoben sind. Sie hat mich statt dessen über diese Einschränkungen gar nicht mehr aufgeklärt und mir biblische Erzählbücher in die Hand gegeben, in denen diese Bestimmungen gar nicht enthalten waren.

Das ist verführerisch; denn über göttliche Bestimmungen kann man sich nicht pauschal und kollektiv hinwegsetzen. Diese Freiheit muß man sich in ganz persönlichem Fragen nach den richtigen Folgerungen aus dem Glauben schenken lassen, sonst beschreitet man besten Gewissens den breiten Weg, der zur Verdammnis führt, und verpaßt den schmalen Pfad, der zum Leben führt.

Für diese Problematik bin ich allerdings erst durch eine intensive Beschäftigung mit dem Judentum sensibel geworden. Seither sehe ich in den jüdischen Speisevorschriften nicht mehr einen Ausdruck *„werkgerechter"* Gesetzlichkeit, sondern *schöpfergerechter Ehrfurcht vor dem Leben*. Mit der Abwertung und Verachtung jüdischer Behutsamkeit im Umgang mit allem Lebendigen einschließlich der notwendigen Nahrung hat die Abwertung alles Lebendigen zur Ware, die Mentalität der schrankenlosen Selbstbedienung begonnen. Insofern ist unsere heutige Öko-Krise eine Folge unserer nicht im Glauben, sondern in Eigenmächtigkeit erfolgten Distanzierung von unseren biblischen Wurzeln.

4 Speisegebote als Ausdruck bewußten Lebens

Wie eng Ehrfurcht vor dem Leben, wie sie sich in jüdischen Speisegeboten ausdrückt, und Wahrung des wahren Menschseins miteinander zusammenhängen, macht Roland Gradwohl mit folgenden Worten deutlich, die sich fast wie ein Plädoyer für die Würde des Menschen anhören:

„Der kurze Augenblick der Reflektion - darf ich die Speise überhaupt essen, ist sie immer verboten oder nur im jetzigen Augenblick (Fleisch nach Milch)? - führt zur notwendigen Zäsur, die die Überwindung der Triebgebundenheit ermöglicht. Nach Maimonides erziehen uns die Speisegebote dazu, »unsre Lust zu meistern. Sie gewöhnen uns daran, das Wachsen unserer Begierden einzudämmen, die Vergnügungssucht zu mildern und die Neigung zu bezwingen, Essen und Trinken als Lebenszweck anzusehen.«
Es ist nicht leicht - nicht im Staate Israel und schon gar nicht in der Diaspora - die Kaschrut zu befolgen. Doch kein Jude muß verhungern, wenn er nicht alles in den Mund steckt, was er in die Hand nimmt. Er weiß: ‚die Gebote sind dem Menschen gegeben, damit er sich durch sie läutere'. Die ‚Heiligung des Lebens' (vgl. 2. Mose 22,30; 3. Mos 20,26) ist für ihn das Wesentliche." [4]

Daß die Einhaltung der Vorschriften nicht immer leicht ist, hat wohl schon sehr früh dazu geführt, daß man sich im einfachen Volk, dem ‚Am ha'árez, nicht immer allzu streng daran hielt. Deshalb finden sich im Talmud-Traktat Pessachim nicht nur Warnungen vor der Verheiratung der Tochter mit einem Mann aus dem einfachen Volk (49a); sondern der große Gelehrte Jehuda, der Fürst, der als Endredaktor des ältestens Teils des Talmuds gilt, soll sogar gesagt haben:

„Ein Mann aus dem gemeinen Volke darf kein Fleisch essen, denn es heißt: ‚das ist die Lehre inbetreff des Viehs und Geflügels'; wer sich mit der Tora (Lehre) befaßt, darf Fleisch von Vieh und Geflügel essen, wer sich mit der Tora nicht befaßt, darf kein Fleisch von Vieh und Geflügel essen." [5]

Aus dieser geradezu elitär klingenden Anweisung ist nicht nur die Enttäuschung über die Mißachtung der göttlichen Weisung deutlich herauszuhören, sondern auch das nie verlorengegangene Wissen, daß Fleißgenuß eben nicht selbstverständlich, sondern nur ausnahmsweise unter Beachtung bestimmter Vorschriften gestattet ist. Andererseits wird beim einfachen Volk nicht nur mangelndes Wissen und Interesse bezüglich göttlicher Anordnungen hinter dem großzügigen Umgang mit Speisevorschriften gestanden haben, sondern auch ganz einfach die wirtschaftliche Situation. Denn wenn man sich bewußt macht, was nach den Schlachtvorschriften im Traktat Chullin nicht für den Verzehr freigegeben ist, kann man sich gut vorstellen, daß sich einfache Leute mitunter aus wirtschaftlichen Gründen darüber hinwegsetzten, weil sie die Verluste nicht verkraften konnten.

---

[4] Roland Gradwohl, Grundgesetze des Judentums, Stuttgart 1984, S. 63
[5] Traktat Pessachim 49 b; zitiert nach Lazarus Goldschmidt, Der Babylonische Talmud, Berlin 1930, Band II, S. 453

Solche Gründe können wir für die Selbstverständlichkeit, mit der wir Tiere verzehren, nicht geltend machen. Unsere wirtschaftlichen Argumente in diesem Zusammenhang sind ganz anderer Art. Sie orientieren sich nicht wie bei den einfachen Leuten im antiken Judentum am Existenzminimum, sondern an der Gewinnmaximierung und Konsumsteigerung. Gerade angesichts dieser bedenkenlosen Bedienungsmentalität ist eine Besinnung auf biblische Grundeinsichten besonders nötig.

5 Achtung vor dem Leben

Die hohe biblische Ethik gegenüber allem Lebendigen beginnt mit dem Wissen, daß es eigentlich dem wahren Wesen des Menschen entsprechen würde, wenn er sich nur von dem ernährt, was wieder nachwächst, nicht von dem, was er mit seinem Zugriff auslöscht. Deshalb sehen beide Schöpfungstexte am Beginn der Bibel für den Menschen nur pflanzliche Nahrung vor.

Die auf alten Vorstellungen beruhende Schöpfungserzählung in 1. Mose 2 kommt sogar zweimal darauf zu sprechen, einmal besonders liebevoll beschreibend, indem sie beim Baum der Erkenntnis des Guten und Bösen neben dem Gesichtspunkt der Verträglichkeit und des Wohlgeschmacks („gut zu essen") ein ausgesprochen ästhetisches Moment („lieblich anzusehen") hervorhebt (V 9), das andere mal, indem diese Bäume dem Menschen ausdrücklich als Nahrung zugewiesen werden (V 16).

Auch der auf priesterlicher Tradition beruhende Text in 1. Mose 1 nennt ausdrücklich pflanzliche Nahrung, und zwar außer Baumfrüchten auch noch Getreide[6] im Unterschied von grünem Kraut als Nahrung für das Vieh (V 30). Das Herrschen des Menschen über die Tiere (V 28) ist ausdrücklich von der Anweisung über die Nahrung abgehoben; das Herrschen schließt das Verzehren nicht ein.

Mit der Einräumung der fleischlichen Nahrung kommt Furcht und Schrecken vor dem Menschen in die Welt (1.Mos 9,2); auch das weiß die Bibel. Sie spricht davon nicht, ohne dem Menschen durch allerlei Regeln leichtfertiges Töten von Tieren schwer und damit bewußt zu machen, wie wenig selbstverständlich für ihn der Griff nach dem Leben sein darf. Indem der Mensch beim Schlachten das Blut als Sitz des Lebens (9,4) im Boden versickern läßt, soll ihm bewußt bleiben, welche Ungeheuerlichkeit er begeht, wenn er sich davon ernährt, daß er anderes Leben auslöscht.[7]

---

[6] Dies wird man als den Sinn von „Kraut mit Samen" (V 29) anzusehen haben.
[7] Wohl unbewußt hat die Bibel damit auch den entwicklungsgeschichtlichen Tatbestand festgehalten, daß der Mensch zuerst Sammler von Früchten war, ehe er Jäger oder gar Bauer und Viehzüchter wurde.

Hier haben auch die Vorschriften über das Schächten ihren Sitz im Leben, denen ein Großteil des Talmud-Traktats Chullin gewidmet ist. Sie sollen sicherstellen, daß ein Tier so schonend und schmerzfrei wie möglich getötet wird. Diese Behutsamkeit führt bis hin zu ausführlichen Erörterungen über mögliche Scharten am Schlachtmesser (Chullin 17 b) und die Bestrafung eines Schächters, der sich weigert, sein Schlachtmesser einem Gesetzeskundigen zur Begutachtung zu zeigen (18 a). Nur wer übersieht, daß diese detaillierten Erörterungen aus Ehrfurcht vor dem Leben des Tieres angestellt werden, kann darin kleinliche Gesetzlichkeit erblicken. Wer sich den Sinn dieser Kasuistik bewußt macht, muß diese Art von Gewissenhaftigkeit im Umgang mit fremdem Leben, und sei es tierisches (!), größte Hochachtung zollen.

Deshalb schmerzt es Juden, wenn Unwissende scheinbar aus Tierliebe sich abfällig über das Schächten äußern oder es gar verbieten wollen. Das Jüdische Lexikon befaßt sich daher in seinem Artikel über das Schächten sehr ausführlich mit wissenschaftlichen Gutachten zum Nachweis, daß das Tier beim Schächten am wenigsten von allen Schlachtarten zu leiden hat. Dort kann man aber auch lesen, daß die Schweiz bereits 1892 aufgrund einer Volksabstimmung ein Schächtverbot erlassen hat, während der deutsche Reichstag 1930 aufgrund eines Gutachtens des Reichsgesundheitsamtes den Beschluß faßte, daß das Schächten nicht als Tierquälerei zu betrachten sei.[8] Die Nachwirkung der nationalsozialistischen Hetze gegen das Schächten ist allerdings auch heute noch so groß, daß nicht genügend über die jüdisch-ethischen Motive des Schächtens aufgeklärt werden kann.

6 Rücksicht auf die Tiere

Diese Vorschriften stehen nicht isoliert. Sie werden ergänzt durch eine Reihe anderer Regelungen in Bibel und Talmud, die von einer ausgeprägten Achtung vor dem Tier zeugen. Wir alle wissen aus den Zehn Geboten, daß ausdrücklich auch das Tier in die Sabbatruhe einbezogen ist (2. Mos 20,10). Roland Gradwohl weist darauf hin:
„Die Bibel kennt etliche Tierschutzgesetze: Der umherirrende Ochse oder Esel muß dem Herrn zugeführt werden, auch wenn er dem Feind gehört (5. Mose 22,1; 2. Mose 23,4). Ein unter seiner Last zusammenbrechendes Tier muß auf die Beine gestellt werden, selbst wenn Besitzer und Helfer sich hassen (5. Mose 22,4; 2. Mose 23,5): Die Gründe für die Verhaltensweise liegen auf der Hand. Das Tier soll nicht unter menschlichen Unstimmigkeiten leiden müssen. Die humanitäre Gesinnung des Juden hat sich auf alle Geschöpfe zu erstrecken." [9]

---

[8] Jüdisches Lexikon, Frankfurt/M, 2. Auflage 1987, Band IV/2, Sp. 134-137
[9] Gradwohl, a.a.O., S. 109

Diese Einstellung erstreckt sich bis hin zu dem Gebot, die Vogelmutter zu verjagen, wenn man das Gelege oder Jungvögel aus dem Nest nehmen will (5. Mose 22, 6-11), oder führt zu dem Verbot, Jungtiere im Beisein der Tiermutter zu schlachten, hebt Gradwohl besonders am Beispiel von Maimonides, einem der großen jüdischen Gelehrten des Mittelalters hervor:
„Maimonides, der als Arzt nicht bloß die Menschen kannte, sondern offensichtlich auch mit dem Verhalten von Tieren vertraut war, trifft daher durchaus das Richtige, wenn er schreibt: ‚Und so hat ER verboten, Mutter und Junges am selben Tag zu schlachten (3. Mosebuch 22,28, vgl. Raschi), um zu verhindern, daß das Jungtier vor den Augen seiner Mutter geschlachtet wird; denn die Tiere sorgen sich darob sehr, und es gibt keinen Unterschied zwischen der Sorge der Menschen und der Sorge der Tiere wegen ihrer Jungen. Die Liebe der Mutter zu ihrer Leibesfrucht wird nicht bedingt durch den Intellekt und die Rede, sondern entstammt der Denkfähigkeit, die die Tiere ebenso besitzen wie der Mensch'. - So soll denn auch die Vogelmutter verjagt werden, damit sie nicht mitansehen muß, wie man die Jungen nimmt." [10]

Die Achtung vor dem Tier als Geschöpf Gottes ist sogar so sehr verinnerlicht, daß man aus der Reihenfolge von Anweisungen in der Tora eine Verhaltensregel ableitet. So kann man im Talmud-Traktat Gittin lesen: *„Folgendes sagt R. Jehuda im Namen Rabhs: Man darf nichts genießen, bevor man seinem Vieh Futter gereicht hat, denn es heißt: »ich werde Gras auf deinen Fluren für dein Vieh geben«, und erst nachher: »du sollst essen und satt werden.« (Dtn 11,15)."* [11]

Angesichts dieser reich belegten Achtung vor dem Leben der Tiere brauchen wir uns nicht zu wundern, daß auch Abrahams Verwalter bei der Suche nach einer geeigneten Frau für Isaak nach dem Gesichtspunkt verfährt: „Wenn das Mädchen, zu dem ich sage: »Neige deinen Krug, damit ich trinke!«, spricht: »Trinke, und auch deine Kamele will ich tränken!«, so hast du es für deinen Knecht Isaak bestimmt" (1. Mos 24,14). Eine andere Frau hätte nicht in diese geistige Welt gepaßt!

Die jüdische Gelehrte Pnina Navè Levinson stellt dazu fest: „Wie jeder Weg der Selbstfindung und Selbstbestimmung können auch die Gebote des Umgangs mit der Tierwelt ihres Sinns entleert werden. Demgegenüber betonen die Ethiker die Kaschrut als Teil des Versuchs, das ganze Leben durch Gottes Gebote zu heiligen. Auch sie ist Ausdruck für das Bemühen, den Menschen als Sachwalter der Schöpfung zu verstehen, der die Kreatur schont und sich selbst Beschränkungen auferlegt."[12]

---

[10] Gradwohl, a.a.O., S. 110
[11] Traktat Gittin 62 a, nach Goldschmidt, a.a.O. Bd VI, S. 391 f
[12] Pnina Navè Levinson, Einführung in die rabbinische Theologie, Darmstadt 1982, S. 118

Wer redet im Traum?

Zum literarischen und religionsgeschichtlichen Ort des Traumes in der Bibel.[1]

Obwohl alle Menschen träumen, ohne sich dessen immer bewußt zu sein, ist der Traum in der klassischen protestantischen Theologie nie zu dogmatischen Ehren gelangt. Theologische Auseinandersetzungen über die Frage, ob der Mensch mittels seiner Vernunft Gott erkennen und über Gott verläßliche Aussagen machen, gar Gottesbeweise aufstellen könne, füllen ganze Bibliotheken. Ob der Traum eine Quelle göttlicher Offenbarung sein könne, wird in der seriösen dogmatischen Literatur nicht diskutiert.[2]

Sind dies Nachwirkungen des rationalistischen Zeitalters? Oder stehen dahinter tiefere theologische Gründe? Könnte die Orientierung an der Bibel als einziger Quelle der Verkündigung[3] einerseits und die Rolle, die Träumen in der Bibel zukommt, andererseits in der evangelischen Theologie zu einem Desinteresse an diesem Thema geführt haben? Oder nötigt uns gerade der Rückbezug auf die Bibel zu einem neuen Nachdenken über den Traum und seine Bedeutung als ein Offenbarungsmittel Gottes?

Das im Gefolge der Tiefenpsychologie neu erwachte Interesse an Träumen darf uns nicht zu voreiligen Schritten verleiten. Wer diskutable Ergebnisse anstrebt, muß methodisch sauber arbeiten. Welche methodischen Schritte können als angemessen gelten?

Der erste Schritt muß sich mit dem *sprachlichen* Befund befassen: Wo, wie oft, mit welchen Begriffen wird innerhalb der Bibel von Träumen geredet?

Der zweite Schritt gilt der Frage nach der *Verteilung*: Kommen „Träume" vorzugsweise oder gar ausschließlich in bestimmten Textgattungen, Überlieferungsschichten, Erzählzusammenhängen oder bei bestimmten, näher zu charakterisierenden biblischen Schriftstellern vor? Lassen sich daraus Schlüsse ziehen?

Der dritte Schritt muß sich mit den *inhaltlichen Aussagen* über Träume, ihren Wertungen in diesen Zusammenhängen befassen und die Frage nach religions- oder geistesgeschichtlichen Zusammenhängen stellen.

---

[1] Vortrag vom 18. 1. 1979 für den Druck überarbeitet im Oktober 1994
[2] Das Standard-Lexikon Religion in Geschichte und Gegenwart (RGG), 3. Aufl., Bd. VI, Tübingen 1962, Sp. 1001 ff., behandelt den Traum religionsgeschichtlich und im AT, aber nicht unter dogmatischen Fragestellungen.
[3] Vgl. These I der Barmer Theologischen Erklärung

Zum Schluß ist dann zu fragen, ob und welche persönlichen *Folgerungen* sich daraus ziehen lassen, ob die Abstinenz der klassischen Theologie gegenüber diesem Thema berechtigt ist oder aufgegeben werden muß.

I *TRÄUME IM NEUEN TESTAMENT*

1 *Der sprachliche Befund*

Der Verzicht auf chronologisches Vorgehen mit einem Gang vom Alten Testament zum Neuen erscheint deshalb als sinnvoll, weil der Befund im Neuen Testament sehr übersichtlich ist. Der Blick in die neutestamentliche Wortkonkordanz läßt nämlich einen derart eindeutigen Sprachgebrauch erkennen, daß er sich für Untersuchungszwecke geradezu anbietet.

1. Zu beachten ist zunächst einmal das Substantiv *'ónar*. Es kommt im ganzen Neuen Testament (NT) nur sechsmal vor, und zwar
    • ausschließlich bei Matthäus,
    • immer in der formelhaften Konstruktion *kat' 'ónar*.
    • nur
        a) in Texten, die mit der Geburt Jesu im weiteren Sinn zu tun haben,
        b) einmal im Munde der Frau des Pilatus beim Prozeß Jesu.

2. Das Substantiv *'órama* (eigentlich „Schauung") kommt bei Matthäus in der Verklärungsgeschichte vor, ansonsten nur in der Apostelgeschichte des Lukas (11 mal). Ob ihm die Bedeutung „Traum" zukommt, muß noch geklärt werden.

    Das in der Septuaginta (LXX) hauptsächlich verwendete Substantiv für „Traum", *enypnion*, und das dazugehörige Verb *enypniazesthai*, kommen je einmal in einem Zitat aus Joel (Apg 2,17) vor, das Verb außerdem noch in Judas 8, wo Irrlehrer als „Träumende" bezeichnet werden.

3. Außerdem findet sich im NT aus diesem Begriffsfeld noch *'órasis*, und zwar einmal Apg 2,17 in dem schon erwähnten Joel-Zitat, außerdem noch dreimal an insgesamt zwei Stellen der Offenbarung, dort aber ganz eindeutig im Sinne von „Aussehen", so daß diese Stellen für unsere Untersuchung bedeutungslos sind.

4. Bei allen anderen biblischen Schriftstellern, zu erschließenden Quellenschriften und Überlieferungsschichten ist der Befund negativ.

Dies macht die Arbeit methodisch relativ einfach, weil Abgrenzungen und Differenzierungen kaum erforderlich sind.

2 Der literarische Ort der Traumaussagen

2.1 Die Verwendung des Begriffs 'ónar bei Matthäus

2.1.1 Erzählungen um die Geburt Jesu

Auffällig ist, daß sich das Vorkommen des Wortes fast ausschließlich auf die sog. Vorgeschichten des Matthäusevangeliums beschränkt. Gib es dafür eine Erklärung?

Es läßt sich nachweisen, daß Matthäus in den ersten beiden Kapiteln seines Evangeliums (auch bei Verwendung von Traditionsgut) den Stoff selbst sehr stark gestaltet hat.[4] Ein Hinweis ist etwa die Häufung der Reflexionszitate in der für Matthäus charakteristischen Form, der stereotypen Einleitungsformel: „... das gesagt wurde durch den Propheten, ... der spricht".[5]

Hinzu kommt ein zweites Gestaltungselement des Matthäus: die Mose-Jesus-Typologie.[6] Matthäus stellt Jesus vielleicht als zweiten Mose dar. Wir können dieser Frage jedoch nur begrenzt nachgehen, weil sie zwangsläufig auf viele Probleme führen würde, die hier nicht behandelt werden können.

Für unsere Fragestellung ist jedoch interessant, daß bei jüdischen Schriftstellern zur Zeit der Entstehung der Evangelien Träume im Zusammenhang mit der Geburt Moses eine Rolle spielen. Flavius Josephus berichtet in den „Altertümern" von zwei Begebenheiten, die auffällige Parallelen zur matthäischen Vorgeschichte besitzen. Die eine enthält Motive des bethlehemitischen Kindermords. „Einer von ihren Schriftkundigen ... weissagte dem König, es werde um jene Zeit aus hebräischem Blut ein Knabe geboren weden, der, wenn er erwachsen sei, die Herrschaft der Ägyptier vernichten, die Israeliten dagegen mächtig machen werde. ... Durch diesen Spruch wurde der König erschreckt, und er befahl, alle israelitischen Knaben gleich nach der Geburt in den Fluß zu werfen und zu töten."[7] Im weiteren Verlauf heißt es dann, Gott sei im Schlaf zu Moses Vater Amaram getreten und habe ihm vorausgesagt, „jener Knabe, dessen Geburt die Ägyptier so fürchten, daß sie die israelitischen Kinder töten wollen, wird dir geboren werden. Er wird denen verborgen bleiben, die ihm nachstellen, auf wunderbare Weise wird er erzogen werden und das Volk der Hebräer aus ägyp-

---

[4] Vgl. dazu Ulrich Luz, Das Evangelium nach Matthäus, EKK I/1, Neukirchen 1985, S. 99 ff. - Eduard Schweizer, Das Evangelium nach Matthäus, NTD 2, Göttingen 1973, bietet auf S. 21 eine Zusammenfassung des matthäischen Anteils an der „Vorgeschichte".
[5] Vgl. dazu Schweizer, a.a.O., S. 10; Luz, a.a.O., S. 134 ff.
[6] Vgl. Schweizer, a.a.O., S. 22; Luz, a.a.O., S. 127, sieht diese Parallelen zur Mosegeschichte, warnt aber vor „einer einlinigen Abhängigkeit".
[7] Flavius Josephus, Jüdische Altertümer, II,9,2, [Übers.] Heinrich Clementz, 5. Aufl., Wiesbaden 1983, S. 108

tischer Herrschaft befreien."[8] In einem ebenfalls „Altertümer" bezeichneten Werk, das man lange Zeit für eine Philoschrift hielt,[9] heißt es (9,10) von Moses Schwester Mirjam: „Und der Geist Gottes kam bei Nacht über Maria und sie schaute ein Traumgesicht: ... Geh und sag deinen Eltern, das, was euch geboren wird, ... ich werde durch ihn Zeichen tun und mein Volk erretten."[10]

Beide Zitate beweisen, daß in neutestamentlicher Zeit offensichtlich die Vorstellung bekannt oder gar geläufig war, den Eltern Moses sei vor seiner Geburt aufgrund eines Traumes direkt oder vermittelt durch die Schwester die Bedeutung des noch Ungeborenen als Retter seines Volkes angekündigt worden.

Setzt man die Volkstümlichkeit dieser Vorstellung voraus, dann muß auch das Wiederkehren dieses Motivs „Traumankündigung des Retters seines Volkes" bei Matthäus als Anspielung auf Mose angesehen werden.

Ähnliche Beziehungen zu Mosegeschichten lassen sich auch in folgenden Erzähungen des Matthäus feststellen:

Herodes bedroht das Jesuskind. Das Motiv der Bedrohung durch den Herrscher findet sich ebenfalls bei Mose. In den bei Matthäus unmittelbar folgenden Erzählungen (1,13-15: Flucht nach Ägypten; 1,16-18: Kindermord in Bethlehem; 1,19-23: Rückkehr aus Ägypten und Übersiedelung nach Nazareth) finden wir einen ganzen Strauß von Parallelen zu den Mosegeschichten, was die Motive angeht.[11]

Daß mit dieser Darstellung der frühen Kindheitsgeschichte Jesu an Mose erinnert werden soll, ist nicht von der Hand zu weisen.

Dabei fällt auf:
a) Ausgerechnet in den von der Mosetypologie beherrschten Erzählungen werden die handelnden Menschen durch Träume informiert und geleitet,
b) In denselben Erzählungen finden wir den typisch matthäischen Schriftbeweis durch Reflexionszitate.

---

[8] Josephus, Altertümer, II,9,3, a.a.O., S. 109 f. Vgl. auch Schweizer a.a.O., S. 12
[9] Philo lebte ebenfalls um die Zeitenwende in Alexandria
[10] Schweizer, ebd.
[11] 1. Der Massenmord an den neugeborenen Knäblein, dem als einziger, der als Retter seines Volkes Ausersehene entgeht; 2. Ägypten selbst als metaphorische Größe, die unvermeidlich Assoziationen an Mose weckt; 3. das Fluchtmotiv und die Beendigung der Flucht Mt 2,20, mit 2.Mos 4,19 wörtlich identisch, wenn man davon absieht, daß 2.Mos 4,19 innerhalb der direkten Rede in der 2. Person sg. gefaßt ist. Ansonsten stimmen beide Wendungen völlig überein im Gebrauch der Worte, der Tempora, ja sogar der Satzstellung.

Aufgrund dieser Beobachtungen ist der Schluß unabweisbar: Die Träume in den Vorgeschichten des Matthäus stammen nicht aus der ihm vorliegenden Tradition, sondern sind sein ganz persönliches literarisches Stilmittel zum Vorantreiben der Handlung und zur Verbindung einzelner Traditionsstücke zu einem Handlungsganzen.[12]

Der Traum bot sich dabei aus mehreren Gründen als Stilmittel an:
a) Träume als Mittel göttlicher Führung, Weisung, Rechtfertigung von Maßnahmen sind uns aus jener Zeit im gesamten Mittelmeerraum reichlich belegt. Das besondere Interesse Gottes an diesem Kinde mit Hilfe von Traumführungen darzustellen, war daher ein naheliegendes Stilmittel, da es bei den Lesern als vertraute Vorstellung vorausgesetzt werden konnte.
b) Überdies ergab sich damit für Matthäus die Möglichkeit, eine sachliche Parallele zu zeitgenössischen Mosevorstellungen herzustellen, was seinen generellen theologischen Absichten entgegenkam.

Die von ihm stereotyp verwendete Formel kat' 'ónar hat dagegen sprachlich keine biblische Tradition. Das Substantiv 'ónar kommt in der gesamten LXX überhaupt nicht vor.

Dagegen ist die Formel von Votivtafeln in Heiligtümern (z. B. Epidaurus) bekannt, auf denen Geheilte bekennen, daß ihnen ihre Heilung im Traum vorangekündigt worden sei.[13] Die Formel ist also sprachlich durchaus gut belegt, wie Matthäus allerdings zu diesem biblisch singulären Sprachgebrauch kommt, läßt sich nicht aufhellen.

2.1.2 Die Frau des Pilatus bei Matthäus und in den Pilatusakten

Um die Beschäftigung mit dem Traummotiv bei Matthäus zu vervollständigen, muß noch auf den Traum der Frau des Pilatus eingegangen werden.

Es verwundert nicht, daß die Episode Mt 27,19 in der späteren Überlieferung einen faszinierenden Reiz ausgeübt und sogar dazu geführt hat, daß man dieser anonymen Beamtenfrau den Namen Claudia Proc(u)la verlieh

---

[12] Vgl. Martin Dibelus, Jungfrauensohn und Krippenkind" (1932!); in: Botschaft und Geschichte, Bd I, S. 24: „... dieses Ganze ist nicht eine Erzählung, sondern eine Aufklärung in erzählender Form. Das Heilige wird nicht dargestellt zwecks Erbauung, sondern erwiesen zwecks Verteidigung. ... Nicht das Wunder steht im Mittelpunkt, sondern seine Rechtfertigung gegenüber entstellender Mißdeutung. Diese Darstellung bietet also sicher nicht die Form, in der die Christen zuerst von der wunderbaren Erzeugung des Heilandes erzählt haben. Sie setzt voraus, daß man davon erzählt hat, und daß diese Erzählung mißdeutet worden ist, so wie Josef selbst die Schwangerschaft der Maria mißdeutet."
[13] Vgl. Albrecht Oepke, Art. 'ónar; in: Theolgisches Wörterbuch zum Neuen Testament, Bd. V, Stuttgart 1954, S. 235, Anm. 50

und sie schließlich zur Heiligen erhob, die im griechischen Heiligenkalender am 27. Oktober geführt wird.[14]

Interessant ist die Verarbeitung der Szene aus dem Matthäusevangelium in den sog. Pilatusakten (oder auch Nikodemusevangelium), einer Schrift, deren Alter sich nicht genau datieren läßt, da sie offensichtlich mehrere Entwicklungsstadien durchmachte. In der ältesten erhaltenen Fassung wird im Prolog das Jahr 425 als Datum für die Übersetzung der Schrift aus dem Hebräischen ins Griechische durch den Leibgardisten Ananias genannt.[15]

In diesen Pilatusakten, die sich hauptsächlich an das Matthäusevangelium anlehnen, aber auch die johanneische Tradition zu kennen scheinen, dient der Traum der Pilatusfrau der Unterstreichung eines legendären Zugs, der vorher schon sehr breit ausgeführt ist und den Zweck hat, die unwiderstehliche Würde Jesu herauszustellen.

Zunächst breitet der Gerichtsdiener, der Jesus vor Pilatus führen soll, ein Tuch auf den Boden, über das er Jesus gehen läßt; auf Protest der Juden, wird Jesus ein zweites Mal vorgeführt, diesmal verneigen sich die kaiserlichen Standarten vor Jesus. Als die Juden erneut protestieren und ihnen zugestanden wird, selbst zwölf besonders starke jüdische Männer auswählen zu dürfen, die die Standarten festhalten sollen, verneigen sich die Standarten erneut, als Jesus an ihnen vorbeizieht; der Prozeß kann jetzt allerdings beginnen, obwohl es vorher noch zu einem Zwischenfall kommt. Die eindeutig antijüdische Tendenz dieser Darstellung ist mit Händen zu greifen.

Pilatus, durch das Zeichen mit den Standarten verwirrt, will eigentlich den Prozeß abbrechen und davonlaufen: „Als Pilatus das sah, geriet er in Furcht und wollte vom Richterstuhl aufstehen. Und während er noch ans Aufstehen dachte, schickte seine Frau zu ihm und ließ sagen: »Habe du nichts mit diesem Gerechten zu tun! Denn ich habe in der Nacht viel seinetwegen ausstehen müssen.« Da rief Pilatus alle Juden herbei, stand auf und sagte zu ihnen: »Ihr wißt, daß meine Frau gottesfürchtig ist und eher mit euch dem Judentum anhängt.« Sie antworteten ihm: »Ja, das wissen wir.« Weiter sprach Pilatus zu ihnen: »Seht, da schickte meine Frau und ließ mir sagen: ‚Habe du nichts mit diesem Gerechten zu tun! Denn ich habe in der Nacht viel seinetwegen ausstehen müssen'.« Darauf antworteten die Juden dem Pilatus: »Haben wir dir nicht gesagt, daß er ein Magier ist? Siehe, da hat er

---

[14] Vgl. v. Dobschütz, Art. Pilatus; in: Realecyklopädie für protestantische Theologie und Kirche (RE), 3. Aufl., Bd. XV, Leipzig 1904, S. 401
[15] Sie war jedoch mindestens in einer Vorform schon dem Apologeten Justin bekannt. Vgl. F. Scheidweiler, Nikodemusevangelium, Pilatusakten und Höllenfahrt Christi; in: Hennecke-Schneemelcher, Neutestamentliche Apokryphen, Bd. I, 3.Aufl., Tübingen 1959, S. 330 ff.

zu deiner Frau einen Traum geschickt.«"[16] Danach bleibt Pilatus nichts anderes übrig, als Jesus zum Vorwurf der Zauberei zu verhören.

Zweierlei ist daran interessant:
a) Ähnlich wie die Standartenepisode wird der Traum gegenüber den Juden als Argument dafür benutzt, daß selbst ein dem Judentum verbundener Mensch sich nicht gegen Jesus sperren kann.
b) Der Traum wird im Blick auf seine Herkunft reflektiert: Jesus hat ihn in seiner Eigenschaft als okkulter Praktiker dieser Frau gesandt, um sein Leben zu retten. - So jedenfalls in den Augen der Gegner Jesu.

2.1.3 Nachwirkung der Pilatusakten

In der Folgezeit ist bis in mittelalterliche Mysterienspiele hinein die Diskussion nicht abgerissen, ob der Traum göttlichen Ursprungs war, um Jesus zu retten, oder satanischen Ursprungs, um durch die Verschonung Jesu sein Heilswerk, den Erlösertod, zu verhindern. Erich Fascher[17] weist sogar auf eine Stelle bei Augustin hin, in der die Frau des Pilatus schließlich zum Antitypos Evas wird: „Bei der Weltenentstehung führt eine Frau den Mann in den Tod, in der Passion Christi fordert eine Frau zum Heil heraus".

Wer redet im Traum? - Im Blick auf die Frau des Pilatus gab es zwischen Freunden und Feinden Jesu und innerhalb seiner Anhänger zu allen Zeiten konträrste Auffassungen.

Da es allerdings außer bei Matthäus für diesen Traum der Frau des Pilatus keine nachweisliche Tradition gibt, und da selbst die Pilatusakten mit Sicherheit das Matthäusevangelium kennen und benutzen, stellt sich die Frage, woher diese Episode im Mathäusevangelium stammt.

Einiges spricht dafür, daß Matthäus diese Episode selbst geschaffen hat, vor allem der für ihn charakteristische Sprachgebrauch *kat' 'ónar*; ein Unterschied darf jedoch nicht übersehen werden: Alle Träume in Kapitel 1 und 2 enthalten eine eindeutige Weisung: Josef soll sich nicht von Maria trennen (1,20), die Magier sollen nicht zu Herodes zurückkehren (2,12), Josef soll nach Ägypten fliehen (2,13), später zurückkehren (2,19 f.) und nach Galiläa übersiedeln (2,22).

Die Frau des Pilatus hingegen hat offensichtlich nur einen Angsttraum, in dem entweder Jesus eine Rolle spielt, oder den sie infolge der aktuellen Ereignisse auf Jesus deutet. Dies alles bleibt unklar und entspricht infolgedessen nicht der Eigenart der Träume in den Vorgeschichten. Sehr wohl

---

[16] Hennecke-Schneemelcher, a.a.O., S. 336).
[17] ThLZ 1947, Sp. 202

paßt dieser Traum dagegen zu den in der Antike geläufigen, dunklen Vorahnungen vor katastrophalen Ereignissen. Dies könnte dafür sprechen, daß Matthäus diese Episode in seinen Quellen vorfand, da er offensichtlich eine Tradition der Passionsgeschichte kannte, in der der Tod Jesu von katastrophalen Naturerscheinungen begleitet ist (Erdbeben, Felsenrisse, aufgerissene Gräber, Totenerscheinungen; 27,51-53), die über das bei Markus Genannte hinausgehen (Finsternis, Mk 15,33 = Mt 27,45; zerrissener Tempelvorhang Mk 15,38 = Mt 27,51).

Stammte dieses Element also aus der Tradition, dann hätte Matthäus ihm nur durch die Formulierung *kat' 'ónar* die für ihn charakteristische Sprachgestalt gegeben.

Allerdings kommt dem Traum der Pilatusfrau durch die Plazierung innerhalb des gesamten Prozesses vor Pilatus auch noch eine andere Funktion zu: Er soll die Verbohrtheit und Bosheit der Gegner Jesu noch schärfer herausstellen. Ein größerer Kontrast läßt sich sich kaum denken: hier die Vorahnung einer Heidin, dort die Überredungskünste einer ränkeschmiedenden religiösen Führungsschicht.

2.1.4 Träume im hellenistischen Judentum

Dieses literarische Gestaltungsmittel ist jedoch nur wirksam, wenn es mit einer Leserschaft rechnen kann, für die Ahnungsträume etwas Geläufiges sind. Dies ist allerdings für den Mittelmeerraum, vor allem auch für das hellenistische Judentum, aus dessen Kreisen die Gemeinde des Matthäusevangeliums wohl hervorgegangen ist,[18] mit Sicherheit belegt. Josephus und Philo sind dafür verläßliche Zeugen.

Dabei kommt der Unterscheidung Philos zwischen dreierlei Träumen sicher auch im Blick auf Matthäus Bedeutung zu.

Philo unterscheidet:
- Träume, in denen Gott unmittelbar zu den Schlafenden redet (z. B. Abimelech, 1. Mos 20,3)
- Träume, die durch die unsterblichen Seelen im Luftraum vermittelt werden (z. B. Engel auf Jokobs Himmelsleiter, 1. Mos 28,12 ff.)
- Träume, die dem eigenen Ahnungsvermögen der Seele entstammen (die Träume in den Josephsgeschichten). Diese dritte Art von Träumen ist besonders deutungsbedürftig, da am wenigsten eindeutig; dennoch sind auch sie, wenn richtig gedeutet, Mitteilung göttlicher Wahrheit.[19]

---

[18] Zur ausführlichen Diskussion der Herkunftsfrage vgl. insbesondere Luz, a.a.O., S. 60-75
[19] Philo, De Somnis I,1; II,1 Oepke, a.a.O., S. 231

Josephus hat sogar eine noch unbefangenere Einstellung zu Träumen als Philo. Die ganze Geschichte biblischer und nachbiblischer Zeit ist bei ihm durchzogen von Träumen und Traumankündigungen.[20] Vor allem aber läßt er sich selbst in seinen Entscheidungen durch Träume leiten[21] und nimmt als Priestersohn die Fähigkeit der Traumdeutung für sich in Anspruch.[22]

Matthäus kann also sicher sein, daß er keineswegs auf Verwunderung stößt, wenn er Menschen durch Träume Weisungen empfangen läßt, sondern daß dies als Selbstverständlichkeit empfunden wird.

2.2 Die Verwendung des Begriffs 'órama in der Apostelgeschichte

Auch für diesen Begriff gelten zwei auffällige „Eindeutigkeiten":
a) Das Wort kommt im Neuen Testament mit einer Ausnahme *nur bei Lukas* vor. Matthäus verwendet es zwar in der Verklärungsgeschichte im Abschlußgespräch (17,9). Dort hat es jedoch nicht die Bedeutung „Traum", sondern steht anstelle der verbalen Konstruktion, „was sie gesehen hatten". Auch Lukas verändert die Markus-Vorlage an dieser Stelle, allerdings nur das Tempus des Verbs.

b) Lukas verwendet dieses Wort *nie in seinem Evangelium*, obwohl es dazu reichlich Gelegenheit gegeben hätte. So könnte beispielsweise auch bei Lukas die Verklärung Jesu als 'órama bezeichnet werden, zumal Lukas in der Apostelgeschichte eine Vorliebe für dieses Wort zeigt. Auch das Erlebnis des Zacharias im Tempel, als die Geburt Johannes des Täufers angekündigt wird, hätte Lukas als 'órama bezeichnen können, wenn ihm daran gelegen gewesen wäre. Statt dessen verwendet er den Begriff 'optsía, den er auch Lukas 24,23 für die Engelserscheinung gebraucht, sowie Apg 26,19 für das Bekehrungserlebnis des Apostels Paulus, womit er vielleicht einen Sprachgebrauch des Apostels selbst aufnimmt (vgl. 2.Kor 12,1).

Wenn man weiß, daß Lukas ein besonderes Verständnis vom Wesen der Jesuszeit besitzt, indem er sie als die „Mitte der Zeit"[23] ansieht, in der beispielsweise der Satan nach der Versuchung Jesu (Kap 4) bis zum Verrat des Judas (Kap 22,3) nicht auftritt, dann ist zumindest die Frage nahelie-

---

[20] Zu den verschiedenen Stellen in den „Jüdischen Altertümern" und im „Jüdischen Krieg" vgl. Oepke, a.a.O., S. 232 f.
[21] Flavius Josephus, Selbstbiographie (Vita) 42; in: [Übers.] Heinrich Clementz, Flavius Josephus, Kleinere Schriften, Wiesbaden 1993, S. 40
[22] Flavius Josephus, Der Jüdische Krieg, III,351 f.; in: [Hrsg.] Otto Michel/Otto Bauernfeind, Flavius Josephus, De Bello Judaico, Bd. I, 3.Aufl., Darmstadt 1982, S. 368
[23] Vgl. Hans Conzelmann, Die Mitte der Zeit, Studien zur Theologie des Lukas, 4.Aufl., Tübingen 1962

gend, ob möglicherweise auch hinter dieser auffälligen Verteilung zwischen Evangelium und Apostelgeschichte eine theologisch begründete, gestalterische Absicht des Lukas steht.

Wenden wir uns also auf diesem Hintergrund dem zu, was Lukas in der Apostelgeschichte als *órama* bezeichnet:

Apg 7,31 ist innerhalb der Stephanusrede das Dornbuscherlebnis des Mose (2. Mose 3,2 f.) gemeint. Da die LXX an dieser Stelle ebenfalls diesen Ausdruck verwendet, könnte er vorgegeben sein.

Apg 9,10 schließt an die Erzählung von der Bekehrung des Paulus an und bereitet die Heilung von seiner Blindheit vor. Mit ihr wird ein Christ namens Ananias in einem *órama* beauftragt. Außerdem wird diesem Ananias (V. 12) mitgeteilt, daß auch Paulus in einem *órama* Ananias gesehen habe, wie er ihm die Hände auflegte und ihn heilte. Nun ist in einigen wichtigen alten Handschriften „in einem *órama*" (V. 12) nicht eindeutig bezeugt;[24] aber das ändert nicht die Sachlage. In jedem Fall wird berichtet, Paulus habe den Ananias „gesehen", und in jedem Fall ist damit nicht das Bekehrungserlebnis selbst gemeint, sondern ein Erlebnis, das Paulus während der drei Tage in Damaskus hatte, als er zwar betete, aber weder aß noch trank (V. 9.11).

Apg 10,3 sieht der römische Hauptmann Kornelius nachmittags einen Engel „ganz deutlich" und erhält Weisung, nach Petrus zu schicken.

In *Vers 17* denkt Petrus am darauffolgenden Tag über ein Erlebnis nach, das er um die Mittagszeit hatte. Er hatte ein großes Tuch mit allerlei für einen Juden verbotenen Tieren mehrmals vom Himmel herabkommen sehen und die Aufforderung vernommen, dieses Getier zu schlachten und zu essen.

Dabei verhält er sich wie andere Menschen seiner Zeit, die solchen geschauten Dingen symbolische Bedeutung beimessen und nun nach dem Lösungsschlüssel suchen. Antike Traumbücher[25] sind ein Beweis, wie weit solche Auslegungskunst verbreitet war.

Während Petrus *(V. 19)* über dieses Erlebnis nachdenkt, sagt ihm der *Geist*, daß die Abgesandten des Kornelius angekommen sind.

Apg 11,5 greift dieses Ereignis nochmals auf, als Petrus im Haus des Hauptmanns Kornelius von seinem Erlebnis berichtet. Hier wird ausdrücklich betont, daß er in Ekstase gewesen sei, eine Aussage, die schon 10,10 gemacht wurde.

Apg 12,9 wird Petrus aus dem Gefängnis befreit; aber er nimmt es gar nicht als reale Begebenheit wahr, sondern meint, ein *órama* zu sehen. Dieses Erlebnis ereignet sich während der Nacht, als Petrus schläft. Der Engel, der ihn befreit, muß ihn ausdrücklich wecken (12, 6 f).

---

[24] Z. B. 𝔓74, ℵ, A
[25] Vgl. Oepke, a.a.O., S. 222 f.

Apg 16,9 wird betont, daß Paulus in Troas bei der Nacht ein *'órama* hatte, und zwar den Makedonier, der Paulus nach Europa rief. Im weiteren Verlauf (V. 10) wird nochmals auf dieses Erlebnis des Paulus bezuggenommen, dann allerdings im Wir-Stil weitergefahren und der Ruf nach Europa auf alle bezogen, die in diesem „Wir" zu Wort kommen.
Apg. 18,9 ist die letzte Stelle, die von einem *'órama* spricht. Paulus wird hier nachts durch den Herrn bestärkt, trotz der Schwierigkeiten, die ihm in Korinth gemacht werden, furchtlos weiter zu predigen.

Diese Übersicht macht deutlich: *'órama* heißt nicht „Traum". Präzise müßte man vielmehr sagen: Ein *'órama* kann man während eines Traumes haben,[26] man kann es auch im Zustand der Ekstase haben.[27] Vermutlich wird man die in Apg 9 berichteten Ereignisse den ekstatischen Erlebnissen zurechnen müssen. Da Petrus Apg 10 in Ekstase ist, wird man sich auch Kornelius Apg 10,3 so vorstellen müssen, wenn man nicht annehmen will, daß es noch eine besondere, nicht ekstatische Schau göttlicher Dinge gibt.

Trifft diese Beobachtung zu, so kann man sagen, Lukas gehe es gar nicht um *Träume*, sondern um Lenkung von Menschen mittels irgendwelcher Seherlebnisse, wobei noch zu fragen wäre, ob Paulus nach Meinung des Lukas in Korinth tatsächlich etwas gesehen oder nur den Herrn gehört hat.

Die Funktion dieser *'orámata* ist zwar dieselbe wie die des *'ónar* bei Matthäus, die Betonung liegt aber weniger auf der technischen Seite, *wie* diese Mitteilung Gottes an Menschen vor sich geht, sondern mehr auf der theologisch wertenden, *was* da vor sich gegangen ist.

Dies würde auch erklären, warum Lukas in seinem Evangelium das Wort meidet. Salopp ausgedrückt könnte man sagen: Für Lukas sind *'orámata* göttliche Winke, sehr kräftige zwar, aber nicht eigentlich Offenbarungen. Es sind Anstöße, Klärungen, Bestärkungen und Korrekturen des bisherigen Denkens und Planens, aber keine umwälzenden Eingriffe Gottes in die Geschichte. Deshalb wird das Damaskuserlebnis des Paulus nicht *'órama*, sondern *'óptasis* genannt, das Troaserlebnis dagegen „nur" *'órama*.[28]

Anstöße dieser Art waren nötig, um den Verfolger in die Gemeinde aufzunehmen, und zwar mußte da von beiden Seiten her dieses Aufnahme vor-

---

[26] Vgl. Apg 16,9 und 18,9 auch Apg 12,9
[27] Vgl. Apg 11,5
[28] Ob Lukas dem Schritt nach „Europa" tatsächlich so viel Bedeutung beimaß, wie dies heue in Kommentaren und Predigtmeditationen geschieht, möchte ich füglich bezweifeln. Paulus sieht auch keinen Europäer, sondern einen Makedonier. Außerdem ist schwer vorstellbar, daß ein Zeitgenosse des Lukas die Überfahrt von Troas nach Samothrake - Philippi als das Überschreiten kontinentaler Grenzen empfunden haben könnte. Ein neues Missionsgebiet, ja; etwas *völlig* Neues jedoch nicht. Es handelt sich um denselben Kulturraum!

bereitet werden. Ananias und Paulus haben komplementäre 'orámata, die aufeinander bezogen sind, wie auch Kornelius und Petrus in der anderen Erzählung, in der es um die Aufnahme eines außergewöhnlichen Gemeindeglieds geht, zu der die Gemeinde offensichtlich eines Anstoßes bedurfte.

Derartige visionären Anstöße waren nach der lukanischen Konzeption in der Zeit Jesu nicht nötig; denn er ist selbst gegenwärtig und kann sagen: „Selig, die sehen, was ihr seht!" (Luk 10,23), „Selig, die das Wort Gottes hören und bewahren!" (Luk 11,28).

Hinsichtlich der Vorstellungen, wie solche Erlebnisse zustandekommen können, bewegt sich Lukas ganz im Denken seiner Zeit, ohne es zu reflektieren.

Sein Sprachgebrauch ist durch das griechische Alte Testament vorgeprägt. Deshalb müssen wir uns jetzt dem Alten Testament zuwenden, wenn dies auch nicht in der bisherigen Breite möglich ist.

*

II TRÄUME IM ALTEN TESTAMENT

1 Der sprachliche Befund

Die Erhebung des sprachlichen Befunds im Alten Testament ist wesentlich schwieriger als im Neuen Testament. Denn wir haben es mit zwei Bibeltexten zu tun, der *Hebräischen Bibel* und der griechischen *Septuaginta*.

Methodisch bedeutet dies, daß wir zunächst einmal, der Verwendung des aus dem Neuen Testament bekannten Wortfeldes in der LXX-Übersetzung nachgehen, sodann aber in zwei Richtungen weiterdenken:
a) Feststellung der einschlägigen profangriechischen Begrifflichkeit, soweit sie von der LXX verwendet wird,
b) Untersuchung des entsprechenden hebräischen Wortfelds. Dabei darf es uns nicht wundern, wenn wir keine absolut deckungsgleichen Äquivalente zwischen dem hebräischen Sprachgebrauch und dem der LXX aufzeigen können; wir werden uns mit Tendenzen begnügen müssen und auffälligen Abweichungen besonders nachgehen.

Ein Blick in die Konkordanz ergibt:
1. '*ónar* kommt im LXX überhaupt nicht vor,
2. '*óramα* im Sinne von Traum nur, wenn diese Bedeutung durch den Zusatz „bei Nacht" sichergestellt ist.
3. Statt dessen lautet der Leitbegriff *enypnion*.

1.1 enypnion = *Traum*

Dieses Wort ist vermutlich in neutestamentlicher Zeit im außerbiblischen Sprachgebrauch das eigentliche Wort für Traum, so auch in der LXX.

Es würde den Rahmen sprengen, sollten wir alle Belegstellen dieses Wortes aufzählen. Sie sind zahlreich. Daraus läßt sich schließen, daß Träume in der Gedankenwelt des Alten Testaments keine geringe Rolle spielen.

Auch dabei läßt sich eine erfreuliche Eindeutigkeit feststellen: 'en´ypnion ist immer die Übersetzung des hebräischen Substantivs *chalom* oder Verbs *chalam*. Insofern können sich unsere weiteren Überlegungen in erster Linie auf dieses Wort konzentrieren.

1.2 *Verbreitung und Bedeutung des Wortstammes* chlm

Keineswegs ist das ganze AT von Träumen und Traumerzählungen durchzogen. Das gehäufte Vorkommen des Wortes konzentriert sich interessanterweise auf wenige Teile,[29] die sich ihrerseits eindeutig ausmachen lassen.

Eine grobe Unterscheidung der Träume läßt sich beispielsweise nach den Trauminhalten vornehmen.

- Es gibt Träume, die in rätselhaften Bildfolgen verlaufen und erst eine Botschaft vermitteln, wenn sie gedeutet werden. Diese Deutung beherrscht nicht jeder; er muß dazu in besonderer Weise befähigt sein. Auf die in der Antike verbreiteten Traumbücher wurde bereits hingewiesen, wie im AT die Aufschlüsselung von Traumerlebnissen gedacht und unter welchen Bedingungen sie möglich ist, soll im nächsten Abschnitt näher untersucht werden.

- Es gibt jedoch nicht nur diese symbolischen Träume, sondern auch solche, in denen der Träumende sofort eine klare, eindeutige Weisung empfängt. Diese sind meistens, wenn überhaupt inhaltliche Aussagen vorliegen, als Gottes- oder Engelserscheinungen dargestellt, manchmal auch in Form eines Traumberichts, der gar nicht das Gesehene, sondern nur das Gehörte wiedergibt.

- Die Grenzen zwischen Traum und Vision sind allerdings fließend, da das Hebräische für beide Phänomene je ein besonderes Wort besitzt,[30] die in der LXX meist unterschiedslos mit 'órasis übersetzt werden.

---

[29] Der statistische Befund soll im Zusammenhang mit der Frage nach dem literarischen Ort des Vorkommens behandelt werden.

[30] *chason* = Vision, *chalom* = Traum

- Eine religionsgeschichtlich besondere Gattung, wenn auch formal durchaus dem einen oder anderen soeben erwähnten Typus zuzurechnen, sind die sogenannten „Inkubationsträume", d. h. Traumerlebnisse, die vom Träumenden absichtlich in die Wege geleitet werden, indem er sich an ein Heiligtum begibt, eventuell durch Fasten und Opfer auf den Offenbarungsempfang vorbereitet und sich danach zwecks Traumempfang schlafenlegt.

Mit Sicherheit haben wir es beim Traum Salomos (1.Kön 3,5 ff.) mit der Schilderung eines solchen Inkubationstraums zu tun, ob man auch die Berufung des jungen Samuel (1.Sam 3) oder den Traum Jakobs von der Himmelsleiter in Beth-El (1.Mos 28) als solchen ansehen darf,[31] ist umstritten. Sicher kann man jedoch sagen, daß die Schilderung Berichten von Inkubationsträumen nachgebildet ist bzw. Elemente daraus aufgenommen hat.

2 Der literarische Ort der Traumaussagen

2.1 Träume findet man nicht überall

Das Vorkommen des Wortstammes *chlm* in 1. bis 4. Mose läßt sich genau eingrenzen. Den Hauptkomplex bildet dabei die Josephserzählung.[32] Die übrigen Stellen beziehen sich auf heidnische Personen[33] oder auf Gebiete außerhalb des verheißenen Landes.[34]

Eine interessante Aussage findet sich 4.Mos 12,6-8, die zwischen Propheten und Mose folgendermaßen unterscheidet:
> „*Und er sprach: Hört meine Worte: Ist jemand unter euch ein Prophet des HERRN, dem will ich mich kundmachen in Gesichten oder will mit ihm reden in Träumen. Aber so steht es nicht mit meinem Knecht Mose ... Von Mund zu Mund rede ich mit ihm, nicht durch dunkle Worte[35] oder Gleichnisse".*

Wir werden auf diese Stelle später zurückkommen, weil sich an ihr einiges zeigen läßt.

---

[31] Immerhin ist Jakob von diesem Erlebnis überrascht (1.Mos 28,16).

[32] 1.Mos 37, wo von den Jugendträumen Josephs die Rede ist, begegnet das Substantiv 8 mal, das Verb 5 mal. Kap.40 (Träume im Kerker) Subst. 5 mal, Verb 2 mal. Kap. 41 (Pharaos Träume) Subst. 13 mal, Verb 5 mal. Schließlich wird 1.Mos 42,9 nochmals an Josephs Jugendträume erinnert (Subst. und Verb je einmal).

[33] Göttliche Trauanweisungen empfängt 1.Mos 20 Abimelech, der Stadtkönig von Gerar, das im heutigen Gaza-Streifen liegt.

[34] Daß der Stammvater Jakob von Gott in Träumen Mitteilungen und Zusicherungen erhält, ist bekannt. Diese ereignen sich allerdings während des Aufenthalts bei seinem Schwiegervater Laban in Mesopotamien (1.Mos 31). Der Traum von der Himmelsleiter (1.Mos 28) findet auf dem Weg dahin statt.

[35] Das hebräische Wort *chidah* bedeutet „Rätsel", „Anspielung".

Ottosson hat andeutungsweise versucht, die Art der Träume auf verschiedene Personengruppen zu verteilen. „Die Träume, die einer Deutung bedürfen, werden fast immer von Nicht-Israeliten erlebt, obwohl der Traum vom Gott Israels gesandt worden ist."[36]

Statistisch mag dieser Befund zutreffen, ob dahinter eine theologische Absicht steht, ist eine andere Frage. Man müßte diese Beobachtung differenzierter vornehmen. Sicher ist, daß Jakob seinen Traum von der Himmelsleiter sofort deuten kann, obwohl der Bildgehalt nicht zwangsläufig eindeutig ist. - Auch Josephs Brüder wissen sofort, was die Träume ihres Bruders von den Garben und Gestirnen, die sich verneigen, bedeuten, obwohl es sich um Bilder handelt, die grundsätzlich deutungsbedürftig sind.

Dagegen sind der Bäcker und der Mundschenk im Gefängnis und Pharao selbst ebenso auf die richtigen Deutungen Josephs angewiesen wie Nebukadnezar auf die Deutungen Daniels, um gleich den anderen „Traumschwerpunkt" der biblischen Überlieferung einzubeziehen.

Man wird wohl Ottosson zustimmen müssen, wenn er grundsätzlich feststellt: „Die Deutung der symbolischen Träume bildet einen Teil des Traumberichts. Gott ist es, der die Träume sendet (Hi 7,14). Der Träumende ist beunruhigt und erschrocken (Hi 4,13 ff; 7,14), da er nicht weiß, was Gott beabsichtigt. Nur Gott kennt die richtige Deutung. Pharao und Nebuchadnezar rufen ihre berufsmäßigen Traumdeuter ... und Astrologen herbei (Gen 41,8.24; Dan 1,20; 2,20), aber diese können die Träume nicht deuten, da sie den sendenden Gott nicht kennen. ... Joseph und Daniel als Traumdeuter erscheinen als JHWHs Werkzeuge, um seine Überlegenheit über fremde Magie zu demonstrieren."[37]

Dies bedeutet aber, daß hiermit nicht nur fremder, sondern *aller* Magie ein Riegel vorgeschoben ist. Träume und Traumdeutung können sich nicht verselbständigen, gewissermaßen an Gott vorbei zu einer selbständigen Offenbarungsquelle werden, bei der Gott dank mantischer Praktiken zum Offenbaren seiner Pläne gezwungen werden könnte. Dieses Traumverständnis bleibt vielmehr im Rahmen des israelitischen Monotheismus, auch wenn von Späteren Kritik daran geübt wird.

2.2 *Andere frühe Quellen mit positivem Traumverständnis*

Darauf soll nur ganz kurz eingegangen werden.

---

[36] M. Ottosson, Art. *chlm*; in: [Hrsg.] G. J. Botterweck/H. Ringgren, Theologisches Wörterbuch zum Alten Testament, Bd II, Stuttgart 1977, Sp. 996
[37] Ottosson, a.a.O., Sp. 997

Die Erzählung von Sauls Totengeistbefragung (1.Sam 28) sieht prophetische und priesterliche Funktionen sowie Traumoffenbarungen sehr eng beieinander, wenn in V. 6 und 15 festgestellt wird, daß Gott sich Saul weder durch Träume, noch durch Urim (= priesterliches Losorakel) noch durch Propheten kundtut. Saul wird als Sohn einer reichen Bauernfamilie geschildert (1. Sam 9,1 ff.).

Auch die Erzählung eines Traumes, in dem ein Midianiter ein rollendes Gerstenbrot sieht, das im midianitischen Heerlager Verwüstung anrichtet (Ri 7,13-15), spielt in dieser bäuerlichen Welt; denn aus ihr stammt Gideon, auf den ein anderer Midianiter dieses Traumbild sofort deuten kann.

Wenn wir in den geschichtlichen Büchern des AT nach Erzählungen von Träumen ausschauen, stoßen wir immer wieder auf dieselbe geistig-kulturelle Umwelt: einen ländlichen Umkreis, in dem es offensichtlich Prophetenbewegungen gab, zu denen etwa auch ein Elisa zu rechnen ist. Dabei fällt auf, daß diese Träume keine persönlichen Mitteilungen an den Empfänger enthalten, sondern auf einen Kriegsverlauf bezogen sind.[38] Sollte dies auf einen typischen Entstehungszusammenhang hinweisen?

Joel paßt nicht in diese Linie. Er ist ein sehr später Prophet aus dem 4. Jh.,[39] der Wende zur hellenistischen Zeit. Die Verheißung von Traumoffenbarungen in der Erlösungszeit[40] zeigt allerdings, daß diese Erfahrungen nicht seiner gegenwärtigen Situation entsprechen. Außerdem zeigt die Reihung, Söhne/Töchter weissagen (*nib'u*), Greise träumen (*chalomot jachalomun*), Jünglinge haben Gesichte (*chäsjonot jir'u*), daß es sich hier um einen dreigliedrigen Parallelismus mit entsprechender sprachlicher Varianz handelt. Die Aussage ist daher in ihrem Gesamtduktus zu verstehen: *Alle* im Volk haben Gottesoffenbarungen.

Daß Joseph in Ägypten und Daniel in Babylon angesiedelt sind, ist sicher im Blick auf die dahinter stehende Traumtradition kein Zufall, sind doch aus diesen Kulturkreisen Träume und Traumbücher geläufig. Vielleicht drückt sich darin auch aus, daß man in Israel selbst dort, wo man den Träumen grundsätzlich positiv gegenüberstand, dennoch immer eine gewisse Fremdheit gegenüber diesem Phänomenen empfand.

---

[38] 1.Kön 19,19 wird Elisa durch Elia berufen, als er gerade *pflügt*. Auch die Tatsache, daß Elisa ständig in die *Auseinandersetzungen mit Aram* eingreift (2.Kön 6,8-7,17), stimmt darin mit Zügen aus Ri 7 und 1.Sam 28 überein, als es bei diesen Träumen bzw. Gottesbefragungen jeweils um *Kriegszusammenhänge* geht. Dies gilt auch für die verweigerten Orakel bei Saul.
[39] Vgl. Hans Walter Wolff, Dodekapropheton 2, BK AT XIV/2, Neukirchen 1969, S. 2 ff.
[40] Joel 3,1

2.3 Traumkritik im Deuteronomium und bei Jeremia

Träume kommen im 5. Mosebuch nicht als eigenständiges Thema vor, sondern als Veranschaulichungsbeispiel für raffinierteste Verführung zum Abfall von dem Gott Israels.

Einen solchen Kontext erfindet man nicht; er spiegelt wohl reale Gegebenheiten und Gefährdungen des Glaubens an den Gott Israels wider.

Die Entstehung des Deuteronomium als Buch ist nicht datierbar, aber die Entstehungszeit der darin begegnenden Denk- und Redeweise. Es ist grob gesagt die Zeit vor der Kultreform des Josia.[41]

Die Zeit war turbulent. Manasses Kultpolitik, die sicher auch politisch bedingt war, wird 1. Könige 21,2-9 ausführlich in schwärzesten Farben geschildert.[42]

Sein Sohn Amon regierte nur zwei Jahre. Er gilt als Fortsetzer dieser Religionspolitik, wurde allerdings von einflußreichen Hofkreisen ermordet. Der Putsch war offensichtlich nicht religiös motiviert; denn erst danach tritt eine Gruppe in Erscheinung, die bis dahin wohl nur eine untergeordnete politische Rolle spielte, unter Josia aber erstarkte, der Landadel.

Diese rechnete mit den Putschisten ab und setzte den achtjährigen Josia ein, vermutlich nicht ohne zugleich die Richtlinien der Politik zu bestimmen und damit auch Josias Reformen geistig vorzubereiten.

Man kann wohl die Warnung, die 5.Mose 13 gegenüber den Propheten und Träumern ausgesprochen wird, nicht ohne diesen Hintergrund verstehen. Wenn 5.Mose 13,2 f. der Fall angenommen wird, daß ein Prophet oder Träumer das Volk zur Verehrung anderer Götter verleiten will und sich dafür auf irgendwelche Zeichen oder Wahrsageträume beruft, die sogar eintreffen, dann könnte dies geradezu als Illustration der Verhältnisse unter Manasse erscheinen.

Daß es am Hof Propheten gab, die einerseits sehr kräftig politisch mitmischten, andererseits aber in radikalem Widerspruch zu der Botschaft der später kanonisierten Propheten standen, erfahren wir in aller Deutlichkeit

---

[41] Vgl. etwa Rolf Rendtorff, Das Alte Testament - Eine Einführung, Neukirchen 1983, S. 53
[42] Aus dieser Schilderung nur einige Stichworte: heidnische Götzen, Höhenheiligtümer im ganzen Land, Verehrung der kanaanäischen Landesgottheiten Baal, Aschera; selbst im Tempel in Jerusalem Einrichtung von Götteraltären, heidnische Mannbarkeitsriten am eigenen Sohn, Wahrsagerei, Zauberei, Totenbeschwörer, Zeichendeuter; diese Liste von Unerträglichkeiten endet mit der Feststellung (V. 9): „Doch sie wollten nicht hören, und Manasse verführte sie dazu, noch Schlimmeres zu tun als die Völker, die der HERR vor den Israeliten ausgerottet hatte."

bei Jeremia, der selbst in dieser Zeit lebt, wenn auch um eine Generation verschoben.

Jeremia hatte sich mit Propheten auseinanderzusetzen, die der Überzeugung waren, die Last der babylonischen Besatzungsmacht sei nur etwas Vorübergehendes, nicht Ernstzunehmendes. Hananja ist uns namentlich als Hauptvertreter dieser Richtung bekannt.[43] Diese Propheten brachten Jeremia nicht nur in Verlegenheit, sondern in Bedrängnis; denn durch ihre, sogar auf alte Verheißungstraditionen gegründete, optimistische Verkündigung wurde Jeremia zwangsläufig in die Rolle eines Defaitisten gedrängt. Mehr noch: Jeremia hatte keine eindeutigen, erst recht keine attraktiven Beweise für die Richtigkeit seiner Botschaft und seiner Gotteseingebungen vorzuweisen.[44]

In der Frühzeit seines Wirkens hatte er offensichtlich visionäre Erlebnisse, die ihm Gottes Handeln vorbedeuteten. Diese hielten wohl auch später noch an; aber sie spielten nie eine entscheidende, legitimierende Rolle und standen eher in der Nähe der Zeichenhandlungen als einer in Ekstase empfangenen Offenbarung. Dieser Sachverhalt wird noch dadurch unterstrichen, daß bei Jeremia der Wortstamm *chason*, der sonst die prophetische Schau bezeichnet, nur zweimal vorkommt (Jer 14,14; 23,16) und dort jeweils für die Gegner verwendet wird, während Jeremia für seine Visionen das normale Wort für „sehen" verwendet.

Jeremia stellt gegen solche traumhaften und ekstatischen Offenbarungserlebnisse das Wort des HERRN. Jeremia karikiert sogar teilweise das Prophetengehabe seiner Gegner, wenn er ihr „Murmeln" anspricht, mantische Praktiken erwähnt, ihre Visionen als „Herzensschau" bezeichnet. von Rad spricht von Halluzination,[45] und in diesem Zusammenhang auch von Träumen. „Es ist aber bezeichnend, Jeremia fällt keine *grundsätzliche* Entscheidung gegen diese Art der Offenbarungsvermittlung; wer einen Traum empfängt, der erzähle seinen Traum, aber der, der mein Wort empfängt, verkündige mein Wort."[46] Gerhard von Rad geht hier wohl etwas zu verständnisvoll mit den Gegnern Jeremias um. Immerhin finden sich in Jer 14,14 f. die sehr harten Worte: „Da sprach der HERR zu mir: Lüge weissagen die Propheten in meinem Namen. Ich habe sie nicht gesandt und ihnen keinen Auftrag erteilt und überhaupt nicht zu ihnen gesprochen. Lügengesichte und leere Wahrsagung und selbsterfundenen Trug weissagen sie euch. Darum so spricht der HERR: Diese Propheten, die in meinem Namen weis-

---

[43] Vgl. Jer 28
[44] Vgl. Gerhard von Rad, Theologie des Alten Testaments, Bd II, München 1960, S. 221: „Man sieht ihn förmlich auf der Suche nach praktischen Kriterien, an denen der falsche Prophet zu erkennen sei."
[45] Gerhard von Rad, Die falschen Propheten, ZAW NF 10, 1933, S. 118
[46] v.Rad, Propheten, a. a. O., S. 118

sagen, ohne daß ich sie gesandt habe, und die sagen: Schwert und Hunger wird es nicht geben in diesem Lande, diese Propheten werden durch Schwert und Hunger umkommen."

Ich kann daher auch das Wort aus Jeremia 23,28 nicht anders verstehen als in diesem Sinn: Träumer können nur Träume erzählen, weil sie keine andere Gotteserfahrung haben. Aber was ist das schon! Sehnsüchte, die aus dem Herzen emporsteigen? Mantik? Geplappere? Wie ganz anders steht dagegen der da, der Gottes Wort hat!

Allerdings: wie es zum Empfang dieses Wortes Gottes bei Jeremia kam, läßt er nie durchblicken. Wir wissen nur, daß er nicht einfach darüber verfügen konnte, sondern warten mußte, bis das Wort des HERRN zu ihm gelangte, einmal wird eine Frist von 10 Tagen genannt (Jer 42,7).

G. von Rad ist trotz der heute überholten Begrifflichkeit prinzipiell zuzustimmen, wenn er für Jeremia feststellt, das Wort des HERRN, „offenbar eine ganz nüchterne und unansehnliche Eingebung, ist unter allen Umständen Träumen, Ekstasen und Visionen vorzuziehen. Das, was Jeremia hier bezüglich des Wortes formuliert hat, kann theologisch nicht leicht überschätzt werden. Jeremia löst das Wort Jahwes von all den fragwürdigen Trägern und Brücken ab. Ekstasen waren vorzuweisen, Träume, Visionen erzwangen sich Anerkennung, aber gerade durch dies Verhaftetsein des Wortes Jahwes an recht gegenständliche Elemente der psychischen Sphäre, über die der Mensch noch immer verfügen kann, ermangelt dem Jahwewort die letzte souveräne Freiheit. Jahwes Wort muß ganz auf sich stehen und muß sich, wenn anders es überweltliche Offenbarung sein will, aller empfehlenden Brücken entäußern. Jeremia hat - damit sehen wir endlich wohlbegründetes Recht auf seiner Seite! - seinen Gegnern gegenüber die unbedingte Transzendenz der Offenbarung gesichert. Man wird annehmen dürfen, daß die wenigsten seiner Gegner diesen entsagungsvollen Schritt mit ihm vollzogen haben."[47]

Dies ist viel dialektische Theologie auf einmal. Ob damit Jeremia getroffen ist, mag dahingestellt bleiben! Ich habe bei diesem Propheten eher den Eindruck, daß er unter der Kargheit seiner Offenbarungen litt. Andererseits waren diese Einsichten für ihn so unabweisbar, daß er sie mit Feuer und einem Schmiedehammer vergleicht, mit dem man Felsen sprengt (23,29).

Nicht die „Überweltlichkeit der Gottesoffenbarung" und die „unbedingte Transzendenz des Wortes Gottes" hat Jeremia gegenüber Träumen und Gesichten mißtrauisch, ja ablehnend werden lassen, sondern seine Erfahrungen mit traditionellen Propheten, die traditionelle Botschaften weiterga-

---

[47] ebd.

ben und sich dabei auf traditionelle prophetische Art mit Träumen und Gesichten legitimierten und gerade damit kein Gespür für die konkrete Situation verrieten bzw. entwickelten sowie für das, was Gott angesichts der aktuellen Lage und durch diese Lage zu sagen hatte.

So urteilt er, diese Propheten verkündigten die Offenbarungsschau ihrer Herzen, was wohl nicht mit Halluzination gleichzusetzen ist, so frappierend diese Übersetzung auch sein mag, sondern eine wertende Erklärung über das Zustandekommen dieser „Offenbarungen" seiner Gegner darstellt.

Eher gibt es hier Berührungspunkte zu den Auseinandersetzungen des Apostels Paulus mit der Gemeinde in Korinth, vor allem im 2. Korintherbrief, als mit der allem Emotionalen abholden Dialektischen Theologie.

2.4 Vorbehalte gegen ekstatische Erscheinungen

Man kann mit guten Gründen fragen, ob diese Traumkritik nicht generell im israelitischen Gottesglauben ihre Wurzeln hat und auch den Kreisen nicht unbekannt war, die Träumen als Mittel der Gottesoffenbarung unbefangener gegenüberstanden.

Hierzu müßte man weit ausholen und alle möglichen mantischen Phänomene, die uns im AT begegnen, auf ihren religions- und sozialgeschichtlichen Entstehungsort und Überlieferungszusammenhang hin untersuchen. Das kann im Rahmen dieser Untersuchung nicht geleistet werden.[48]

Für unsere Überlegungen ist es allerdings von Bedeutung, daß Israel mit diesen Phänomenen offensichtlich erst im Kulturland Kanaan bekannt wurde. Dies gilt auch für die Frühgeschichte des Prophetentums. G. von Rad weist darauf hin: „An der Feststellung, daß erst nach der Landnahme Begeisterte in Israel aufgekommen sind, ist festzuhalten. Es gibt einige Anzeichen, die darauf hinweisen, daß im 11. Jahrhundert in Syrien und Palästina eine ekstatisch-mantische Bewegung aufgekommen ist, deren Ursprünge wahrscheinlich außerhalb dieses Bereichs, vielleicht in der thrakisch-kleinasiatischen Begeisterungsmantik liegen. Diese Bewegung muß dann über das Medium der kanaanäischen Religiosität nach Israel gekommen sein. Die ältesten alttestamentlichen Belege für ihr Aufkommen sind die Berichte von jenen Schwärmen von derwischartigen Begeisterten, die da und dort im Lande aufgetaucht sind und denen der israelitische Bauer verwundert genug nachgesehen haben mag (1. Sam 10,5 ff.)."[49]

---

[48] Der Feststellung einer gewissen Offenheit gegenüber diesen Phänomenen in der (kanaanäisch beeinflußten?) bäuerlichen Welt steht die Befremdung der Leute von Gibea über Sauls Ekstase gegenüber (1.Sam 10,10).

[49] von Rad, Theologie des AT, Bd II, 1960, S 22. Dennoch kam Israel über den bäuerlichen Bereich am ehesten mit der kanaanäischen Religion und Kultur in Berührung (vgl.auch 2.2).

Deshalb hat man auch kopfschüttelnd gefragt, ob Saul ebenfalls unter die Propheten geraten sei, als er von der ekstatischen Begeisterung der Propheten von Gibea erfaßt wird (1. Sam 10,11). Und Michal, die Tochter Sauls und Ehefrau Davids, ist empört und befremdet, als sie ihren königlichen Gemahl in Ekstase erblickt: „Als aber die Lade des HERRN in die Davidsstadt einzog, begab es sich, daß Michal, die Tochter Sauls, zum Fenster hinausschaute. Wie sie nun den König David vor dem HERRN springen und tanzen sah, verachtete sie ihn in ihrem Herzen." (2.Sam 6,16).

Saul selbst hatte (offensichtlich in Treue zum israelitischen Glauben und im Wissen, daß die Mantik kanaanäischer Herkunft war) alle Totenbeschwörer und Wahrsager aus dem Lande vertrieben, nahm allerdings seine Zuflucht zu der Totenbeschwörerin von En-Dor, als Gott sich ihm, wie wir bereits wissen, nicht mehr kundtut, weder durch Träume noch durch die Lose noch durch Propheten.[50] Durch diesen erzählerischen Zusammenhang wird der Bereich der Mantik nicht nur als verboten, sondern als Ausdruck tiefster Gottesferne gekennzeichnet.[51]

Auf diesem Hintergrund mag alles Ekstatische und Mantische in Israel nie ganz unverdächtig gewesen sein, so daß eine Stelle wie 4. Mose 12,6, wo Mose und die Propheten dadurch unterschieden werden, daß diese Träume haben, während sich jener von Mund zu Mund mit Gott unterhalten hat, durchaus in diesen religionsgeschichtlichen Zusammenhang gehört.

Hier werden zwar Träume noch durchaus als eine legitime Form der Gottesoffenbarung anerkannt, wenn auch zugestanden werden muß, daß es qualitativ noch Wertvolleres als Träume gibt, die Offenbarung von Mund zu Mund (4. Mos 12,8).[52]

Auch hier wird nicht näher ausgeführt, wie diese Offenbarung von Mund zu Mund vorzustellen ist, ähnlich wie bei der direkten Offenbarung des „Wortes" bei Jeremia.

Ist in beiden Fällen etwa an das gleiche Phänomen prophetischer Erfahrung und Gewißheit zu denken? Schimmert hier möglicherweise bereits in früher Zeit Kritik am archaisch-ekstatischen Prophetentum durch, das seine Wurzeln in einer anderen Art prophetischer Existenz und Gottesverbin-

---

[50] Vgl. zum Ganzen 1.Sam 28,4-25.
[51] Es sei noch einmal darauf verwiesen, daß die in der Tora überlieferten Traumerzählungen, wenn nicht in Ägypten oder Mesopotamien, so doch jedenfalls auf kanaanäischem Boden angesiedelt sind, jedenfalls nicht im Bereich des nomadischen Lebensraums Israels!
[52] Hebr. *pä al pä*. Der Talmud als „mündliche Tora" heißt *tora schäbealpä*; dennoch wird die Offenbarung der mündlichen Tora nicht von dieser Stelle abgeleitet, sondern von Ex 24,12, indem der Begriff „Gebot" auf die Mischna, „um sie zu lehren" auf den Talmud bezogen wird (Berachot 5a).

dung hat? Haben wir es 4. Mose 12,6-8 mit der Apologie eines genuin israelitischen Prophetentums gegen Strömungen unter kanaanäischem Einfluß zu tun? Wir wissen es nicht, aber einiges scheint darauf hinzudeuten.

III WER REDET IM TRAUM?

Schon die Antike kennt neben aller Faszination durch Träume auch die Traumkritik, neben Traumbüchern auch Anweisungen, wie man durch einen gesunden Lebenswandel, entsprechende Diät und Arbeitseinteilung Träume vermeiden kann.

In der Bibel gibt es einige wenige Überlieferungskreise, die offensichtlich ganz ungeniert davon ausgehen, daß Gott Vorahnungen in Träumen und Mahnungen, Weisungen und Verheißungen an Menschen ergehen läßt. In der geistigen Umwelt der Bibel ist dies nicht verwunderlich; denn dort ging man allenthalben mit Traumpraktiken um.

Dennoch läßt sich feststellen, daß diese Fundstellen für göttliche Träume sich nicht in der argumentierenden Literatur finden (etwa bei den Propheten oder in den Apostelbriefen), auch nicht in der hymnischen Literatur (Psalmen), sondern nur in der erzählerischen.

Das heißt: dort wo man mehr erlebnishaft erzählend, weniger diskursiv argumentierend seine Glaubenserfahrungen weitergibt, bleibt gelegentlich Raum für den Traum, allerdings auch nur dann, wenn noch andere Faktoren hinzukommen (z. B. ein bestimmtes geistiges Klima als Nährboden).

Die Bindung des Traumes an den Gott Israels wird zwar versucht, aber sie gelingt nicht recht. So ist es nicht verwunderlich, daß vor Traumpropheten, die zum Abfall von Gott auffordern, gewarnt werden muß (Deuteronomium). Damit ist aber nicht mehr der Traum ausschlaggebend, sondern der Inhalt der Botschaft. Es ist daher verständlich, daß Jeremia in recht abstrakt klingenden Wendungen das Wort Gottes diesen Träumen gegenüberstellen kann, wobei ungeklärt bleibt, wie dieser Wortempfang erfolgte.

Aber auch die Weisheit des Predigerbuchs steht den Träumen mit großen Vorbehalten gegenüber: „Bei vielen Träumen sind auch Luftgespinste und die Worte nehmen zu, fürwahr, fürchte Gott!" (Pred 5,6).

Wenn wir als Christen fragen, „wer redet im Traum?", dann interessiert uns diese biblische Begriffsgeschichte vor allem insoweit, als sie uns hilfreich sein kann bei der Beantwortung der Frage: „Was habe ich davon zu halten, wenn ich seltsame Dinge träume? Sind das symbolisch verschlüsselte Weisungen Gottes oder physiologisch, psychologisch oder tiefenpsychologisch zu erklärende Phänomene? Wie muß ich darauf reagieren? Muß ich mich fragen, was bei mir in Vergangenheit oder Gegenwart in Unordnung ist und wieder ins Lot gebracht werden muß, damit ich von diesen Träumen befreit werde, oder muß ich grübeln, was Gott mir oder durch mich anderen Menschen sagen, vorbedeuten, antragen will?"

Wenn ich bei dieser Frage das ganze Spektrum der biblischen Aussagen ernst nehme und nicht nur herausgreife, was der Bildungstradition, in der ich verwurzelt bin, am symphatischsten ist, dann muß ich sagen: Warum sollte Gott nicht auch in einem Traum zu uns reden können, wie er in so vielen und vielfältigen Begebenheiten zu uns redet?

Allerdings, das lehren uns selbst die biblischen Stellen, die dem Traumerleben sehr positiv gegenüberstehen, dieses Reden Gottes im Traum geschicht nicht so, daß bestimmte metaphorische Traumbilder bestimmten Sachverhalten entsprechen und daher auch im voraus anzeigen, was geschehen wird, sondern doch eher so, daß ein Traum mich bewegt, verfolgt, mich nachdenklich macht, mich aus meinen Selbstverständlichkeiten herausreißt und daher für das empfänglicher macht, was Gott mir sagen will.

Diese Art Gottes, zum Menschen zu reden, ist allerdings eine indirekte, vermittelte, möglicherweise durch einen Traum angestoßene; aber die gleiche Funktion könnte auch ein Erlebnis, ein Stück Literatur, eine Nachricht im Fernsehen, ein Bündel von Ereignissen haben, die mich hindern, meinen Weg ungestört weiterzugehen, sondern zwingen, innezuhalten, nachzudenken, aufnahmebereit zu werden für das, was Gott mir sagen will.

Grausamer Glaubensgehorsam?

Die Bindung Isaaks (1.Mos 22,1-14)[1]

1 Isaak in den Vätergeschichten

Die biblische Tradition sieht Abraham, Isaak und Jakob in einer direkten Abstammungslinie von drei Generationen. Die Exegeten sehen dies viel komplexer. Gerhard von Rad weist in seinem Kommentar darauf hin, das „alte heilsgeschichtliche Credo hatte die Väterzeit nur mit einem Satz berührt: »Ein umherirrender Aramäer war mein Vater« (5.Mos 26,5). Und wie gewaltig ist dieser eine Satz in 1.Mos 12-50 entfaltet! Die Geschichte jedes Patriarchen (mit Ausnahme Isaaks) ist ja für sich selbst schon durch einen großen Aufwand an göttlichen Verheißungen und Erfüllungen zu einem höchst spannungsreichen Gefüge geworden. Dieser Ausbau der Vätergeschichte zu einer so weitausladenden Erzählung ist das Produkt langer Sammelarbeit und mehr noch einer überlegenen Kunst theologischen Komponierens."[2]

Eine ausführliche Zusammenfassung der wissenschaftlichen Diskussion über die Entstehung der Isaak-Tradition, ihre lokale Herkunft, Trägerkreise, Verbindung zu den anderen Personen der Vätergeschichten bietet Herbert Schmid.[3] Diese Fragen können jedoch hier auf sich beruhen, da die uns beschäftigende Erzählung das Vater-Sohn-Verhältnis zwischen Abraham und Isaak bereits voraussetzt, also erst entstanden sein kann, nachdem die genealogische Verknüpfung der Erzvätergestalten bereits stattgefunden hatte.

Wichtiger für unsere Überlegungen sind dagegen die Erörterungen über die „Väterreligion".[4] Die Gesamtkonzeption der biblischen Überlieferung geht natürlich davon aus, daß auch die Väter keinen anderen Gott verehrt haben als das spätere Israel. Am deutlichsten kommt diese Gleichsetzung in 2.Mos 3,15 zum Ausdruck. Dort erhält Mose den Auftrag, dem Volk zu sagen: „Der HERR, der Gott eurer Väter, der Gott Abrahams, der Gott Isaaks, der Gott Jakobs hat mich zu euch gesandt." Die umständliche Formulierung[5] zeigt, daß an dieser zentralen Stelle der entscheidenden Of-

---

[1] Im März 1992 für eine religionspädagogische Fortbildung erarbeitet.
[2] Gerhard von Rad, Das erste Buch Mose (ATD 3), Göttingen 1952, S. 137
[3] Herbert Schmid, Die Gestalt des Isaak. Ihr Verhältnis zur Abraham- und Jakobtradition, Darmstadt 1991
[4] H. Schmid, Isaak, S. 73 ff.
[5] Martin Noth, Das zweite Buch Mose, S. 30: „Man kann sich freilich des Eindrucks nicht erwehren, daß in V. 14.15 eine Überfüllung vorliegt."

fenbarung des Namens Gottes ein elementares Bedürfnis nach Gleichsetzung der verschiedenen Gottesbezeichnungen bestand. [6]

Werner H. Schmidt stellt zu der geschichtlichen Entwicklung fest: „Setzen die Halbnomaden bei dem Weidewechsel oder der Seßhaftwerdung ihre Vätergötter mit den El-Gottheiten der Kulturlandheiligtümer gleich, so stellt die Identifikation der Vätergötter mit Jahwe, die eine Tradition bei Mose geschehen läßt (Ex 3,6.13 ff; 6,2 f; vgl. aber Gen 28,13; 32,10), eine *dritte* Stufe im Gang der Religionsgeschichte dar."[7]

Diese Erörterungen sind wichtig, weil der Gebrauch der Gottesbezeichnungen in der Erzählung von Isaaks Bindung eine wichtige Rolle spielt.

2 *Umfang, Ursprung und Anstößigkeit der Erzählung von Abrahams Versuchung*

Alle drei Fragen hängen miteinander zusammen; denn die Anstößigkeit könnte sich relativieren, wenn man eine vorisraelische Entstehung nachweisen könnte.

2.1 Ursprung

Wir haben bereits festgestellt, daß die Erzählung die genealogische Beziehung zwischen Abraham und Isaak schon voraussetzt. Sie kann also nicht aus frühester Zeit stammen. Dies schließt jedoch nicht aus, daß es traditionsgeschichtliche Vorstufen gibt.[8]

---

[6] H. Schmid, Isaak, S. 75, weist dabei auf Köckerts Unterscheidung von vier Typen der Vätergottbezeichnungen hin: „A: der Gott des PN (=Personenname), z. B. der Gott Isaaks in Gen 28,13; 46,1. B: der Gott meines/deines Vaters, z. B. in Gen 31,42. C: Kombinationen aus A und B, wie z.B. der Gott meines Vaters Isaak in Gen 32,10. D: Appellativum und PN: pachad Jizchaq in 31,42.53."

[7] W. H. Schmidt, Glaube, S. 29. M.Köckert (zitiert nach H.Schmid, Isaak, S. 76) meint dagegen: „Weder allmähliches Zusammenwachsen ehedem selbständiger Numina aus grauer nomadischer Vorzeit noch nachträgliche Identifikation unterschiedlicher Religionstypen in Ex 3, sondern die literarische Verbindung disparater Überlieferungen hat hier wie dort Gestalt gewonnen." - Es bleibt jedoch fraglich, ob ein solches literarisches Konstrukt sich hätte durchsetzen können, wenn ein entsprechender Verschmelzungsprozeß nicht vorangegangen wäre.

[8] Daß es eine Erzählung dieser Art gegeben haben könnte, die noch nicht mit den Namen Abraham und Isaak belegt war, könnte man aus der Tatsache schließen, daß in V. 2 die Bezeichnung des Opfers sehr umständlich erfolgt und der Name erst an vierter Stelle erscheint. Doch gibt es dafür auch tiefsinnige theologische Erklärungen und strukturelle Vergleiche zu 1.Mos 12. Außerdem wird in der Erzählung öfter von „Knabe" und „Sohn" ohne Namensnennung gesprochen, so daß gelegentlich der Eindruck entsteht, die Namen seien später in die Erzählung eingefügt.

Davon geht v. Rad aus, wenn er in einem Nachwort zu seiner Auslegung feststellt: „Es mag deutlich geworden sein, daß die Erzählung in ihrer mutmaßlichen ältesten Fassung die Kultsage eines Heiligtums war und als solche hat sie die Auslösung eines eigentlich von der Gottheit geforderten Kinderopfers durch ein Tieropfer legitimiert."[9]

Claus Westermann gibt sich in dieser Frage zurückhaltend: „Während ich der Meinung bin, daß es nicht möglich ist, die ältere Erzählung zu rekonstruieren, haben HGraf Reventlow und RKilian [...] eine solche Rekonstruktion versucht."[10]

Erhard Blum ist noch skeptischer: *„Westermanns* Annahme [...] ist kaum mehr als ein Postulat."[11] Einerseits ist für Blum 1.Mos 22,1-14 „ein überlieferungsgeschichtlich einheitlicher Text"[12], der aber andererseits durch eine große „Sinnkomplexität" gekennzeichnet ist. So greift Blum insgesamt „vier thematische Aspekte auf: 1. Die Prüfung Abrahams, 2. das Vertrauen Abrahams, 3. der heilige Ort, 4. das Kinderopfer." [13]

Wichtig ist die Frage nach etwaigen Vorstufen der Erzählung im Blick auf das zentrale Problem der geforderten Opferung des Sohnes. Handelt es sich tatsächlich um eine alte Kultätiologie, in der die Abschaffung des Kinderopfers bzw. die Auslösung durch ein Tieropfer begründet wird (v.Rad, Westermann[14])? Oder geht es um die Erprobung der Glaubenstreue möglicherweise sogar des blinden Gehorsams Abrahams, der mit dem Vollzug des Geforderten die Verheißung der Nachkommenschaft gefährden würde?[15] Und worin besteht die Prüfung, in der Bereitschaft, Gott seinen Sohn zu

---

[9] G. v. Rad, Komm., S. 208
[10] Claus Westermann, Genesis 12-36 (Biblischer Kommentar I/2), Neukirchen 1981, S. 433
[11] Erhard Blum, Die Komposition der Vätergeschichte (WMANT 57), Neukirchen 1984, S. 321, Anm 53
[12] a.a.O., S. 320
[13] a.a.O., S. 321
[14] C. Westermann, Kommentar, S. 438, sieht die Erzählung in einem deutlichen Zusammenhang zu den Kinderopfern für Moloch, die ausnahmslos verurteilt oder gar mit Todesstrafe bedroht werden (3.Mos 18,21; 20,2-5). Dasselbe gilt im Blick auf die Sitte, Söhne und Töchter zu „verbrennen im Feuer für ihre Götter" (z.B. 5.Mos 12,31; Jer 7,31; 19,5), für das die Wendung „durchs Feuer gehen lassen" (2.Kön 16,3; 17,17) vielleicht etwas zu euphemistisch ist, auch wenn teilweise bezweifelt wird, ob es sich dabei tatsächlich um Kindesopfer handelte (vgl. E.Blum, Vätergeschichte, S. 327). „Auf diesem Hintergrund ist Gn 22 zu verstehen."
[15] Daß beide Motive miteinander verbunden werden können, zeigt der frühere britische Oberrabbiner Joseph Herman Hertz, Pentateuch und Haftoroth, [Berlin 1937-38], Neuauflage Zürich 1984, Band I, Genesis, S. 181 f.: „Der Zweck dieses göttlichen Gebotes war, Abrahams Glauben einer höchsten Prüfung zu unterziehen und so seine Gläubigkeit durch heroische Übung zu stärken. [...] In jenem Zeitalter war es eigentlich erstaunlich, daß Abrahams Gott zur *Verhütung* des Opfers eingriff, nicht daß Er es forderte. Es war daher der erste Zweck dieses Gebotes, dem Patriarchen Abraham und seinen Nachkommen zu zeigen, daß Gott das Menschenopfer mit unendlichem Abscheu verwirft. Zum Unterschied von den grausamen heidnischen Gottheiten war es die geistige Hingabe allein, die der Ewige fordert."

opfern, oder in dem Vertrauen, Gott werde sich schon ein Schäfchen ersehen (V. 8)?[16]

2.2 Umfang

Die Frage der Abgrenzung des Textes löst einen Teil der Fragen. Es kann nicht ernsthaft bezweifelt werden, daß (ungeachtet der Frage vorliterarischer Vorstufen der Erzählung) mit V. 15 ein interpretierender Neueinsatz beginnt. „In weitgehendem Konsens wird die Verheißungsrede in Gen 22,15-18 überlieferungsgeschichtlich von der älteren Erzählung Gen 22 unterschieden."[17] Er erweist darauf, daß die erneute Rede des Engels außerhalb des erzählerischen Spannungsbogens stehe, der mit V. 14 zum Abschluß kommt; hinzu kommt die völlig andere Akzentuierung der Handlung als Gehorsamstat; schließlich scheint die Gültigkeit der Verheißung von dieser Gehorsamsleistung abhängig zu sein.

Selbst der jüdische Kommentator B. Jacob scheint dies auch ohne Annahme eines literarischen Wachstums zu spüren, wenn er für das Wort *„zum zweiten Male"* zwei Bedeutungen annimmt, nämlich außer der Bezeichnung einer Wiederholung „eine abschließende Fortsetzung und Ergänzung. Das Letztere ist hier der Fall. Es mußte mit neuer Rede angehoben werden, weil v.13 14 zwischengetreten ist".[18] D. h. auch Jacob empfindet nach V. 14 einen so deutlichen Einschnitt, daß ein Neueinsatz nötig ist.

Schließlich darf nicht übersehen werden, daß Isaak in diesen Versen überhaupt keine Rolle mehr spielt.

2.3 Anstößigkeit

Alle Auslegungen setzen sich mit der Problematik auseinander, daß Gott in dieser Erzählung expressis verbis ein Menschenopfer, die Opferung eines Sohnes, fordert. Die Reaktionen bewegen sich zwischen Scheu und Abscheu, die Erklärungen verraten meist mehr über die Wertordnungen der Exegeten als über den Text in seinem biblisch-jüdischen Kontext.

Dabei ist es keineswegs ein modernistischer Gedanke, daß es nicht Gott gewesen sein könne, der ein derartiges Ansinnen an einen Menschen rich-

---

[16] Vgl. E.Blum, Vätergeschichte, S. 323. Damit distanziert sich Blum von G. v. Rads literarisch-ästhetischer Deutung dieses Verses, Abrahams Antwort, enthalte „eine Wahrheit, die Abraham selbst noch nicht bewußt ist." Er schafft aber damit nicht das Problem aus der Welt, daß Gott (mit welchen Gründen auch immer) von Abraham etwas fordert, das nicht nur unmenschlich ist, sondern auch allen einschlägigen biblischen Weisungen widerspricht.

[17] E. Blum, Vätergeschichte, S. 320

[18] B. Jacob, Das erste Buch der Tora, Genesis, Berlin 1934 [Reprint New York], S. 502

tet.¹⁹ Die Bibel selbst interpretiert den Anspruch Gottes auf den erstgeborenen Sohn (2.Mos 22,28) durch das Auslösegebot (2.Mos 34,20) und verurteilt Kinderopfer, wie sie mindestens in der heidnischen Umwelt Israels vorgekommen sind.²⁰

Jüdische wie christliche Auslegungen lassen sich daher grob in zwei Gruppen einteilen: 1. Man sieht den Widerspruch zwischen der Opferung eines Menschen und dem Glauben Israels und betont das Moment der *Versuchung*. Die Frage, welche Vorstellung von Gott damit entsteht, wird dabei nicht immer mit der nötigen Eindringlichkeit gestellt. 2. Man versucht den Widerspruch zu lösen, indem man fragt, ob es tatsächlich *Gott* war, der Abraham versuchte.

1. Reflexion über die Versuchung:

Gerhard von Rad nähert sich der Erzählung, die er als „die formvollendetste und abgründigste aller Vätergeschichten" bezeichnet,²¹ mit dem Vorbehalt: „Die Sache ist nun aber so, daß dem Leser von vornherein gesagt wird: *Nur* um eine Versuchung durch Gott hat es sich gehandelt, um eine Zumutung, mit der Gott nicht Ernst machen wollte. Für Abraham aber hatte der an ihn ergangene Befehl einen tödlichen Ernst."²²
Dem kritischen Leser dieser Zeilen stellt sich die Frage: Ist das Bild eines Gottes, der eine solche Forderung nicht ernst meint, weniger abschreckend, als wenn es tatsächlich um die Durchführung des Befehls ginge? Kann man zu einem Gott Vertrauen entwickeln, der „Versuche" dieser Art mit Menschen macht? Wird das Wort „versuchen" im Vergleich zu seiner sonstigen Verwendung in der hebräischen Bibel dabei ernst genommen?²³

---

[19] C. Westermann, Komm., S. 432, zitiert Immanuel Kant, nach dem der Mensch ein sicheres Kriterium besitze, um entscheiden zu können, ob eine Eingebung göttlich ist oder nicht: „denn wenn das, was ihm durch sie geboten wird, dem moralischen Gesetz zuwider ist, so mag die Erscheinung ihm noch so majestätisch und die ganze Natur überschreitend dünken; er muß sie doch für eine Täuschung halten." Hier wird das moralische Empfinden des Menschen zum Maßstab erhoben. Wie sehr dies täuschen kann, hat spätestens die NS-Ideologie gezeigt.

[20] Daß der Talmud die Erzählung im Gegensatz zu heidnischen Praktiken sieht und Gottes Willen davon ausdrücklich unterscheidet, wird aus Traktat Taanit 4 a in einer Auslegung zu Jer 19,5 deutlich: „*was ich weder geboten noch angeordnet habe, und was mir nie in den Sinn gekommen ist. Was ich weder geboten,* das ist [die Opferung] des Sohnes des Mischa, Königs von Moab, wie es heißt [2.Kön 3,27]: *da nahm er seinen erstgeborenen Sohn, der nach ihm herrschen sollte, und opferte ihn als Brandopfer. Noch angeordnet habe,* Das ist [die Opferung] der Tochter des Jiphtach. *Was mir nie in den Sinn gekommen ist,* das ist [die Opferung] Jizchaqs, des Sohnes Abrahams."

[21] G. v. Rad, Komm., S. 203

[22] a.a.O., S. 204; Hervorhebung durch mich. Wenige Zeilen später spricht v.Rad davon, daß der „Gedanke der Versuchung, d. h. einer pädagogischen Belastungsprobe" in den Vätergeschichten nicht neu sei.

[23] Vgl. dazu: Hans Maaß, Gotteserfahrungen und Herausforderungen des Lebens; in: Beiträge Pädagogischer Arbeit I/1986, Karlsruhe 1986, S. 14 ff.

Ähnlich könnte man **Joseph Herman Hertz** verstehen, wenn er darauf hinweist, daß „es von Anfang an Seine [Gottes] Absicht war, das Unheil zu verhüten, sobald das geistige Ziel der Versuchung erfüllt war." [24] Der Unterschied wird jedoch deutlich, wenn der Blick auf die Geschichte Israels gelenkt wird. „Mit dem Aufstand der Makkabäer, als die Juden zuerst aufgerufen wurden, ihr Leben für den Glauben hinzugeben, beginnt für die Akedah und ihre Forderung an den Menschen, sich Gottes Willen und den Vorschriften des göttlichen Gesetzes bedingungslos hinzugeben, eine neue Sinngebung und eine neue Wirkungsmöglichkeit. Abrahams Bereitschaft, seine kostbarsten Güter auf dem Altare seines Gottes darzubringen, sie ist es, die ein neues Ideal, das Ideal des Martyriums hervorbrachte und entwickelte. [...] Als in späteren Jahrhunderten die Verfolgungen sich verschärften, da lebte die »Bindung Isaaks« stets im Geiste jener Männer und Frauen, denen in jedem Augenblick die schreckliche Alternative des Abfalls oder des Todes gestellt werden konnte. [...] Im Mittelalter gab sie Vätern und Müttern den übermenschlichen Mut, sich selbst und ihre Kinder lieber hinzuschlachten, als sie dem Götzendienst oder der Taufe anheimfallen zu lassen."[25]
Auch v.Rad blickt auf die Geschichte Israels: „Das spätere Israel, das diese Geschichte las, und erzählte, konnte wohl nicht anders als sich in Isaak verkörpert zu sehen, d. h. also auf den Altar Jahwes gelegt, ihm zurückgegeben und dann allein von ihm das Leben zurückempfangend, [...] allein aus dem Willen dessen, der Isaak aus der Freiheit seiner Gnade leben ließ."[26] Das Vokabular zeigt aber nicht nur die Verwurzelung in christlichen Denktraditionen, sondern auch die Ausblendung der Millionen von Opfern, die tatsächlich ihr Leben verloren, und statt dessen die Fixierung auf das Überlebenswunder des Volkes als Ganzes.

Eine Mittelposition nimmt **Roland Gradwohl** ein, der sowohl das Lebensopfer als auch die Erfahrung der Rettung betont: „Als ʻaqedá bezeichnet die jüdische Literatur das Glaubensopfer, welches das eigene Leben herzugeben bereit ist, »um der Heiligung des göttlichen Namens willen« (*ʻal qidúsch Haschém*). Das mit seinen »Hörnern" in grauenhaftem Geschick allzu oft festgefahrene jüdische Volk kennt die Tiefen des Elends, es kennt aber auch den Aufstieg aus dem Dunkel ans Licht. [...] Die ʻaqedá ist kein Ideal, das man anvisieren müßte. Ein Martyrium wird aufgezwungen, und wer es auf sich nimmt und »die Leiden der Liebe« (... nach Spr 3,12) trägt, dient seinem Schöpfer."[27]

Für **Erhard Blum** besteht die Versuchung Abrahams letztlich darin, ob er erkennt und darauf vertraut, daß *„Gott sich ein Schäfchen ersehen wird"*

---

[24] J. H. Hertz, Genesis, S. 182
[25] a.a.O., S. 182 f.
[26] G. v. Rad, Komm., S. 209
[27] Roland Gradwohl, Bibelauslegungen aus jüdischen Quellen, Band 1, Stuttgart 1986, S. 86

(V. 8).²⁸ Diese Deutung läge nahe, wenn Abraham am Anfang der Erzählung nur aufgefordert würde, sich aufzumachen, seinen Sohn mitzunehmen und an einem noch zu benennenden Ort zu opfern. Bei einer solchen Exposition wäre die Frage, wen oder was er opfern solle, offen und eine Vertrauensprobe in der von Blum angenommenen Form möglich. Es heißt aber von Anfang an „und opfere *ihn* dort" (V. 2).

Claus Westermann sieht das ganze Geschehen exemplarisch und deutet es im Sinne einer existentialen, allgemein-menschlichen Interpretation: „Das Leiden eines Menschen wird als Prüfung Gottes dargestellt. Auch im Hiobprolog ist eines der Leiden, durch die Hiob erprobt wird, der Verlust seiner Kinder. Dort ist es als Unglücksfall erzählt; wenn von Abraham verlangt wird, daß er selbst seinen Sohn als Opfer darbringt, ist das eine Steigerung, die sich aus der vorgegebenen alten Erzählung nahelegte. Die Erzählung handelt dann nicht von einem im letzten Augenblick verhinderten Kinderopfer; hinter Gn 22 steht eine Leidenserfahrung Abrahams, eine tödliche Gefährdung seines Kindes, die im letzten Augenblick abgewandt wurde."²⁹ Diese Deutung kann nicht befriedigen, weil sie die Zumutung schwerer Erlebnisse nicht genügend von der Zumutung unterscheidet, auf Gottes *Geheiß* etwas von Gott *Verbotenes* zu tun, das persönlich *schmerzt* und die von Gott gegebene *Verheißung gefährdet*.

Bereits der **Talmud** versucht, das Versuchungsmotiv *positiv* zu verstehen: Traktat **Sanhedrin 89 b** geht von der verstärkenden Partikel „*na*"³⁰ bei der Aufforderung „nimm" aus. „Rabbi Schim'on b. Abba³¹ sagte: »Doch« ist nichts anderes als eine Art Bitte." An einem Gleichnis von einem erfolgreichen Feldherrn erläutert er dann den Sinn der Versuchung Abrahams: „ Ein König [...] hatte einen Helden, der immer siegte; als ihm nach Tagen wieder ein schwerer Krieg bevorstand, sprach er zu ihm: Ich bitte dich, halte Stand in diesem Kriege, damit man nicht sage, die früheren seien bedeutungslos. Ebenso sprach der Heilige, gepriesen sei er, zu Abraham. Ich habe dich durch viele Versuchungen geprüft, und du hast sie immer bestanden, halte Stand auch bei dieser Versuchung, damit man nicht sage, die früheren seien bedeutungslos."³² - Hier steht eindeutig die Außenperspektive der Prüfung im Blickpunkt. Abraham legt durch seine *Standhaftigkeit* gegenüber den Außenstehenden ein *Zeugnis für Gottestreue* ab. Es geht also nicht darum, daß Gott die Verläßlichkeit Abrahams erproben will, sondern daß andere sie beispielhaft erfahren.

---

²⁸ Vgl. E. Blum, Vätergeschichte, S. 322 f.
²⁹ C. Westermann, Komm., S. 436. Ganz im Sinne einer allgemein-menschlichen Erfahrung spricht er dann auch vom „Leidensweg eines Vaters" (S. 446) und davon, „was es bedeutet, ein Kind hergeben zu müssen" (S. 447).
³⁰ *na* = doch
³¹ um 280
³² Zitiert nach Lazarus Goldschmidt, Der Babylonische Talmud, Bd. IX, Berlin 1934

Raschi nimmt eine Zwischenstellung zwischen diesen und den folgenden Erwägungen ein. Er zweifelt zwar nicht, daß der Redende Gott selbst ist, sieht aber in dem Wortlaut der Aufforderung einen Hinweis, daß Gott von Anfang an nie die Absicht hatte, Isaak durch Abraham opfern zu lassen. Auch Abraham konnte dies, wenn er genau auf Gottes Worte achtete, wissen. „*Und bringe ihn hinauf,* Er sagte nicht zu ihm, schlachte ihn, weil der Heilige, gelobt sei er, nicht wollte, daß er ihn schlachte, sondern auf den Berg bringe, um ihn zum Ganzopfer zu bereiten; und als er ihn hinaufgebracht hatte, sagte er zu ihm, führe ihn wieder hinab."[33] Leider gibt Raschi nicht an, worin der logische Sinn dieser Maßnahme bestehen sollte.

2. Reflexion über den Versuchenden

Joseph Herman Hertz wendet sich gegen alle, die eine solche Zumutung an Abraham im Widerspruch zum jüdischen Gottesglauben sehen. „»Nur ein Moloch fordert Menschenopfer«, so rufen sie verdrießlich mit *Abraham Geiger*[34] aus. Es gibt jedoch in der ganzen menschlichen Geschichte nicht einen einzigen erhabenen Gedanken, der keine Opfer, Menschenopfer, für sich gefordert hätte. Die Wissenschaft, ebenso wie die Freiheit und die Humanität, sie alle nahmen ihren Tribut an Märtyrern ; so auch das Judentum in Vergangenheit und Gegenwart [...]. Kein anderes Volk auf Erden hat für Wahrheit, Gewissen, Menschenehre und Menschenfreiheit ähnliche Opfer gebracht."[35] Diese Beispiele hochgesteckter menschlicher Ziele scheinen allerdings näher bei „Moloch" als bei dem „Gott Israels" zu liegen.

Hier ist ein Verständnis der Szene vorausgesetzt, demzufolge nicht nur Abraham seinen Sohn gehorsam *her*gibt, sondern dieser sich auch freiwillig *hin*gibt. **Roland Gradwohl** verweist dazu auf auf den Kommentar des spanischen R. Bachja ben Ascher (1260-1340, Saragossa): „Wessen (Glaubens-)Kraft war größer, Abrahams oder Isaaks? frägt R. Bachja ben Ascher. »Manche sagten, die Kraft Abrahams«, denn er sollte sein Kind mit der eigenen Hand töten. Das ist schlimmer als der eigene Opfertod. »Und manche sagen, die Kraft Isaaks war größer, denn Abraham hat von Gott den Auftrag erhalten, Isaak aber von seinem Vater (d. h. von einem Menschen)«."[36] Diese Vorstellung ist bereits im Talmud von **R. Levi** (um 300) überliefert (s.u.).

---

[33] Raschi-Kommentar zum Pentateuch, [Übers.] Selig Bamberger, Basel ³1975, S. 58. Raschi macht sich dabei die Tatsache zunutze, daß das hebräische Wort für „opfern" zugleich „hinaufbringen" bedeutet.
[34] 1810-1874, „der bedeutendste j. Theologe und Vertreter der religiösen Reformbewegung" (Jüdisches Lexikon, Bd II, Sp. 939)
[35] J. H. Hertz, Genesis, S. 183
[36] R. Gradwohl, Bibelauslegungen Bd I, S. 84

Schon der **Talmud** bringt den *Satan als den eigentlichen Versucher* ins Spiel. Dabei ist die entsprechende Passage in **Sanhedrin 89 b** ein Musterbeispiel genauester Textbeobachtung rabbinischer Exegeten: *„Nach diesen Begebenheiten, da versuchte Gott Abraham.* Nach welchen? R. Jochanan[37] erwiderte im Namen des R. Jose b. Zimra[38]: Nach den Worten des Satans.[39] Es heißt nämlich: *und der Knabe wuchs heran und wurde entwöhnt &c.* Der Satan sprach nämlich vor dem Heiligen, gepriesen sei er, Herr der Welt, du hast ihm mit hundert Jahren eine Leibesfrucht geschenkt; von seinem ganzen Festmahle aber hatte er nicht eine Turteltaube und nicht eine junge Taube, um sie dir zu opfern![40] Er erwiderte ihm: Dies alles tat er ja nur wegen seines Sohnes; und wenn ich zu ihm sagen würde, daß er seinen Sohn für mich schlachte, so tut er es sofort. Hierauf: *da versuchte Gott Abraham.*" Hier wird zwar nicht am biblischen Wortlaut gerüttelt, aber das unverständliche Handeln Gottes mit dem satanischen Zweifel an der Gottergebenheit Abrahams begründet.

Umgekehrt wird Abraham auch nicht als herzloser Heros dargestellt, der seinem Gott kaltblütig alles opfert. In einem äußerst sensiblen Gespräch, das sich ganz langsam zum Kern vortastet, indem es die umständlich wirkende Bezeichnung des Opfers erklärt, wird kurz danach einerseits Abrahams zögerliche Bereitschaft und andererseits Gottes schonungsvolle Vorbereitung herausgestellt: *„Deinen Sohn.* - Ich habe zwei Söhne. - *Deinen einzigen.* - Der eine ist ein einziger seiner Mutter und der andere ist ein einziger seiner Mutter. - *Den du lieb hast.* - Beide sind mir lieb - *Den Jizchaq.* - Wozu dies alles? - Um nicht sein Sinnen [durch die Überraschung] zu verwirren."

Im anschließenden Text versucht dann der Satan auf dem Wege Abrahams zur Opferstätte, Abraham mit verschiedenen Worten aus dem Hiobbuch in seinem Entschluß unsicher zu machen. Als dies nicht gelingt, will er den Wert der Opferbereitschaft mindern, indem er ihm Gottes Geheimnis verrät: *„Zu mir drang eine verstohlenes Wort; ich hörte (von) hinter dem [himmlischen] Vorhange, daß ein Schaf und nicht Jizchaq zum Brandopfer bestimmt sei. Jener erwiderte ihm: Das ist die Strafe des Lügners, selbst wenn er die Wahrheit spricht, glaubt man ihm nicht."* Die Argumente des Satans erinnern in diesem Gesprächsgang auffallend an die Erklärungsversuche G.v.Rads und E. Blums.

Ganz anders deutet **R. Levi**[41] die Stelle. Seine Deutung ist der R. Jochanans in **Sanhedrin 89 b** direkt angefügt. Auch er geht von dem einleitenden

---

[37] Gest. 279
[38] Um 220
[39] Dieser Erklärung liegt die doppelte Bedeutung des hebräischen Wortes *davar (pl. devarim)* **Wort** und **Sache, Begebenheit** zugrunde.
[40] Dieser Einwand geht von der Beobachtung aus, daß 1.Mos 21,8 zwar von einem Fest spricht, das Abraham am Tag der Entwöhnung veranstaltete, dabei aber nichts von einem Opfer erwähnt.
[41] um 300

Vers, „nach diesen Begebenheiten/Worten ...", aus. „R. Levi erklärte: Nach den Worten, die Jischmaél an Izchaq gerichtet hatte. Jischmaél sprach nämlich zu Jizchaq: Ich bin betreff der gottgefälligen Handlungen bedeutender als du; du bist mit acht Tagen beschnitten worden, ich aber mit dreizehn Jahren. Er erwiderte ihm: Du neckst mich wegen des einen Gliedes, ich aber würde, wenn der Heilige, gepriesen sei er, mich auffordern sollte, mich für ihn schlachten zu lassen, auch dies tun. Hierauf: *Da versuchte Gott Abraham.*"

Auch hier ist Gott der Versuchende; aber er tut es nicht von sich aus, sondern weil das Opfer sich selbst dazu erbietet, so daß Gott keine andere Möglichkeit bleibt, um den „Streit" zwischen Ismael und Isaak - selbstverständlich zugunsten des Ahnherrn Israels - zu entscheiden, wer die gottgefälligere Einstellung hat.

Hier spielt das Moment der Freiwilligkeit Isaaks ebenso hinein wie das Theodizee-Motiv, Gott für die Abraham auferlegte Prüfung zu rechtfertigen.[42]

Eine andere, auf genauer Beobachtung des Wortlauts beruhende Erklärung bietet **B. Jacob.** Er knüpft an die Gottesbezeichnung in V. 1 an, die im Unterschied zum bisherigen Sprachgebrauch *ha-elohim,* nicht *elohim* lautet. Die Tatsache, daß Abraham von *ha-elohim* versucht wird, läßt B. Jacob an eine Parallele zu Hiob denken Dort gibt es *bne ha-elohim,* deren einer Satan ist. „Im Buche Hiob wird die Prüfung im göttlichen Rate beschlossen. Sie wird von Gott zugelassen und von einem der [...] himmlischen Untergebenen, dem Satan, vorgenommen."[43] Daraus folgert er auf die Prüfung Abrahams: „Also ist dies nicht Gott selbst in letzter Instanz, sondern einer seiner himmlischen Diener, ein übereifriger, vollkommene menschliche Gottergebenheit bezweifelnder Untergebener, den sein Herr, der der Sache gewiß ist, gewähren läßt. [...] Zugleich liegt in dem Artikel eine absichtliche Mehrdeutigkeit, insofern er auch auf Gott direkt führen kann."[44]

Auch wenn B. Jacob eine mögliche Mehrdeutigkeit einräumt, ist das Besondere seiner Auslegung, daß er nicht nur eine satanische Gestalt einführt, die Gott zu der Prüfung veranlaßt, sondern das Subjekt der Prüfung, *ha-elohim,* nicht mit Gott, sondern einem der *Diener* Gottes identifiziert.[45]

---

[42] Noch differenzierter ist dies im Jerusalemer Targum I ausgeführt (vgl. Paul Naumann, Targum - Brücke zwischen den Testamenten [bkg 34], Konstanz 1991, S. 127). Dort streiten Ismael und Isaak zunächst um das Erbrecht, indem Ismael auf seine Erstgeburt verweist, Isaak kontert mit dem Hinweis, daß er der Sohn Saras sei, Ismael dagegen der Sohn der Magd. Ismael verweist auf die bewußte Zustimmung zur Beschneidung mit 13 Jahren, während Isaak mit 8 Tagen gar keine Wahl hatte. Darauf antwortet Isaak: „Siehe, ich bin heute 37 Jahre alt, und wenn der Heilige - gepriesen sei er - alle meine Glieder fordern würde, würde ich (sie ihm) nicht verweigern."

[43] B. Jacob, Genesis, S.491 f. Die Parallele zu Hiob ist bereits talmudisch belegt in dem Zwiegespräch zwischen Satan und Abraham (R. Jochanan, Sanh 89 b)

[44] a.a.O., S. 492.

[45] Bei der Auslegung zu V. 14 wird dieser Gedanke nochmals aufgenommen, und zwar als Reflexion über das Sehen Gottes *(elohim)* in V.8. und der Benennung des Ortes *(der HERR*

3 Die Gottesbezeichnungen in 1.Mos 22,1-14 und ihre Verteilung

Erhard Blum, der den Sinn der Erzählung in der Erprobung des Vertrauens sieht, daß Gott sich ein Schäfchen aussuchen wird, „womit Abraham die Frage des Opfertieres Gott anheimstellt",[46] geht davon aus, „daß Abraham in der Tat den guten Ausgang als Erwartung vorwegnimmt, und zwar [...] im Vertrauen darauf, daß der Auftrag V. 2 nicht Gottes letztes Wort war." [47] Diese Deutung sucht er mit folgender Beobachtung zu stützen: „Diesem Zug der Erzählung entspricht nun auch ein Detail, das den Exegeten zumeist ein Ärgernis war/ist: die unterschiedlichen *Gottesbezeichnungen* in Gen 22." Nachdem er die verschiedenen Lösungsvorschläge kurz umrissen hat, stellt er fest, erklärungsbedürftig sei nicht das Nebeneinander der Gottesbezeichnung (ha)elohim und des Gottesnamens, sondern die Verteilung der Bezeichnungen im Text. „Diese ist in Gen 22 in der Tat auffallend: Der Gottesname wird erst bei dem Auftreten des Mal'ak gebraucht, und zwar gleichermaßen auf der Ebene des Erzählers (V.11) wie der der Handlung (V.14). So liegt es m. E. nahe, hier eine intentionale Verteilung zu sehen, in der die Gottesbezeichnungen gleichsam die Gotteserfahrung Abrahams abbilden: Solange sich *Jhwh* rätselhaft hinter seinem drohenden Befehl in V. 2 verbirgt, steht die Gottesbezeichnung *(ha)elohim,* seine befreiende Zuwendung zu Abraham hingegen zeigt die Verwendung des Eigennamens an."[48]

Blum hat damit zwar eine zutreffende Beobachtung gemacht, sie aber nicht konsequent bis zu Ende gedacht. Wenn schon der Gebrauch der Gottesbezeichnungen so präzise verteilt ist, muß man dann nicht damit rechnen, daß mit den Gottesbezeichnungen noch viel bewußter umgegangen wird?

3.1 Der HERR versucht sehr wohl! - Gegen falsche Bedenken

Immer wieder werden Einwände gegen diese Erzählung damit begründet,, daß sie nicht mit dem neutestamentlichen Gottesbild zu vereibaren sei. Das eigentliche theologische Problem dieser Erzählung ist jedoch nicht die Frage, *ob* Gott einen Menschen prüft, sondern der *Inhalt* der Prüfung.

---

sieht). B.Jacob, Genesis, S. 501, meint, „so muß die Pointe in der Änderung des Subjekts liegen. Sie ist in der Tat der springende Punkt. Abraham hat die Stimme vom Himmel als die eines Boten von IHM [entsprechend Bubers Sprachgebrauch steht das Pronomen in Versalien für den Gottesnamen. H.M.] erkannt, und wie die Sonne bricht dieser Name durch die Wolken und Nebel von allerlei grübelnden Elohim-Gedanken. Nicht ein untergeordneter Elohim, sondern Er selbst sieht, verhüllt sich nicht, wählt sich das Opfer, greift als rettende Vorsehung ein, erweist sich als der Herzenskundige, wie Abraham triumphierend feststellt."

[46] E. Blum, Vätergeschichte, S. 322
[47] a.a.O., S. 323
[48] ebd.

Das Wort *nissah* „versuchen" wird in der hebräischen Bibel keineswegs nur im theologisch-religiösen Sinn gebraucht. 1.Sam 17,39 *versucht* David, in der Rüstung Sauls zu gehen; 1.Kön 10,1 *testet* die Königin von Saba Salomos Klugheit; 5.Mos 28,56 ist von einer verwöhnten Frau die Rede, die noch nicht einmal *versucht,* ihren Fuß auf die Erde zu setzen.[49] Diese Beispiele machen deutlich: „In all diesen Fällen bedeutet das hebräische Wort »herausfinden«, »erkunden«, »Erfahrung machen«."[50] Diese Grundbedeutung liegt auch dort vor, wo es sich eindeutig um religiöse Zusammenhänge handelt. Jegliche Interpretation im Sinne von „verführen" ist falsch. Die theologische Verwendung des Begriffs läßt den Schluß zu: „Der Begriff des Erprobens oder Prüfens wurde im Zusammenhang des Geschichtshandelns Gottes bzw. der Geschichtserfahrungen Israels geprägt. Er ist aus dem Reflektieren geschichtlicher Erfahrungen erwachsen."[51]

Vergleicht man die einzelnen Stellen, an denen in diesem theologischen Sinn von „versuchen" die Rede ist,[52] so wird deutlich, daß die Prüfung immer in der Frage besteht, ob das Volk angesichts der Alternative jeweils die richtige Entscheidung trifft, d. h. das Richtige tut, das Verbotene unterläßt. 1.Mos 22 *wäre die einzige Stelle in der gesamten Bibel,* in der Gott einen Menschen prüft, ob er auch bereit wäre, etwas *von Gott Verbotenes* zu tun, nur weil es *Gott verlangt.* Auf dem Hintergrund des übrigen biblischen Befundes müßte man annehmen, daß „die Bewährung eigentlich darin bestehen müßte, daß Abraham zu dieser Forderung NEIN sagt, weil diese Forderung für Gott ein indiskutabler Greuel ist." [53]

Wer also daran festhalten will, daß Gott tatsächlich Abraham vor diese Prüfung stellte, muß sich bewußt machen, daß Abraham die Prüfung beinahe nicht bestanden hätte und nur durch Gottes Eingreifen (V. 11 ff.) vor dem Versagen bewahrt wurde.

3.2 „Gott" und der „Engel des HERRN"

Die Bezeichnung *(ha)elohim* kommt konsequent in den Versen 1-9 vor. V. 11 gebietet der Engel des *HERRN* Einhalt, V. 14 ist zweimal vom Sehen des *HERRN* die Rede. Dazwischen wird Abraham bestätigt, daß er *elohim* fürchtet (V. 12). Dies hat seinen Grund wohl kaum darin, daß „es um ein grundsätzliches Urteil über Abrahams (»wahren«) »Gottesglauben« geht."[54] Man wird auch nicht umgekehrt mit Westermann annehmen können, die Wendung „Engel des HERRN" sei für den Verfasser ein fester Begriff ge-

---

[49] Weitere Beispiele: H. Maaß, Gotteserfahrungen, S. 30, Anm. 27
[50] H. Maaß, Gotteserfahrungen, S. 21
[51] C. Westermann, Komm., S. 435
[52] z. B. 2.Mos 15,25; 16,4; 20,20; 4.Mos 14,22; 5.Mos 8,2.16; 13,4; 33,8; Ri 2,22; 3,1.4
[53] H. Maaß, Gotteserfahrungen, S. 25
[54] E. Blum, Vätergeschichte, S. 323, Anm 69

wesen, „den er als solchen anwendet, d. h. daß er beide gebrauchen konnte"[55] Diese Auskunft wirkt als Verlegenheitslösung. Der Gebrauch beider Wendungen muß daher noch genauer reflektiert werden.

In V. 1 prüft *ha-elohim* Abraham.[56] In V. 12 wird ihm bestätigt, daß er *elohim* fürchtet. Dies entspricht dem Ablauf der Erzählung: Abraham hatte sich ja tatsächlich auf den Weg gemacht und war mit Isaak nicht nur auf den Opferberg gegangen, sondern hatte ihn gefesselt, auf den Altar gelegt und bereits das Messer gezückt, weil *(ha)elohim* dies gefordert hatte. Ginge es um die Furcht *elohims*, hätte Abraham die Probe bestanden.

Aber der HERR will dies nicht und läßt Einhalt gebieten (V. 11). Deshalb bestätigt Abraham, der HERR sieht (V.14). Auch dieser Zusammenhang bildet einen gedanklich in sich geschlossenen Kreis.

Nimmt man diesen Sachverhalt ernst, dann ergibt sich der Schluß: Die Erzählung geht sehr bewußt mit den unterschiedlichen Gottesbezeichnungen um. Dabei bezeichnet *elohim* die allgemeine religiöse Gottesvorstellung, wie sie allen Menschen gemeinsam ist. Nicht nur die kanaanäische Religion im allgemeinen und die Verehrung Molochs im besonderen kennen das Menschenopfer, auch israelitischer (und christlicher) Frömmigkeit ist das Bedürfnis inhärent, Gott das Liebste und Wertvollste zu opfern, sofern es sich um echte Frömmigkeit handelt. *Dieser allgemeinen Frömmigkeit setzt der Glaube Israels ein klares Nein entgegen!* Die Götter der Heiden und das religiöse Gefühl der Menschen mögen solche Opfer für erforderlich oder nützlich halten; der Gott Israels lehnt dies ab.

Dies ist die eigentliche Botschaft dieser Erzählung, ob sie nun auf eine alte Ätiologie zur Ablösung des Kinderopfers durch ein Tieropfer zurückgeht oder nicht.

Wer versucht dann aber Abraham? Nicht der Satan oder ein sonstiger Dienstengel, nicht der Gott Israels, sondern die *Vorstellung, die sich Abraham in Analogie zu heidnischer Frömmigkeit* von diesem Gott macht.

4 *Einzelzüge der Erzählung*

Einige sprachliche und gedankliche Einzelheiten der Erzählung verdienen besondere Beachtung.

---

[55] C. Westermann, Komm., S. 442
[56] Darauf hat bereits B. Jacob Genesis, S. 491 f, hingewiesen

4.1 Die gefährdete Verheißung.

Dieser Gedanke wird von verschiedenen Auslegern betont.

G. v. Rad stellt mit tiefem Empfinden für dramatische Zusammenhänge fest: „Für Abraham enthält der Befehl Gottes etwas schlechthin Unbegreifliches: Das von Gott nach langem Verzug geschenkte Kind, das einzige Bindeglied, das zu der verheißenen Größe des Samens Abrahams führen kann (Kap 15,4 f.), soll Gott im Opfer wieder zurückgegeben werden."[57]

Jüdischen Auslegern ist immer auch der Hinweis auf Ismael wichtig. **Roland Gradwohl** stellt deshalb fest: „Erst nach Ismaels Weggang wird die Prüfung in ihrer Tragweite transparent. Zuvor hat Abraham zwei Söhne, die Verheißungsträger sein können. Jetzt ist ihm nur einer geblieben, und auch von ihm soll er sich durch Gottes Befehl trennen. Kann er das tun, ohne an der Sinnhaftigkeit göttlicher Forderung zu zweifeln? Wenn er Isaak opfert, bricht doch die Verheißung zusammen!"[58]

4.2 Der zweite Aufbruch.

Vor allem jüdischen Exegeten ist eine Parallele zu der Berufung Abrahams aufgefallen. 1.Mos 12,1 und 22,2 lautet die Aufforderung an Abraham „*lech lecha*".[59] „Nur an diesen beiden Stellen findet es sich. Sich von teuer Gewordenem trennen ist die Losung für Abrahams Leben, und dies beides sind die schwersten Trennungen. Dort waren es die Eltern, die Vergangenheit, die er aufgeben sollte, hier die ganze Zukunft, der Sohn."[60] Bei 1.Mos 12,1 hatte sich B. Jacob bereits ausführlich mit der Deutung des *lech lecha* befaßt und betont, daß *lecha* (für dich) nicht als „Dativ des Interesses" verstanden werden dürfe. „Sondern es bezeichnet *negativ* die Uninteressiertheit an allem Sonstigem, [...] durchschneide alle Bande, geh, ohne zurückzublicken. Es ist die Forderung an den Gottberufenen, einzig *seinen* Weg zu gehen."[61]

---

[57] G. v. Rad, Komm., S. 204
[58] R. Gradwohl, Bibelauslegungen Bd I, S. 77
[59] *Luther:* „Geh" (an beiden Stellen); *G. v. Rad:* „Gehe doch" (12,1), „begib dich" (22,2); *C.Westermann:* „Geh" (12,1), „gehe hin" (22,2); *Martin Buber:* „Geh du" (an beiden Stellen)
[60] B. Jacob, Genesis, S. 493
[61] a.a.O., s. 333 f. Ganz anders sieht dies C.Westermann, Komm., S. 170 f.: „In all diesen Auslegungen wird der schwerwiegende Fehler gemacht, Abraham aus einer seßhaften Daseinsweise zu verstehen [...]. Für die Väter gab es den Begriff »Heimat« in unserem Verständnis nicht; er ist erst mit der Seßhaftigkeit möglich geworden. Für die Väter konnte die Weisung ihres Gottes, in ein anderes Land zu ziehen, das er ihnen zeigen wollte, nur das Angebot einer rettenden Hand sein." - Diese Kritik ist berechtigt gegenüber einer psychologisierenden Auslegung, die die Größe des Opfers hervorhebt, das Abraham mit dem Verlassen des Landes gebracht habe. Sie trifft aber nicht das jüdische Verständnis der Stelle, das davon ausgeht, daß einerseits nicht einfach das übliche Wort „zieh aus" gebraucht ist, andererseits drei immer enger

Da die Wendung *lech lecha* nur an diesen beiden Stellen vorkommt, ist der Hinweis, daß beide Erzählungen aufeinander bezogen sind, ernst zu nehmen. Auch die Tatsache, daß Gott in beiden Fällen das Ziel des Aufbruchs bestimmen werde (12,1; 22,2), spricht für einen solchen Zusammenhang, obwohl Gott das Land 12,1 *zeigen* will, 22,2 *nennen*.

Man wird jedoch in dieser Parallele nicht mehr sehen dürfen, als daß beide Ereignisse als Wendepunkte in der Geschichte Abrahams verstanden werden sollen.

4.3 Ismael und Isaak

Ismael kommt in der Erzählung selbst nicht vor; das vorangehende Kapitel handelt allerdings von der Vertreibung Ismaels.

Dieser Zusammenhang hat jüdische Exegeten zu keiner Zeit unberührt gelassen. Roland Gradwohl urteilt vom Kontext her: „Und dennoch hat die Affäre bei den Bewohnern des Landes, in deren Umkreis der Patriarch lebt, einen schlechten Eindruck hinterlassen. Abrahams Prestige ist angeschlagen, selbst wenn er nicht auf eigene Initiative gehandelt hat. So verlangt Abimelech, der König von Gerar (20,2), einen Eid, daß Abraham weder gegen ihn noch gegen seine Enkel und Urenkel »lügen« (treulos handeln) werde. [...] Erst nach der »Bindung Isaaks« ist der gute Ruf Abrahams rehabilitiert."[62]

Schon die talmudische Tradition brachte Ismael ins Spiel, sei es beim Nachdenken über die attributiven Beschreibungen Isaaks im Zusammenhang mit der Bezeichnung des Opfers, sei es in einem legendären Gespräch zwischen Isamel und Isaak über die größeren Zeichen der Gottergebenheit.

Dies zeigt, daß Ismael als Trauma in der Traditionsgeschichte des Stammvaters fortlebt. Auch Ismael ist sein Sohn, auch Ismael liebt er, auch Ismael ist der einzige seiner Mutter. In diesem Rahmen erhält die Erzählung den Charakter einer Prüfung Abrahams, die ihm die Schmerzhaftigkeit des Verlustes eines Sohnes bewußt macht, ehe er auf dem Weg über den verbliebenen Sohn Stammvater eines großen Volkes werden kann.

Auch das Gespräch Ismael - Isaak zeigt in talmudischer Tradition, daß Israel seinen Vorrang nicht nur als Geschenk ansieht, sondern weiß, daß es ihn auch im Leiden immer wieder bewähren muß.

---

begrenzte Räume genannt werden. Joseph Herman Hertz meint dazu (S. 112): „Dies sind die Haupteinflüsse, durch die die Gedanken und Handlungen eines Menschen gestaltet werden."
[62] R. Gradwohl, Bibelauslegungen Bd I, S. 76 f.

4.4 Deutung einzelner Worte

Im Unterschied zu 1.Mos 12,1 wird Abraham 1.Mos 22 nicht ganz ins Ungewisse gesandt. Nur der Opferberg soll ihm noch genannt werden; aber dieser liegt im Land *Morija* , in das er gesandt wird (V. 2). Mit dieser Ortsangabe ist jedoch nicht viel gewonnen; denn das Land Morija ist nicht bekannt, der Name kommt 2.Chr 3,1 nochmals als Bezeichnung für den Tempelberg vor. Dies hat sich in der Tradition bis heute erhalten, obwohl auffällig ist, „daß die Chronikstelle den Ort von der Engelserscheinung vor David her bestimmt und nicht von unserer Geschichte her, die ihm doch die viel ältere Weihe gäbe", stellt G. v. Rad fest und knüpft daran die Erwägung: „Vielleicht ist doch der Name Moria erst nachträglich von 2.Chron 3,1 aus in unsere Geschichte eingedrungen [...]. So könnte der alte, später verdrängte Name sich in der syrischen Übersetzung des Alten Testaments erhalten haben; sie liest statt »Moria« »der Amoriter«."[63]
Ähnliche Erwägungen finden sich bei B. Jacob. Er sieht allerdings einen Zusammenhang zwischen dem Namen „Morija" und der Benennung des Bergs am Ende der Erzählung (V. 14). Dies wäre im Sinne einer ätiologischen Sage durchaus naheliegend. Dagegen spricht jedoch, daß es von dem dort gebrauchten Verb *raah* (sehen) keine ähnlich klingende Wortform gibt, so daß ein Anklang auch für Hörer der alten Zeit nicht gegeben war.[64]
Raschi kennt offensichtlich eine Tradition, die den Namen von dem Verb *jarah* (unterweisen) ableitet. Danach ist der Ort gemäß 2.Chr. 3,1 identisch mit dem Tempelberg in Jerusalem; „unsere Lehrer erklären, weil von dort die Lehre ausgeht für Israel."[65]

Aus der Tatsache, daß Abraham *früh am Morgen aufbrach,* wird auf ein nächtliches Erlebnis geschlossen. „Was Gott will, soll nicht aufgeschoben werden. Man ersieht daraus, daß das Gotteswort eine nächtliche Offenbarung war."[66]

Ein Zentralbegriff der Erzählung ist das Verb *sehen* . „Nach V. 8 wird sich Gott ein Opfertier »ersehen«, in V. 13 »sieht« Abraham den Widder, den er anstelle Isaaks opfert, in V. 14 nennt Abraham den Ort »Jhwh (er)sieht«."[67] Außerdem »sieht« Abraham in V. 4 die Stelle von ferne.
B. Jacob geht darauf im Zusammenhang mit der Bemerkung in V. 14 ein, daß man heute noch so sage. „Daß *Gott sieht,* ist das Wesen der Religion

---

[63] G. v. Rad, Komm., S. 205; ähnlich auch C. Westermann, Komm., S. 437
[64] Auch E. Blum, Vätergeschichte, S. 325, zieht diese volksetymologische Deutung in Betracht, bleibt aber ebenso den Nachweis einer entsprechend klingenden Wortform des Verbs *raah* schuldig.
[65] Raschi, Pentateuch, S. 58. Das Wort *Tora* kommt von dem Verb *jarah*.
[66] B. Jacob, Genesis, S. 494
[67] E. Blum, Vätergeschichte, S. 324

als Gottesfurcht und Gottvertrauen, *Ihn zu schauen,* die tiefste Sehnsucht der Gott verwandten Seele. Wird auch er »gesehen«? Wie »erscheint« ER? Es kann, da das *Dasein* Gottes selbstverständlich war, kein Zweifel sein, daß solche Fragen in Israel ein zentrales Problem nicht bloß für die tieferen Geister gewesen sind. [...] Der Spruch aber: »auf SEINEM Berge wird gesehen« läßt mit Absicht das Subjekt ungenannt. *Alles* wird dort oben offenbar, wird der Erscheinende erkannt (Ps 15,1 ff.; 24,3 ff.) und erscheint ihm Gottes Wesen. Im Schauen Gottes sind Aktiv und Passiv eins."[68]
Diese Deutung vollzieht sofort eine Übertragung ins Spirituelle. Die Aussage der Erzählung, daß das Leben des Frommen mit Gott vom *gegenseitigen Achten aufeinander* gekennzeichnet ist, bleibt unentdeckt.

Außerdem ruht das Augenmerk jüdischer Exegeten stärker auf einem anderen Verb. R. Gradwohl weist darauf hin: „Im übrigen wird in Gen 22 siebenmal das verb *h-l-ch* (»gehen«) verwendet [...] Das Gehen „wird damit zu einem der Leitmotive in der Erzählung von der Bindung Isaaks«.

Ebenso auffällig ist auch die minutiöse Schilderung des Opfervorgangs von der Bindung Isaaks (V. 10) bis hin zur Erwähnung des *Messers.* B. Jacob schenkt dieser Eigentümlichkeit besondere Beachtung: „Ein Vater will seinen Sohn schlachten! Niemandem konnte dies ungeheuerlicher sein als dem Israeliten. Dergleichen war höchstens eine grausige Konsequenz des Heidentums (Dt 12,31). Ferner: so umfangreich das Opfergesetz der Tora ist und so viel darin geschlachtet wird, ist doch niemals ein »*Messer*« genannt. Hier (und vorbereitend v. 6) ist die einzige Stelle. Und endlich ist es das erste Mal, daß das Wort *schachat [schlachten]* gebraucht wird. *Messer - Schlachten - Sohn,* jedes Wort atmet Entsetzen. Es ist also jeder Zweifel ausgeschlossen, daß Abraham zum Äußersten nicht bloß entschlossen, sondern schon mitten im Vollzuge war." [69]

Nach diesen eingehenden Beobachtungen zum Text und seiner Rezeption kann eine Nacherzählung gewagt werden, die auch auf jüdische Traditionen zurückgreift.[70]

5   *Versuch einer Nacherzählung*

Wie Abraham vor einer grausamen Greueltat bewahrt wurde

Abraham hatte sich von seinem erstgeborenen Sohn Ismael samt seiner Mutter Hagar getrennt. Sarah hatte darauf bestanden, seit sie im Greisen-

---

[68] B. Jacob, Genesis, S. 501 f.
[69] a.a.O., S. 498
[70] So bezieht beispielsweise der Midrasch Tanchuma auch die Angst der Sara ein und läßt Abraham zu ihrer Schonung zu einer Lüge greifen.

alter Isaak geboren hatte. Sie wollte keinen Zweifel aufkommen lassen, daß er der von Gott verheißene Nachkomme ist, nicht Ismael, der Sohn der Magd.

Abraham hatte sich nach anfänglichem Sträuben gefügt. Aber die Sache war für ihn nicht erledigt. Hatte er ein Recht auf Isaak, nachdem er Ismael und seine Mutter vertrieben hatte? Mußte er Isaak nicht Gott weihen, wenn Gott schon das Wunder geschehen ließ, daß er mit hundert Jahren noch einen Sohn erhielt?

Wie machten dies die frommen Menschen in den Völkern, unter denen er lebte? Jedes Erstgeborene eines Muttertieres bei Schafen, Ziegen und Rindern wurde Gott geopfert. Das machte er genauso. Aber diese Völker opferten auch die erstgeborenen Kinder einer Mutter ihren Göttern. War das nicht auch seine Pflicht? Gott hatte zwar verheißen, daß Sara einen Sohn gebären werde, den er Isaak nennen sollte. Und Sara sollte zur Stammmutter vieler Völker werden. Aber war der, den er Isaak nannte, tatsächlich der verheißene Sohn? Oder sollte er ihn Gott opfern und darauf warten, daß Sara noch einen weiteren Sohn gebären würde?

Je mehr sich Abraham mit dem Glauben der Menschen befaßte, bei denen er wohnte, desto deutlicher wurde ihm, daß auch er Gott dieses Opfer schuldig ist. Eines nachts hörte er eine Stimme: „Nimm doch deinen Sohn - deinen einzigen - den du liebhast - Isaak und geh deinen Weg ganz für dich und bringe deinen Sohn als Opfer dar auf einem der Berge, den ich dir nennen werde."

Abraham hatte keinen Zweifel: das war die Stimme Gottes. Gott wollte ihn prüfen, ob er ihm tatsächlich gehorchte und vertraute, auch wenn das, was er von ihm verlangte, schwer war. Wenn die Amoriter und Kanaaniter ihren Göttern ihre erstgeborenen Kinder opferten, sollte er dann seinem Gott ein solches Opfer verweigern?

Keinen Augenblick kam ihm der Gedanke, sein Gott wolle vielleicht, daß er zu dieser nächtlichen Aufforderung nein sagte. „Nein, so etwas erwarten nur die Götter der Heiden von ihren Gläubigen; mein Gott erwartet das nicht von mir; für meinen Gott sind Menschenopfer ein Greuel." Nicht einmal die Verheißung, die er für Isaak empfangen hatte, ließ ihn daran zweifeln, daß die Forderung ernst gemeint war.

In aller Frühe machte er sich am Morgen auf. Er nahm seinen Esel, sattelte ihn, nahm zwei junge Knechte mit und seinen Sohn Isaak, spaltete das Opferholz, erhob sich und ging zu der Stelle, die ihm Gott genannt hatte. Sara ging er aus dem Weg. Sie hätte ihn von seinem Weg womöglich abgehalten, ihn in seiner Entschlossenheit vielleicht unsicher gemacht.

Schweigend hatte er alles vorbereitet, schweigend waren sie aufgebrochen, schweigend drei Tage lang dahingegangen. Am dritten Tag brach Abraham das Schweigen. Er blickte auf und sah die Opferstelle von ferne. Daraufhin sprach er zu den beiden Knechten: „Bleibt mit dem Esel hier. Ich und der Knabe werden dorthin gehen. Wir werden anbeten und wieder zu euch zurückkehren."

Mehr sagte er nicht. Er wagte auch nicht auszusprechen, daß er Isaak Gott darbringen wollte. „Anbeten", hatte er gesagt; mehr getraute er sich nicht. Mit Isaak hatte er überhaupt noch nicht gesprochen. Ihm legte er einfach das Opferholz auf; das konnte er schon tragen. Das Feuer und Messer trug er selbst in der Hand.

Isaak brach nach einiger Zeit das Schweigen. In arglosem Vertrauen fragte er seinen Vater Abraham ganz zaghaft: „Mein Vater!" Dieser antwortete: „Hier bin ich, mein Sohn!" Isaak fragte weiter: „Siehe, hier ist Feuer und Holz; aber wo ist das Opferlamm?" Abraham konnte dem Kind die brutale Wahrheit nicht ins Gesicht sagen. Deshalb verschleierte er sie hinter fromm klingenden Worten: „Gott wird sich ein Opferlamm ersehen, mein Sohn!" Und die beiden gingen gemeinsam weiter.

Als sie an die Stelle kamen, die ihm Gott genannt hatte, baute Abraham dort einen Opferaltar, richtete das Holz, fesselte Isaak, seinen Sohn, und legte ihn auf den Altar, oben auf das Holz. Dann streckte er seine Hand aus und ergriff das Messer, um seinen Sohn zu schlachten.

Da schrie der Engel des HERRN vom Himmel her: „Abraham, Abraham!" Er sagte: „Hier bin ich!" Und der Engel sprach: „Schleudere deine Hand nicht gegen den Knaben und tu ihm nicht das Geringste! Ich weiß jetzt, daß du das Göttliche fürchtest und ihn mir nicht vorenthalten hättest."

Da merkte Abraham, daß sein Gott nicht wie alle Götter ist. Er will nicht, daß ihm Menschen geopfert werden, ganz gleich aus welchen Gründen.

Und als er wieder aufblickte, sah er einen Widder, der sich im Gestrüpp verfangen hatte. Und Abraham ging hin, nahm den Widder und brachte ihn seinem Gott als Opfer dar anstelle seines Sohnes.

Jetzt wußte Abraham: Der HERR sieht. Deshalb rief er immer wieder laut aus: „Der HERR sieht! Der HERR sieht!" Er sieht sich nicht nur nach einem Opfertier um; er sieht, was die Menschen tun und womit sie sich abmühen; er sieht auch, wenn sie in ihrem Eifer für ihn etwas Falsches tun und sich einbilden, er selbst habe das gewollt und angeordnet. Dann greift er ein und verhindert es, wenn auch die Menschen ihre Augen aufmachen und sehen, was Gott wirklich will. Deshalb ist es auch der Berg, auf dem der HERR gesehen wird".

Gewalt und Krieg in biblischer Zeit

Die Ammoniterschlacht von Jabesch auf dem Hintergrund frühbiblischer Kriegsvorstellungen.[1]

1 Krieg und Gewalt in der Geschichte Israels

Immer wieder erregen biblische Erzählungnen Anstoß, in denen Gewalt und Krieg, Rache und Vergeltung das bestimmende Motiv des Geschehens oder die grundlegende Norm einer Weisung zu sein scheinen.

Unausrottbar scheint etwa der Vorwurf zu sein, Israel sei bis in die politischen Entscheidungen der Gegenwart hinein von dem rachsüchtigen Prinzip „Auge um Auge, Zahn um Zahn" bestimmt. Dabei läßt man sich vom Klang der Worte in der deutschen Übersetzung leiten und macht sich weder bewußt, welche rechtspolitische Bedeutung diese Weisung besitzt, noch daß diese Übersetzung eine Akzentverschiebung des ursprünglichen Wortlauts darstellt.

2.Mos 21,24; 3.Mos 24,20; 5.Mos 19,21 geht es um Schadensersatzregelungen, nicht um Rache. Dabei mag in alter nomadischer Zeit der Schadensausgleich durchaus darin bestanden haben, daß die Familie des Schädigers die gleiche Benachteiligung hinnehmen mußte, die der geschädigten zugefügt worden war, während erst in späterer Zeit die materielle oder finanzielle Entschädigung an die Stelle der Vergeltung trat. In jedem Fall aber geht es um eine Begrenzung auf das Höchstmaß im Gegenwert des erlittenen Schadens: ein Auge *für* ein Auge, ein Zahn *für* einen Zahn, also ein angemessener Ausgleich, nicht sinnlose Verstümmelung.[2]

Mag der humanitäre Charakter dieser Regelung verglichen mit einer maßlosen Vergeltung infolge gekränkter Eitelkeit[3] noch einleuchten, so kennt die Bibel dennoch eine Reihe von Worten, die von Gottes Rache sprechen.

---

[1] Am 24. 3. 1992 für eine religionspädagogische Fortbildung erarbeitet und wegen der grundsätzlichen Bedeutung der Fragestellungen belassen.

[2] Vgl. Jüdisches Lexikon, Bd. IV, 2, 2.Aufl. Königstein/Ts. 1987, Sp 739: „Während die Sadduzäer und ihnen folgend die Karäer buchstäblich an diesen Strafandrohungen festhalten, fordern die Pharisäer eine sinngemäße Anwendung [...]. Im Talmud (B.K. 83 ff.; Ket 38 a ff.) wird ausführlich begründet, warum die wörtliche Anwendung dieser Strafandrohungen in vielen Fällen unmöglich ist (ungleiche Gestalt der menschlichen Glieder, ungleiche Notwendigkeit einzelner Glieder z.B. beim Lahmen und Blinden sowie die Möglichkeit zu weitgehender Verletzungen), und daß die angemessene Umwandlung in eine Geldstrafe dem Sinn dieser Normen entspricht."

[3] Vgl. das Prahllied des Lamech vor seinen Frauen Ada und Zilla (1.Mos 4,23 ff.)

Also doch ein rachsüchtiger Gott, von niedrigen, unkontrollierten Emotionen geleitet?

Psalm 94,1 und 5.Mos 32,35 treten hier vor allem ins Blickfeld, aber auch viele andere Bitten in Psalmen, die von der Vernichtung der Gottlosen oder Gegner handeln. Sieht man beide Stellen aber genauer an, so stellt man sehr rasch fest, daß es sich keineswegs um unkontrollierte Emotionen handelt, sondern um die Wiederherstellung der gestörten Ordnung. Dies wird besonders 5.Mos 32,35 deutlich, wo neben dem Wort „Rache", das Wort *„schillém"* steht, das in unserer Bibel mit „vergelten" wiedergeben ist, aber mit *„schalom"* zusammenhängt und zum Ausdruck bringt, daß ein unausgeglichenes Kräfteverhältnis (etwa von Recht und Unrecht) wieder zur Ruhe gebracht wird.[4]

Schließlich rufen die vielen Erzählungen von Kriegen Israels im Namen und mit Unterstützung Gottes immer wieder Befremden bis Widerspruch hervor, vor allem auch die damit verbundenen grausamen, gegen moderne Konventionen zur Behandlung von Kriegsgefangenen verstoßenden Bannvorschriften. Bleibt nicht bei aller wohlwollenden Interpretation doch letztlich das Bild eines kriegerischen, blutrünstigen Gottes übrig, das wir nicht nur Kindern schwer vermitteln *können*, sondern auch Erwachsenen nicht vermitteln *wollen?*

1.1 Der HERR, ein Kriegsmann?

Was soll das Fragezeichen? 2.Mos 15,3 steht doch ohne jede Einschränkung und theologische Absicherung: „Der HERR ist ein Kriegsmann, HERR ist sein Name."

Bezogen auf das unmittelbar vorausgehende und im Lobgesang des Mose besungene Ereignis der Rettung am Schilfmeer ist diese Charakterisierung des Gottes Israels auffällig; denn dort ist nicht von einer typischen Kriegshandlung die Rede, sondern von einer *„ausgefallenen"* Schlacht aufgrund eines Unfalls des ägyptischen Heers. Dies wird allerdings im Lobpreis als aktives Handeln des HERRN gedeutet: „ Die Wagen des Pharao und seine Macht warf er ins Meer". Man könnte auch übersetzen, „verwies er ins Meer"; denn das Wort *jrh* gibt es im Hebräischen in zweierlei Bedeutung: *schmeißen* und *weisen*.

Werner H. Schmidt nimmt an: „Die eigentliche Erfahrung »Jahwe ist ein Kriegsmann« (Ex. 15,3; vgl. Jes 42,13) machte Israel erst im Lande. Die »Kriege Jahwes« [...] wurden im wesentlichen in der Epoche zwischen

---

[4] Im modernen Hebräisch bedeutet *„schillém"* bezahlen, d.h. den durch einen Kauf entstandenen Rechtsanspruch des Verkäufers ausgleichen, *„begleichen"*.

Landnahme und Aufkommen des Königtums geführt."[5] Da man diese Verse ohnehin für spät entstanden hält,[6] wäre dies durchaus denkbar.

Was bedeutet eine solche Feststellung? Auf jeden Fall ergibt sich daraus, daß es sich bei der Aussage, „der HERR ist ein Mann des Krieges", nicht um eine geprägte, uralte Bekenntnisformel handelt. Dies zeigt sich auch daran, daß sich diese Aussage nur hier und in einer etwas anderen Formulierung in einem ebenfalls späten Text aus der Zeit der Babylonischen Gefangenschaft findet. Ähnlich dem Moselied 5.Mos 32,35 ff. wird Jes 42,13 ff. von Gottes unerwartetem Eingreifen zur Rettung seines Volkes gesprochen. Dabei wird er mit einem „Mann der Kriege" *verglichen.*

Aber auch die Formulierung selbst zeigt, daß „der Ruf »Jahwe ist ein Kriegsmann« (Ex 15,3) im Sinn einer Entdeckung, einer freudigen Überraschung zu verstehen sei".[7] Es ist gerade nicht so, wie Noth meint, „daß die Nennung seines »Namens« eben diese Feststellung einschließe".[8] Vielmehr zeigt die doppelte Nennung des Gottesnamens, daß hier eine Erfahrung mit diesem Gott angesprochen wird, die bisher so nicht gemacht wurde.

1.2 Kriegerische Konflikte in der Nomadenzeit

Dennoch sollte man vorsichtig sein mit der Annahme, Israel habe die Erfahrung des Beistands seines Gottes im Krieg „erst im Lande" gemacht.[9] Auch wenn man davon ausgeht, daß die „Landnahme" ein allmählicher Prozeß war, der sich im Zuge des Weidewechsels auf friedliche Weise vollzog,[10] so bedeutet dies nicht, daß Israel während dieser Zeit nomadischer und halbnomadischer Lebensweise keine kriegerischen Auseinandersetzungen durchzustehen hatte. Die Seßhaftwerdung vollzog sich wohl so, daß die „israelitische Landnahme nicht im Zusammenhang mit großen kriegerischen Entscheidungen zwischen den Neuankömmlingen und den bisherigen Besitzern des Landes erfolgt ist. In den von den Israeliten be-

---

5 Werner H. Schmidt, Alttestamentlicher Glaube in seiner Geschichte, Neukirchen 7/1990, S. 119
6 Martin Noth, Das zweite Buch Mose, ATD 5, Göttingen 1959, S. 98: „Das große »Schilfmeerlied« in 15,1-19 ist ein verhältnismäßig junges Stück, ohne daß doch die Zeit seiner Abfassung genau zu bestimmen wäre. [...] Mit V. 3 wird zu objektiven hymnischen Aussagen übergegangen, zunächst zu der kühnen Aussage, daß Jahwe selbst ein »Kriegsmann« sei und daß die Nennung seines »Namens« eben diese Feststellung einschließe. Damit soll Jahwe nicht als »Kriegsgott« bezeichnet werden; aber es wird allerdings gesagt, daß Jahwe von Israel erfahren werde als der, der selbst kämpfend für sein Volk handelt".
7 Gerhard von Rad, Der Heilige Krieg im alten Israels, Göttingen 1958, S. 32
8 M. Noth, Komm., S. 98
9 W. H. Schmidt, a.a.O., S. 119
10 Martin Noth, Geschichte Israels, 2.Aufl., Götttingen 1954, S. 68

setzten Landesteilen gab es nur wenige und verstreute kanaanäische Siedlungen".[11]

Dessen ungeachtet hat Israel vor der Seßhaftwerdung wohl immer wieder Rettungserlebnisse gehabt, die es als kriegerische Hilfe seines Gottes deutete. Besonders aufschlußreich erscheint dabei die Erzählung von der Amalekiterschlacht (2.Mos 17,8-16), die mit dem Ruf endet: „Krieg ist für den HERRN mit Amalek von Geschlecht zu Geschlecht." Zuvor war von einer Selbstverpflichtung Gottes die Rede, das Andenken an Amalek unter dem Himmel auszutilgen (V. 14).[12]

„Die Amalekiter waren ein Nomadenstämmeverband in der Sinaiwüste. In der Wüste konnte es leicht zu Konflikten mit Teilen dieses Stämmeverbandes kommen, vor allem um die spärlichen Wasserstellen und Kleinviehweideplätze. Auch nach der Ansiedlung im palästinischen Kulturland haben die Israeliten noch feindliche Auseinandersetzungen mit diesen Bewohnern der benachbarten Wüste gehabt, die das bebaute Land und seine Bewohner gefährdeten."[13]

Dies hört sich an, als handle es sich bei Amalek um einen kampfeslustigen, räuberischen Stamm, der friedlichen Bauern das Leben unsicher machte. In Wirklichkeit müssen wir uns dies analog zu der Siedelung Israels vorstellen, nur daß die Amalekiter den Prozeß ihrer Seßhaftwerdung begannen, als das kanaanäische Land infolge der allmählichen israelitischen Einwanderung schon dichter besiedelt war.

Nach 1. Sam 27,8 müssen die Amalekiter in der frühen Königszeit in der Gegend südlich von Beerscheva gelebt haben. 1.Sam 15,1 ff. setzt ebenfalls diese Gegend voraus. Dort werden die Keniter, die nach Ri 1,16 in der Gegend von Arad siedeln, gewarnt, sie sollen sich von den Amalekitern trennen, ehe Saul gegen diese vorgeht, damit sie nicht mit diesen vernichtet werden (1.Sam 15, 6). Nach 1.Sam 30,1 waren sie sogar bis Ziklag vorgedrungen. Auch die Gegend von Hebron hatten sie überfallen (V. 14). Dies alles macht deutlich, daß der Dauerkonflikt mit den Amalekitern sich vom

---

[11] M. Noth, Geschichte, S. 67
[12] Yehuda T. Radday, Ein Stück Tora, Arbeitsmappe 1, Frankfurt 1989, Beschallach S. 12 führt dazu aus: „Es wird kaum verwundern, daß V. 14 gewissen Kreisen eine Handhabe bietet, die Torá des vorgeschriebenen Genozids und ihre Getreuen dessen gelegentlicher Vollziehung zu bezichtigen. ... Zunächst hat sich schon erwiesen, daß Amalék, von dem das Gebeot spricht, kein Volk im eigentlichen Sinn ist, sondern die Personifikation einer Idee. ... Amalék steht für alle jene, die der Erfolgstheorie huldigen. ... Israel ist angehalten, jener Grundhaltung immer und überall entgegenzuwirken. ... Und endlich darf man nicht vergessen, daß dem Wortlaut der Torá zufolge gar nicht Amalekiter, sondern deren Andenken, d. h. Spuren, ausgelöscht werden sollen." Man merkt diesen Ausführungen das Bemühen an, den historischen Sinn in einen ethischen zu transformieren.
[13] M. Noth, Komm., S. 113

Streit um Wasser und Weide in der Wüste (2.Mos 17) zum Streit um Siedlungsgebiet ausgeweitet hatte. Auch 1.Sam 15 ist daher eindeutig als Abwehrschlacht gegen Eindringlinge zu verstehen.

Von einem „Buch der Kriege des HERRN" ist 4.Mos 21,14 die Rede. Auch die dort genannten Ereignisse gehören eindeutig in die Nomadenzeit, diesmal im ostjordanischen Gebiet. Bedenkt man außerdem, daß der 23. Psalm zur Schilderung spiritueller Erfahrungen auf Erfahrungen Israels aus der Nomadenzeit zurückgreift, so erinnert der „gedeckte Tisch gegenüber den Bedrängern" eindeutig an eine Siegesfeier nach einem erfolgreich abgewehrten Überfall.

1.3 Der Bann als Ausdruck enthaltsamer Kriegsführung

Immer wieder erregt die Forderung Empörung, alle Beute zu verbrennen und die gefangenen Menschen und Tiere zu töten. Saul wird wegen eines Verstoßes gegen diese Auflage sogar verworfen (1.Sam 15,10 ff.). Auch diese Art, Kriege zu führen, dient oft dazu, den Gott Israels gegen die Botschaft des Neuen Testaments abzuheben. Und war nicht Saul als erster König Israels zugleich auch derjenige, der einer ungesitteten Abschlachtung von Gefangenen und Tieren entgegentrat und damit eine humanere Kriegführung anstrebte?

Es gab in Israel zwar keine *„heiligen"* Kriege, wie sich v.Rad noch unter Bezugnahme auf einen um die Jahrhundertwende aufgekommenen Begriff ausdrückte, aber *Kriege des HERRN*. Der Unterschied besteht darin, daß heilige Kriege für eine als heilig angesehene Idee oder Sache geführt werden, die Kriege des HERRN dagegen als Rettungstaten Gottes zugunsten Israels verstanden wurden. „Darauf liegt alles Gewicht, daß Jahwä die Kriege führt, in denen es um Israels Rettung geht. Es obliegt nicht Israel und seinen politischen Führern, über die Nützlichkeit eines Krieges zu entscheiden. [...] So sehr aus unserer heutigen Sicht die Vorstellung des selbst kriegführenden Gottes befremdlich, ja abstoßend wirken mag, so deutlich sollte doch auch werden, daß eine entscheidende Intention der Texte gerade die ist, zu betonen, daß Krieg kein Mittel der Politik ist."[14]

Sauls Verhalten nach dem Sieg über die Amalekiter ist auf diesem Hintergrund zu beurteilen. Nicht die humanitäre Einstellung gegenüber dem gefangenen König Agag[15] wird kritisiert, sondern die Tatsache, daß Saul erst-

---

[14] Jürgen Ebach, Das Erbe der Gewalt (GTB 378), Gütersloh 1980, S. 25
[15] Y.T. Radday, a.a.O., Beschallach S. 7, weist darauf hin, daß es Est 3,1 von Haman, dem Erzfeind der Juden heißt, „er sei ein Abkömmling des Amalekiterkönigs Agág gewesen." Radday schließt daraus, daß er damit wegen seines Hasses gegen Israel als „Super-Amalekiter" charakterisiert werden sollte.

mals einen Krieg und seinen Ausgang in politisches Kalkül einbezogen hat. Damit war er zum Krieg Sauls geworden.[16]

Mit diesen Überlegungen wird nicht etwa die Kriegführung Israels ethisch neutralisiert, indem sie auf die Ebene Gottes gehoben und damit gewissermaßen zur „Chefsache" erklärt wird, in die niemand hineinzureden hat. Vielmehr geht es um das konkurrierende Nebeneinander oder Gegenüber zweier *unterschiedlicher ethischer Konzepte:* schonender Umgang mit Feinden einerseits - Ächtung des Kriegs als politisches Mittel andererseits! Solange Kriege noch Kriegsgewinn verheißen, werden sie auch immer wieder als politisches Mittel zur Lösung von Problemen eingesetzt. Nur wenn jeder Gewinn ausgeschlossen ist, beschränkt sich die Kriegführung auf reine Abwehr von Bedrohung.

Dabei ist zu bedenken, daß die Antike im Falle militärischer Bedrohungen keineswegs nur *kriegerische Abwehr* kannte. Oft genug hat man auch versucht, der Bedrohung durch *Unterwerfung* zu entgehen. Dies versuchen auch die Bewohner von Jabesch, als sie der Ammoniterkönig Nachasch belagerte (1.Sam 11,1). Erst als dieser sich nicht mit üblichen Forderungen wie Geld- und Dienstleistungen zufrieden gibt, sondern grundlos grausame Greuel an der Bevölkerung verüben will (V. 2), ersuchen die Bewohner von Jabesch ihre israelitischen Brüder um militärische Hilfe.

Für die Art, wie die Führung der Kriege des HERRN dargestellt wird, gibt es ein gewisses Muster. Dies reicht vom Aufgebot durch ein markantes Zeichen wie das Blasen des Schofar (Ri 6,34), vielleicht auch das Aussenden von zerstücktem Fleisch (1.Sam 11,7), über rituelle Vorbereitung auf die Schlacht bis hin zur Versicherung, daß der HERR die Feinde in die Hand gegeben hatte,[17] und endete mit der Vollstreckung des Banns, ehe der Aufruf, „Zu deinen Zelten, Israel!" (2.Sam 20,1) das Ende markierte.[18]

Diese Art der Kriegführung und die entsprechende Theorie sind keineswegs auf Israel beschränkt. 1868 hat man in der Nähe des ostjordanischen Ortes Diban eine schwarze Basaltstele entdeckt, die der moabitische König Mescha (2.Kön 3,4ff.) in einem Heiligtum anbringen ließ, das er seinem

---

[16] J. Ebach, Gewalt, S. 27: „Während der moderne Leser dazu tendieren mag, in Sauls Verhalten ein Moment von Menschlichkeit, auch von politischer Klugheit zu sehen, ist in der Sicht des Erzählers von 1.Sam 15 die Eigenmächtigkeit des Königs ein schlimmes Vergehen, das für ihn unwiderrufliche Folgen hat. [...] Saul sündigt, indem er sich Jahwäs Krieg für seine eigenen Überlegungen verfügbar machen will. Ob es sich dabei um sinnvolle Überlegungen handelt, interessiert den Erzähler nicht. Sich Gott verfügbar zu machen, ist nach der Auffassung der Bibel das schlimmste Fehlverhalten, das der Mesnch Gott gegenüber zeigen kann."
[17] In den Büchern Josua, Richter, 1.Samuel, 1.Könige *laufend!*
[18] Vgl. G.v.Rad, Heiliger Krieg, S. 6-14. Jürgen Ebach, Gewalt, S. 22 bemerkt dazu: „Kein alttestamentlicher Text enthält alle diese Elemente, wenngleich alle Elemente in mehreren Texten vorkommen."

Gott Kamosch zum Dank für einen Sieg über den israelitischen König Omri errichtete.[19] Dort schildert er den Verlauf des Krieges ganz entsprechend.[20] Werner H. Schmidt knüpft daran die Frage: „Erklärt sich die Gemeinsamkeit aus der gleichen nomadischen Vergangenheit (Ri 11,24)?"[21] Im weiteren folgert er dann, daß diese Art zu kämpfen Erbe der ehemaligen Nomadenvölker war. Dies dürfte zutreffen. Ob es allerdings mit den harten Lebensbedingungen und dem erbarmungslosen Lebenskampf am Rand der Wüste zu erklären ist,[22] mag man bezweifeln. Die Vollstreckung des Banns läßt sich leicht auch aus der Tatsache erklären, daß Nomaden keine Gefangenen brauchen können. Sklaven sind eine „Errungenschaft" der Seßhaften. Es ist sicher kein Zufall, daß ausgerechnet der *Bauer* Saul von dieser überlieferten Norm abweicht und den Bann nur noch teilweise vollstreckt.

1.4 Heeresfolge keine Selbstverständlichkeit

Gerhard von Rad hat darauf besonders hingewiesen.[23] Dafür gibt es verschiedene Anhaltspunkte. Doch wird man wohl nicht so weit wie v.Rad gehen dürfen, der meint: „Das Deboralied staunt über die Willigkeit".[24] Das Lob Gottes für diese „Willigkeit" (Ri 5,2.9) entspringt wohl eher der Enttäuschung darüber, daß nicht alle Stämme daran teilgenommen haben.

An der Aufzählung der Stämme im Deboralied fallen zwei Dinge auf:
a. Gelobt werden die Stämme, die sich am Kampf gegen die kanaanäischen Nordstaaten beteiligten (V. 14-15 a.18), getadelt hingegen diejenigen, die sich heraushielten (V. 17), Ruben wird sein Zaudern vorgeworfen (V. 15 b.16).
b. Achtet man auf die beteiligten Stämme, so begegnen uns einerseits teilweise andere Namen als in der klassischen Liste der zwölf Söhne Jakobs, andererseits werden nur 10 Stämme lobend oder tadelnd erwähnt. Es scheint sich also nur um die Stämme im Norden und Osten zu handeln, die auch nach dem Zerfall des Reiches nach Salomo als „Israel" gelten - von Benjamin abgesehen.

Auffällig ist an dieser Aufzählung im Blick auf unsere Überlegungen, daß auch Gilead sich aus dem Kampf heraushielt. Dabei scheint es sich um

---

[19] Vgl. Walter Beyerlin, Religionsgeschichtliches Textbuch zum Alten Testament (ATD Ergänzungsreihe I) Göttingen 1975, S. 253 ff.
[20] W. Beyerlin, Textbuch, S. 256: „Und Kamosch sprach zu mir: »Geh, erobere Nebo gegen Israel!« Und ich ging bei Nacht und kämpfte gegen es von Tagesanbruch bis Mittag. Und ich eroberte es und tötete [sie] alle: siebentausend K[rie]ger und [G]reise - auch die Frauen und die [Greisin]nen und die Mädchen -, denn ich hatte es für Aschtar-Kamosch gebannt."
[21] W. H. Schmidt, Glaube, S. 118; gemeint ist wohl V. 26
[22] a.a.O., S. 119
[23] G. v. Rad, Heiliger Krieg, S. 6
[24] a.a.O., S. 7

eine besondere Problematik der Ostjordanstämme gehandelt zu haben. 4.Mos 32,1-32 wird ausdrücklich von der Verpflichtung erzählt, die diese Stämme für die anderen israelischen Stämme übernommen haben. Solche Erzählungen werden nur dort gepflegt, wo ihr Inhalt fraglich geworden ist.

Gilead und die anderen Stämme, die nicht am Kampf teilnahmen, werden jedoch nicht bestraft. Anders scheint dies zu sein, als alle Stämme Israels gegen Gibea in Benjamin vorgehen (Ri 19-21). Diese Maßnahme wird zwar im Stil eines Aufgebots zu einem Krieg des HERRN geschildert - bis hin zu der Tatsache, daß der Levit aus Ephraim, dessen Frau vergewaltigt worden und daran gestorben war, die Leiche zerstückt und als Aufforderung zum kriegerischen Einschreiten zu den Stämmen Israels sendet.

In diesem Zusammenhang kommt es zur fast völligen Vernichtung zweier Stämme: *Benjamin* wird bis auf 600 Männer ausgerottet (Ri 20,47). *Jabesch-Gilead* hatte sich nicht an der Strafexpedition gegen Gibea-Benjamin beteiligt und wurde daher, allerdings aufgrund eines Gelübdes, ausgerottet (V.5 und 10 f.) bis auf 400 Mädchen, die dem Rest von Benjamin zu Frauen gegeben wurden.

Seither bestand zwischen Gibea, dem Herkunftsort Sauls, und Jabesch in Gilead eine enge verwandtschaftliche Beziehung, die sich auch später noch auswirkte.

Dennoch darf man diese ausführlich erzählte Geschichte vom Aufgebot gegen Gibea-Benjamin nicht als Beispiel für den Ablauf der „Kriege des HERRN" ansehen. Denn hier geht es nicht um einen Kampf gegen Feinde von außen, sondern um die Ahndung eines schweren Frevels, d.h. um das Entfernen des Bösen aus der Mitte des Volkes.[25]

1.5 Saul hilft Jabesch gegen die Ammoniter

a. Die Ammoniter

Die Ammoniter sind ein ostjordanisches Volk, dem sich Israel zwar stammesverwandt fühlt, auf das es aber verächtlich herabsieht und mit dem es in ständigen Kämpfen lebt. Nach 1.Mos 19,38 sind die Ammoniter Nachkommen Lots, allerdings wie Moab aus der Blutschande einer der Töchter Lots mit ihrem Vater hervorgegangen. Nach 5.Mos 2,19.37 hat Israel das Land während seiner Nomadenzeit verschont bzw. gemieden, dort auch keine Siedlungen bei der Seßhaftwerdung gegründet. Dennoch schien dies mehr auf Berührungsängsten als auf Freundschaft zu beruhen. Die Überlegenheit der Ammoniter kommt etwa darin zum Ausdruck, daß es ihnen

---

[25] Vgl. 5.Mos 13,6 u.ö.

gelungen ist, ihr Gebiet durch Vertreibung eines Volks von „Riesen" zu erobern. Daß dies ganz analog zu der Landgabe an die israelitischen Stämme als Werk des HERRN verstanden wird (5.Mos 2,20-22), zeigt, wie nahe sich Israel trotz aller Feindseligkeiten diesem Volk verbunden fühlte.

Im Unterschied zu den Amalekitern, die nicht mehr erwähnt werden, nachdem David als Söldner und Lehensträger der Philister sie besiegt hat,[26] haben die Ammoniter bis in die nachexilische Zeit in Spannung mit Israel gelebt.

- Das Chronikbuch weiß von einer Koalition mit den Moabitern in der Mitte des 9. Jh., zur Zeit des Königs Joschafat (2.Chr 20). Die Königsbücher finden dieses Ereignis nicht erwähnenswert. Umso aufschlußreicher ist die Schilderung beim Chronisten; dort wird die Auseinandersetzung ganz im Stil eines Krieges des HERRN dargestellt: Verzagtheit des Volkes und Anrufung Gottes (V. 3-12) - Erweckung eines charismatischen Heerführers (V. 14) - Ermutigung und Verheißung des Sieges Gottes (V. 15-17). Der weitere Verlauf wird dann so dargestellt, daß Israel nur Psalmen singt, während die Feinde sich in Verwirrung selbst umbringen (V. 18-24). Im Unterschied zur klassischen Theorie wird die Beute verteilt, nicht gebannt (V.25). Die königliche Art der Kriegführung war also längst gang und gäbe.[27]

Zugleich macht der Text auch deutlich, daß die Forderung, Israel müsse alle Gefangenen töten, ihren Ursprung in Anfechtungen späterer Zeit hatte. Neben der synkretistischen Gefahr spielt hier - fast vorwurfsvoll - der Gedanke der militärischen Bedrohung eine entscheidende Rolle (V.10).

- Nach 2.Kön 24,2 gehören die Ammoniter zu einem Heer, das unter Nebukadnezar den Unabhängigkeitsversuch Jojakims niederschlägt.

- Nach der Rückkehr Israels aus der Babylonischen Gefangenschaft versuchen die Ammoniter, zusammen mit Arabern und den Bewohnern von Aschdod die Wiederherstellung der Stadtmauer Jerusalems zu verhindern. Es kam allerdings nicht zum Kampf, weil die Feinde abzogen, als sie sahen, daß die Juden bereit waren, sich mit Waffen zu verteidigen (Neh 4,1-9).

---

[26] Vgl. 1.Sam 30,1.13; 2.Sam 1,1. Reste scheinen noch im südlichen Gebirge (Seïr) gelebt zu haben, aber später endgültig ausgerottet worden zu sein (1.Chr 4,43). David hat nach einer Überlieferung im 1.Chronikbuch (18,11) die Goldschätze Amaleks für den späteren Tempelbau geheiligt. Es besteht durchaus die Möglichkeit, daß diese Nachricht nicht historisch ist, sondern den Tempel Salomos auch als Stätte des Triumphs über die Nachbarvölker und damit der Überlegenheit des Gottes Israels über deren Götter darstellen will (vgl. auch Jes 60,6).

[27] Andererseits zeigt auch die Philisterschlacht Jonatans (1.Sam 14), daß das Verzehren der Beute in der frühköniglichen Zeit keineswegs außergewöhnlich war. Denn an dem Verhalten des Volks wird nicht kritisiert, daß es die Beutetiere aß, sondern daß es sich dabei nicht an die kultischen Vorschriften hielt (V.32 f.)

b. Ein alltägliches Machtspiel

Jabesch war geradezu ein klassisches Objekt für nachbarliche Angriffslust. Es lag an einem strategisch wichtigen Punkt, am Ausgang eines Tales zum Jordan hin, unmittelbar gegenüber der Jesreelebene. Wer Jabesch besaß, hatte Zugang zu diesem Raum.

Andererseits war Jabesch seit der israelitischen Strafexpedition (Ri 21) geschwächt. Dies bedeutete geradezu eine Herausforderung für den Ammoniterkönig Nachasch, diese Stadt zu erobern und seinem Reich einzuverleiben (1.Sam 11,1 a).

Wie er die Lage einschätzt, sieht man daran, daß er sich einerseits nicht mit einer Unterwerfung begnügt, andererseits in einer höhnisch-sadistischen Weise seine Vertragsbedingungen nennt: Ich werde jedem das rechte Auge ausstechen (V. 1 b.2). Daß er Jabesch die erbetene Frist von einer Woche einräumt, um nach militärischem Beistand zu suchen, zeigt, welche Aussichten er diesem Versuch einräumt: Für Jabesch wird niemand einen Finger rühren.

Dies mag ein erzählerisches Stilelement sein, um den Kontrast im Sinne der Kriege des HERRN deutlich herauszuarbeiten; es entspricht aber sicher auch der historischen Situation und Kräftekonstellation.

c. Gibea und Jabesch

Wie Gibea und Jabesch zusammenhängen, wurde bereits dargelegt. Aber auch ein Bündnis dieser beiden Städte hätte der militärischen Macht der Ammoniter nicht trotzen können.

Ob Nachasch die israelitischen Stämme selbst oder ihren Zusammenhalt so schwach einschätzte oder ob er nur davon ausging, daß Jabesch keine Unterstützung finden würde, wissen wir nicht. Das deuteronomistische Erzählwerk,[28] das von der Schöpfung bis zur Babylonischen Gefangenschaft reicht, setzt jedenfalls voraus, daß die Leser den Zusammenhang kennen und um jenen Vorfall wissen, so daß es absolut nicht sicher ist, ob die erhoffte Hilfe tatsächlich geleistet wird. So stellt diese Erzählung im jetzigen biblischen Zusammenhang einen Testfall dar, ob jener alte Vorfall tatsächlich abgeschlossen ist oder immer noch nachwirkt.

Ursprünglich war die Erzählung sicher eine unter verschiedenen Varianten, die zu erklären versuchten, wie bei Saul plötzlich ein Königtum aufkommt,

---

[28] Es wird so bezeichnet, weil es das Verhalten des Volkes und seiner Führer nach den Maßstäben des 5. Mosebuchs (Deuteronomium) bewertet.

nachdem dies etwa bei Gideons Sohn Abimelech noch strikt abgelehnt und mit einer unübertrefflichen Fabel schonungslos gegeißelt wird (Ri 9).[29]

1.Sam 11,3 setzt voraus, daß Jabesch seine Boten in das gesamte Gebiet Israels sendet. In erzählerischer Konzentration wird aber nur der Faden aufgenommen, der das Geschehen weiterführt. Daher interessiert sich die Erzählung nur noch für die Boten, die nach Gibea kommen. Ihre Mission scheint zunächst ein Fehlschlag zu werden; das Volk fühlt sich einerseits Jabesch verbunden, sieht sich aber andererseits nicht in der Lage, den Bedrängten zu helfen. Deshalb bricht man in Weinen aus. Dies ist ein typisches Stilelement der Kriege des HERRN.

d. *Saul, der geisterfaßte Retter oder der entschlossene Volksheld?*

Die Reaktion Sauls ist nur bedingt typisch für die Eröffnung der Kriege des HERRN. Auch das Zerstücken von Rindern (V.7) als Aufforderung zur Beteiligung am Kampf ist in der Bibel singulär und kann nicht ohne weiteres aus der Theorie der Kriege des HERRN abgeleitet werden.[30] Auch die Erwähnung des Gottesschreckens fällt aus dem Rahmen; denn er erfaßt hier nicht die Feinde, sondern die möglicherweise kampfunwilligen Israeliten. Er scheint auch weniger eine Wirkung des göttlichen Geistes zu sein, als auf die Androhung Sauls zurückzugehen, daß die Rinderherden der nicht Mitkämpfenden ebenso zerstücket werden,[31] wenn die Ammonitergefahr nicht von Jabesch und damit auch von den Gebirgsstämmen im Westjordanland gewendet wird.

Der Sammelplatz Besek (V. 8) liegt ähnlich wie Jabesch in einem kleinen Gebirgstal auf der westlichen Jordanseite diesem ziemlich genau gegenüber. Hier kann man sich unauffällig sammeln und rasch zu der bedrohten Stadt gelangen.

---

[29] Eine sehr gemütvolle Darstellung findet sich 1.Sam 9,1-10,16; sie stellt Gott als den Initiator des saulschen Königtums dar. 1.Sam 10,17-27 läßt Samuels Widerstände erkennen. Er verkörpert eine alte, königsfreie Tradition und wird dabei anscheinend von einigen unterstützt, deren Einwände sich mehr an Saul selbst zu entzünden scheinen. 1.Sam 11 schildert Saul zunächst als charismatischen Heerführer, der dann zum König gemacht wird. Jede der drei Erzählungen ist mit einem anderen Ort gebunden: Rama (1.Sam 9,1-10,16), Mizpa (1.Sam 10,17-27), Gilgal (1.Sam 11). Offensichtlich wurden die Ereignisse an den verschiedenen Orten unterschiedlich bewertet.

[30] G. v. Rad, Heiliger Krieg, S. 6, hält „die Aussendung von zerstücktem Fleisch" für besonders altertümlich, obwohl es dafür keine direkten Parallelen in anderen biblischen Erzählungen gibt. Hans Wilhelm Hertzberg, Die Samuelbücher (ATD 10), Göttingen 1956, S. 70, weist darauf hin: „Was Saul dann unter dem Einfluß des göttlichen Geistes tut, hat Ähnlichkeit mit dem Verfahren des Leviten von Ri 19 mit seinem - eigentümlicherweise in Gibea getöteten - Kebsweib. Es ist die gleiche Geschichte, in deren Verlauf die vorher erwähnte Verbindung Benjamins mit Jabesch berichtet wird. Dieses Zusammentreffen ist schwerlich zufällig." Hertzberg verzichtet jedoch auf eine Deutung. Sollte es sich dabei um eine für Gibea typische Handlung handeln?

[31] Selbstverständlich von den Siegern, nicht von Saul

Alles in allem macht die Erzählung eher den Eindruck, als sei Saul ein robuster, wehrhafter Bauer gewesen, dessen Handstreich zur Rettung von Jabesch erst nachträglich als Geistberufung zum Krieg des HERRN gedeutet und gestaltet wurde. Auch 1.Sam 10,23 wird seine Körpergröße hervorgehoben. Er bot alle Voraussetzungen für einen Volkshelden. Es ist daher verständlich, daß Hermann Schult annimmt: „Bei *Saul* [...] führen m. E. alle überlieferungsgeschichtlichen Wege zu der Vermutung, daß er es als Krieger, nicht als Ackermann zum König gebracht hat."[32]

Gleich nach seiner Erhebung zum König (1.Sam 11,15) wird Sauls Militärpolitik dann sehr anschaulich als typisch „königlich" geschildert, indem er ein stehendes Heer von 3000 Mann einrichtet, dessen eine Abteilung unter dem Kommando sines Sohnes Jonatan steht. Dieser erschlägt zur Abschüttelung der PhilisterHERRschaft sofort den Militärposten in seiner Heimatstadt Gibea. Dies ist gleichermaßen Signal und Aufforderung zum Widerstand (1.Sam 13,2-4). Diese kurze Notiz zeigt deutlich, wie eng die Entstehung eines israelitischen Königtums mit der Bedrohung der Stämme im ephraimitischen Bergland durch die Philister zusammenhängt.

2   *Probleme unterrichtlicher Behandlung*

2.1   *Die Lernzielbestimmung*

Die Pflichtheinheit 4.4: Saul und David hat folgendes Gesamtziel: *„An ausgewählten Beispielen erfahren, wie biblische Erzähler aus der frühen Königszeit das verborgene Handeln Gottes in der Einigungsgeschichte der Stämme Israels bezeugen."* [33]

Diese Lernzielbestimmung erwartet eigentlich eine innerlich sehr distanzierte Behandlung des gesamten Zusammenhangs. Die Kinder nehmen nicht Anteil an erzählten Geschehnissen, sondern lernen diese auf der Metaebene kennen: als Beispiele dafür, wie biblische Erzähler Gottes verborgenes Handeln darstellen.

Hinter dieser didaktischen Anweisung steht die auslegungsgeschichtliche Erkenntnis, daß die biblischen Erzählungen „ihrerseits konstruierende und rekonstruierende Elemente enthalten, d. h., [...] ihre einzelnen kriegerischen Kapitel nicht protokollarisch wiedergeben, sondern in eine Gesamt-

---

[32] Hermann Schult. Amos 7,15a und die Legitimation des Außenseiters; in: [Hrsg.] Hans Walter Wolff, Probleme biblischer Theologie, Festschrift für G.v.Rad zum 70. Geburtstag, München 1971, S. 468

[33] Bildungsplan für die Grundschule vom 5. März 1984 (Baden-Württemberg), Sonderdruck Evangelische Religionslehre, S. 35. Der Bildungsplan von 1994 sieht diese Stücke nicht mehr vor. Damit ist das *Problem nicht gelöst, sondern umgangen.* Von Saul wird nur noch die Salbung durch Samuel aufgegriffen (1.Sam 9,1-10,16).

konzeption, eine Theorie der Geschichte einordnen. Der Historiker wird den *faktischen Verlauf* der Kriege der Frühzeit Israels kaum aus den alttestamentlichen Schilderungen rekonstruieren können."³⁴ Ebach zieht daraus den Schluß, „daß wir uns nicht mit dem historischen Zweifel begnügen können, daß jene Kriege schwerlich *so* stattfanden, wie die späteren Darstellungen es glauben machen. Wir werden fragen müssen, welche programmatischen Konzeptionen dazu veranlaßten, sie *so* darzustellen."³⁵

Auf dem Hintergrund einer solchen Grundeinsicht wurde der Leitgedanke dieser Unterrichtseinheit formuliert. Ist ein Grundschulkind zu solchen gedanklichen Operationen fähig? Sind sie hilfreich und notwendig? Was würde geschehen, wenn Kindern die Geschichten ohne die Offenlegung versteckter Anspielungen erzählt würden? Entstünde Unglaube oder fundamentalistisch intoleranter Faktenglaube oder unkritischer, phantastischer Mirakelglaube? Oder gibt es noch andere Zugangsweisen? Die Frage wird in Form einer Erzählungsskizze nochmals aufgegriffen.

Noch schwieriger ist es für Kinder, anhand der Kapitel 11; 12 und 13 zu „*entdecken, daß Gott sich nicht an das Amt des Königs bindet, sondern sein Ziel erreicht, mit wem er will.*" ³⁶ Wäre es nicht leichter und sachgerechter, die Kinder gerade an diesen drei Kapiteln erkennen zu lassen, daß Saul und Jonatan durch Mut und Tatkraft viel erreichen, aber durch unüberlegte Voreiligkeit auch viel verderben. Die Frage nach Gott würde dann nicht als Hinweis auf geheime Führungen beantwortet, sondern als Frage offen bleiben: *Ist alles, was uns gelingt, von Gott gefügt? Ist alles, was mißlingt, von Gott mißbilligt?*

2.2 Versuch einer Rekonstruktion der Geschehnisse

„Saul, der erste König Israels, ist geschichtlich nicht in vollem Maße erfaßbar".³⁷ Dies liegt sicher auch daran, daß es zu seiner Zeit eine dynastische Hofgeschichtsschreibung wie unter Salomo noch nicht gab. Aber auch diese hätte ja nur „zur Ausarbeitung des *Einen und Einzigen Wahren und Autoritativen, Historisch Genauen und Amtlich Anerkannten Berichts*"³⁸ geführt, wäre also tendenzielle Deutung.

Man verstellt sich daher mit der Übernahme der theologischen Sicht der biblischen Erzähler den Zugang zu den historischen Vorgängen.³⁹ Denn da

---

34 Jürgen Ebach, Gewalt, S. 22 f.
35 a.a.O., S. 23 f.
36 Lehrplan Grundschule, S. 35
37 Georg Fohrer, Geschichte Israels (UTB 708), Heidelberg 1977, S. 83
38 Stefan Heym, Der König David Bericht (Fischer TB 1508), Frankfurt/M 1988, S.10
39 So etwa Siegfried Herrmann, Geschichte Israels in alttestamentlicher Zeit, München 1973, S. 176: „Nicht zu übersehen ist, daß in wesentlichen Punkten die Berichte über die Entstehung des

es keine objektiven Kriterien für das Handeln Gottes gibt, enthalten entsprechende Erzählelemente immer bereits eine Deutung. Dies gilt auch für die Feststellung, der Geist Gottes sei über einen Menschen gekommen.[40]

Betrachten wir nur die äußerlich wahrnehmbaren Ereignisse im Zusammenhang mit der Ammoniterschlacht, so läßt sich feststellen: Die Nachricht von der Bedrohung der durch verwandtschaftliche Beziehungen befreundeten Stadt Jabesch löst in Gibea Verzeiflung aus, weil man sich der ammonitischen Bedrohung nicht gewachsen fühlt. Saul, der vom Feld kommt, ist über diese Haltung entsetzt, sieht in dieser Herausforderung nicht nur eine Angelegenheit dieser beiden schwachen Städte, sondern ganz Israels und läßt sich in seiner Wut zu der abstoßenden Symbolhandlung mit den zerstückelten Rindern hinreißen.

Die passivische Form [*jeasä*] „(mit dessen Rindern) wird getan werden", macht deutlich, daß die Drohung Sauls keine Androhung ist, was *Saul* mit den Rindern dieser Leute machen werde, sondern eine Prognose, was der Sieg der Ammoniter über Jabesch bedeuten werde: Das Tor zur Jesreelebene und dem Gebirge Ephraim steht offen, so daß die *Feinde* so mit dem israelitischen Vieh verfahren werden.

Dies erklärt, wieso es dem Benjaminiten Saul gelang, ein israelitisches Heer aufzustellen und in dem ephraimitischen Ort Besek zu sammeln.

Nach der gewonnenen Schlacht kommt es interessanterweise an dem benjaminitischen Heiligtum Gilgal zur Königsausrufung. „Es bleibt ganz offen,

---

Königtums übereinstimmen. In jedem Falle ist es Jahwe, der die Person des Königs auswählt." Als zweites übereinstimmendes Element nennt Herrmann: „Zum anderen aber wissen alle Berichte auch davon, daß der König der Zustimmung des Volkes bedarf." Diese Feststellung trifft auch noch auf die Königwerdung Davids zu (2.Sam 2,4; 5,3), aber schon nicht mehr bei seiner Nachfolge (1.Kön 1). Nur in N-Israel scheint diese Tradition wenigstens punktuell weitergelebt zu haben (1.Kön 12,16.20).
Gerade die Existenz dreier Varianten über die Königswerdung Sauls, bei denen die göttliche Mitwirkung unterschiedlich stark ausgeprägt ist, sowie der anfängliche Widerstand Samuels legen die Vermutung nahe, daß ursprünglich die Initiative ganz vom Volk ausging und erst nachträglich göttlich legitimiert wurde.
Dabei ist es sicher kein Zufall, daß nur die rührende Geschichte von dem Jungen, der auszog, Eselinnen zu suchen und ein Königreich fand (1.Sam 9,1-10,16) von einer *Salbung* Sauls weiß, während 10,24 vom *Wählen Gottes* die Rede ist, 11,15 vom *Königmachen des Volkes*. Dies gibt den historischen Sachverhalt richtig wieder, daß weder Saul noch David von Samuel zum König gesalbt wurden. Beide Erzählungen, die von einer Salbung Sauls bzw. Davids im Kindesalter durch Samuel handeln (1.Sam 9,1-10,16; 16,1-13) sind legendarisch.

[40] 1.Sam 11,6 nennt *zwei* Begründungen für Sauls Verhalten. Zunächst heißt es, der Geist Gottes habe Macht über Saul erlangt; dann ist von der Erregung seines Zornes die Rede. Dazwischen steht: „als er diese Worte hörte". Ist daran gedacht, daß der Geist Gottes beim Hören dieser Worte über Saul kam und der Zorn die Folge der Geistergriffenheit war? Oder handelt es sich um zweierlei: Das Hören der Nachricht erregt seinen Zorn. Die spätere Erzählung, die von hinten her auf die Ereignisse blickt, sieht darin Gottes Wirken und deutet Sauls Zorn als Gottergriffenheit?

wer im einzelnen an dieser Königsproklamation beteiligt war. Jedenfalls war es sicher nicht nur der Stamm Benjamin, sondern es mögen alle jene gewesen sein, die Saul zum Kampfe folgten und sich in Bezek versammelt hatten. Das waren die Ephraimiten und vielleicht auch galiläische Stämme. Es war bestenfalls das »Israel« des Debora-Liedes."[41]

Sieht man die Gestalt Sauls auf dem Hintergrund dieser historischen Zusammenhänge, so läßt sich auch die Ammoniterschlacht kindgemäß erzählen, ohne historische und theologische Gesichtspunkte zu unterdrücken. Damit läßt sich zugleich ein Beitrag zu der Lehrplanerwartung leisten, daß durch den Unterricht deutlich wird, „wie biblische Erzähler aus der frühen Königszeit das verborgene Handeln Gottes [...] bezeugen."

2.3   Erzählungsskizze

Als Saul mit seinem Rindergespann und dem Holzpflug von den Feldern in seine Heimatstadt Gibea kam, herrschte dort helle Aufregung. Auf den Straßen begegnete er nur laut klagenden Leuten. Einige hatten sich sogar die Haare zerzaust und das Gesicht mit Asche beschmutzt, wie man dies bei einem Todesfall als Zeichen der Trauer tat. Auf seine Frage, was das zu bedeuten hatte, bekam er keine richtige Antwort. Man wies ihn an zwei Boten aus der Stadt Jabesch in Gilead auf der anderen Seite des Jordan. Sie lag unmittelbar an der Grenze zu dem feindlichen Volk der Ammoniter. Zu dieser Stadt hatte man gute Beziehungen. Die meisten Familien in Gibea und Jabesch waren miteinander verwandt.

Saul fragte die Boten, was denn geschehen war. Diese berichteten: „Der Ammoniterkönig Nachasch hat uns den Krieg erklärt. Er will uns in sein Reich eingliedern, damit er freien Zugang zum Jordan hat. Nachasch heißt er, eine Schlange ist er, wie schon sein Name sagt."

„Habt ihr nicht mit ihm verhandeln können?", wollte Saul erregt wissen. „Er ist doch nur geldgierig; wenn ihr ihm Geld oder einen Teil eurer Ernte oder eures Viehs angeboten hättet, wäre er sicher zufrieden gewesen!"

---

[41] S. Herrmann, Geschichte, S. 173. Ob man so weit gehen kann, wie Fohrer, Geschichte, S. 84, der die Herkunft Sauls aus dem schwachen Stamm Benjamin als besonders förderlich ansieht, weil so eine „zu starke Zentralisierung der Macht unmöglich" war, bleibt fraglich. Sicher zutreffend sind aber die sonstigen Beobachtungen: 1. „Saul ist aus dem kleinen Stamm Benjamin hervorgegangen und konnte sich zunächst nur auf ihn stützen. Aber sein Königtum blieb nicht darauf beschränkt. Es ist kein Stammesfürstentum, sondern Volkskönigtum. - 2. Es war ferner ein nationales und nicht ein territoriales Königtum. Saul war primär König einer Menschengruppe, der Israeliten, nicht jedoch eines bestimmten Gebietes. [...] - 3. Des weiteren war Sauls Königtum vor allem ein Heerkönigtum, durch den Krieg und die Abwehr der Feinde begründet und bestimmt. Es sollte den israelitischen Heerbann unter einheitlicher Führung zusammenfassen und die Besitz- und Hoheitsansprüche der Nachbarn auf israelitisches Gebiet abwehren." (S. 86)

„*Das haben wir versucht*", *antworteten die Boten.* „*Aber weißt du, was er uns geantwortet hat?* »*Gut, ich will einen Vertrag mit euch schließen; aber ich verlange kein Geld von euch, sondern ich werde jedem von euch das rechte Auge ausstechen! Dann seid ihr eine Schande für ganz Israel!*« *Das konnten wir nicht auf uns sitzen lassen. So baten wir ihn um sieben Tage Zeit, um in ganz Israel Ausschau zu halten, ob uns jemand hilft.* »*Wenn sich niemand findet, werden wir aus unserer Stadt heraus dir entgegengehen und uns dir ergeben*«, *haben wir gesagt. Und er ist darauf eingegangen, weil er damit rechnet, daß wir niemanden finden, der uns rettet.*"

Als das Saul hörte und dazu noch die verzweifelt klagenden Leute von Gibea sah, packte ihn der Zorn. Er schlachtete zwei seiner Rinder, zerteilte sie in Stücke und schickte jede Menge Leute mit dem frisch geschlachteten Fleisch in das ganze Gebiet der Berge Ephraims und Galiläas.

„*Sagt ihnen*", *gab er den Auftrag,* „*wenn ihr nicht übermorgen abend mit euren Waffen in Besek seid, dann werden die Ammoniter euer Vieh bald in tausend Stücke hauen, wie diese Rinder.*"

Das hatte Eindruck gemacht. Zum verabredeten Zeitpunkt waren Hunderttausende eingetroffen und standen da wie **ein** *Mann, bereit, den Leuten von Jabesch zu helfen. Der Gegner konnte dies nicht bemerken, weil der Treffpunkt in einem kleinen Seitental lag.*

Rasch sandte Saul im Schutze der Nacht Boten nach Jabesch und ließ den Einwohnern bestellen: „*Morgen, wenn die Mittagshitze am stärksten ist, werdet ihr gerettet sein. Geht den Ammonitern entgegen, als ob ihr euch ergeben wolltet.*"

Die Leute von Jabesch freuten sich über diese Nachricht und sandten einen Boten zu Nachasch, dem Ammoniterkönig. „*König Nachasch, morgen werden wir uns dir ergeben und zu dir hinausgehen aus unserer Stadt; dann kannst du mit uns machen, was du willst.*"

Nachasch fühlte sich schon als Sieger. Er hatte sich gleich gedacht, daß es den Bewohnern von Jabesch nicht gelingen würde, innerhalb einer Woche Hilfe zu besorgen. Wer würde sich schon für eine so kleine Stadt in den Krieg wagen? Und außerdem, war diese Stadt ja so klein, weil sie von ihren eigenen Landsleuten fast ausgerottet wurde als Vergeltung dafür, daß sie sich nicht an der Bestrafung der Stadt Gibea in Benjamin beteiligt hatte! Wer sollte also Jabesch helfen?

Saul aber hatte seine Freiwilligen in drei Gruppen aufgeteilt. Eine davon war bereits am frühen Morgen bis zu den Ammonitern gelangt und mitten in das Lager eingedrungen. Der Schrecken der überraschten Ammoniter war groß. Sie konnten sich gar nicht richtig wehren. Die meisten flohen und gerieten in die Hände der beiden anderen Gruppen. Bis zum Mittag waren sie völlig besiegt; einige konnten sich retten, aber so, daß sie weit herum zerstreut wurden und nicht zwei beieinander blieben.

Saul war sicher ein tapferer Held und ein kluger Krieger. Er wußte, wie man seine Truppen aufstellen und vorgehen mußte, damit man einen überlegenen Gegner besiegen konnte. Aber konnten seine Klugheit und sein Mut allein den Sieg gebracht haben? Alle waren überzeugt: Hier war Gott im Bunde. Er war der verborgene Retter. Und der Zorn, von dem Saul einige Tage zuvor gepackt worden war, als er seine ratlosen Mitbürger sah, war das nur der Zorn des Mutigen über die Feigen? War das nicht der Geist Gottes, der über ihn gekommen war? Und die Angst, die er den anderen Stämmen mit dem zerstückten Fleisch machte, war das nicht der Schrecken Gottes, der sonst die Feinde überfällt und kampfunfähig macht?

Das Volk zog mit Saul nach Gilgal, dem uralten Heiligtum Benjamins, wo man ein Denkmal zur Erinnerung an den Einzug in das verheißene Land errichtet hatte. Dort wurde Saul zum König gemacht und dem HERRN ein Dankopfer dargebracht.

Weitere Veröffentlichungen
von Hans Maaß

1. Selbständige Schriften

Verführung der Unschuldigen. Judenfeindliche Kinderliteratur im 3. Reich, Karlsruhe 1990
Qumran - Texte kontra Phantasien, Stuttgart 1994

2. In „Beiträge Pädagogischer Arbeit"

Gotteserfahrungen und Herausforderungen des Lebens (BPA 86/I), Versuchung und Bewährung des Menschen in biblischer Sicht.
„Er ist wie du" (BPA 87/II), Erziehung zur Friedensfähigkeit in biblischer Sicht.
Lehrer, die wir brauchen (BPA 88/II)

Jochen Klepper - Leiden mit den Juden (BPA 89/I)

Thesen über den Dialog zwischen Christen und Juden (BPA 89/II)

„Die Wahrheit wird euch freimachen" (BPA 91/1) Wahrheit und Freiheit in der christlichen Erziehung.
Den Glauben und den Menschen ernst nehmen, ein paulinisches Anliegen (BPA 91/II), Toleranz als Achtung vor den Empfindungen anderer
„Das Wort ward Fleisch und wohnte unter uns" (BPA 92/I), Entwicklung des Weihnachtsfestes.
„ ... und du darfst hinter mir her sehen" (BPA 92/II), Gotteserkenntnisse in Grund- und Grenzerfahrungen des Lebens.
Auf den Dörfern unter kleinen Leuten (BPA 93/I), Beispiele zur sozialgeschichtlichen Exegese.
„Kommt, laßt uns auf den Berg des Herrn gehen" (BPA 93/II), von der bleibenden Bedeutung Israels für den christlichen Glauben.
Jerusalem und Judäa von Herodes d. Großen bis zur Tempelzerstörung (BPA 94/I)
Wem gehört Jerusalem? (BPA 94/I), biblische und historische Betrachtung über Besitzverhältnisse und Besitzansprüche.
„Wachsen in allen Stücken" (BPA 94/III), Bedeutung biblischer Wachstumsbilder für die Erziehung.

3. In der Zeitschrift „entwurf"

„Aus ihnen stammt der Christus" (2/86), Was Christen von Juden über Jesus lernen können.

Waldenserbewegung und Waldenserkirche (3/87), Geschichtsüberblick
Was eine Volkskirche von den Waldensern lernen kann (3/87), Partnerschaft - Beziehung auf Gegenseitigkeit.
„Rabbi, du hast recht geredet" (3/92), Jesusgeschichten und ihr jüdischer Hintergrund
Verschlußsache Jesus? (3/92), Jesus und Qumran

4. In Sammelwerken

In: G. Büttner/J. Thierfelder, Religionspädagogische Grenzgänge, Festschrift für Erich Bochinger und Martin Widmann, Stuttgart 1988:

„Wir wehrten es ihm; denn er hielt sich nicht zu uns" - Integrationsprobleme in der frühen Christenheit.

In: G. Büttner/H. Maaß, Erziehen im Glauben, Festschrift für Bernhard Maurer, Karlsruhe 1989:

„Soll ich euren König kreuzigen?" Historische, theologische und didaktische Überlegungen zum Prozeß gegen Jesus.

In: A. Lohrbächer, Was Christen vom Judentum lernen können, Freiburg 1993

„Durch die Hand der Heiden ans Kreuz geschlagen", Versuch einer nicht judenfeindlichen unterrichtlichenBehandlung der Verurteilung und Hinrichtung Jesu
Und Petrus weinte bitterlich - Eine Passionserzählung aus der Sicht des Petrus (M 16).
Wir aber hofften - Eine Emmaus-Erzählung in ihrem zeitgeschichtlichen Rahmen (M17).
„Aber so steht es doch in den Evangelien" - Hermeneutische Überlegungen zum Umgang mit judenfeindlichen Aussagen in den Evangelien.

In: [Hrsg.] Wilhelm Hüffmeier, Das eine Wort Gottes - Botschaft für alle. Barmen I und VI, Band 1, Vorträge, Gütersloh 1994

Frei von selbstverschuldeter Unmündigkeit. - Religionspädagogische Elementarisierung von Barmen I

Band 2, Votum des Theologischen Ausschusses der EKU, Gütersloh 1993

Religionspädagogische Elementarisierung von Barmen I
Beispiel I: Christus und unsere Identität
Beispiel II: Gott ist anders, als wir denken